学科核心素养背景下
中学思想政治教育研究

刘 珺 著

北京工业大学出版社

图书在版编目（CIP）数据

学科核心素养背景下中学思想政治教育研究 / 刘珺
著． — 北京 ： 北京工业大学出版社， 2019.11
ISBN 978-7-5639-7232-6

Ⅰ．①学… Ⅱ．①刘… Ⅲ．①政治课－教学研究－中
学 Ⅳ．① G633.202

中国版本图书馆 CIP 数据核字（2019）第 268501 号

学科核心素养背景下中学思想政治教育研究

著　　者：刘　珺
责任编辑：任军锋
封面设计：点墨轩阁
出版发行：北京工业大学出版社
　　　　　（北京市朝阳区平乐园 100 号　邮编：100124）
　　　　　010-67391722（传真）　　bgdcbs@sina.com
经销单位：全国各地新华书店
承印单位：定州启航印刷有限公司
开　　本：710 毫米 ×1000 毫米　1/16
印　　张：17
字　　数：340 千字
版　　次：2019 年 11 月第 1 版
印　　次：2020 年 6 月第 2 次印刷
标准书号：ISBN 978-7-5639-7232-6
定　　价：68.00 元

前　言

　　新课改的不断推进给中学思想政治教育的内容与方式提出了新的要求，在最新的课程标准修订中明确指出各个科目要重视对学生核心素质的培养。中学政治学科的核心素养具有综合性、实践性、思考性等特性，主要指学生在学习思想政治课程时能够将知识、思想和学习技巧有机地结合起来，所以在中学政治教学过程中教师要深入研究学科的核心素养，逐渐把教学转换为"学科教育"，体现以学生为主体的教学观。

　　基于此，本书作者以中学思想政治教育为研究对象，对核心素养与人的全面发展、中学思想政治课教学的发展历程、核心素养与中学思想政治学科核心素养以及学科核心素养背景下中学政治教学的现状、中学思想政治教学、中学思想政治教学新方法、中学思想政治课程资源开发与利用、国外学科核心素养背景下思想政治教学对我国的启示以及中学政治学科核心素养培育的创新路径等内容进行了系统梳理与介绍。

　　此外，作者在写作过程中，参考、借鉴了国内外许多专家学者的专著、论文和研究报告，在此向这些学者表示衷心的感谢。同时，对于本书中未列出的引用文献和论著，在此深表歉意，并同样表示感谢。不过，由于作者的时间及水平所限，本书内容难免存在不足之处，真诚地欢迎各位读者提出宝贵的意见和建议。

目　录

第一章 核心素养与人的全面发展

第一节 新时代对人的素养要求

"素养"是一种有理论依据的理念，此种理论构念或理论的"构念"与素养的定义、素养的本质、素养的模式有着密切关系。因此，本书第一章素养概论便首先阐明素养的理念、素养的定义、素养的特质、素养的模式。第一节先就素养的理念加以说明，其主要论点包括：第一，素养的理念涵盖了东方传统社会文化的优良素质教育涵养以及现代西方世界常用的"competence、literacy、knowledge、ability、capability"及"skill"等概念；第二，以素养为核心的未来课程受到许多国际组织与世界先进国家和地区的重视；第三，宜积极继续深入研究，进一步探讨未来公民所需要的核心素养；第四，宜进一步继续探讨素养的理论构念，构建核心素养的理论构念体系。兹分述如下。

一、素养的理念涵盖内容

素养的理念涵盖了东方传统社会文化的优良素质教育涵养以及现代西方世界常用的"competence、literacy、knowledge、ability、capability"及"skill"等概念。素养是指个人为了健全发展，必须通过受教育而学习获得适应社会的复杂生活情境需求所不可欠缺的"知识""能力"与"态度"，个人能"转识为智"并通过行动把素养落实成为"实践智慧"，展现出优良素质教育涵养（或优良素质教养、优质教养）。特别是，素养是个人通过教育情境获得能学以致用的知识、能力与态度，而能展现出优良素质的教育涵养，强调非先天遗传的后天教育与学习的重要功能，是教师教学的重要内容，也是学生学习的重要目标，更是评价学生的重要依据。简言之，素养是指个人经过学校教育课程设计而学习获得优良素质教育涵养的综合状态。

1

更进一步地讲，素养是指一个人接受教育后学习获得知识、能力与态度，而能积极地响应个人或社会生活需求的综合状态，不仅与个人能应用有限资源以解决生活问题的竞争力或软实力或巧实力有密切关系，更蕴含做人有品德、做事有质量、生活有品位的优良素养，与提升个人竞争力有着密切关系。可从多种素养中选择关键的、必要的、重要的素养，即核心素养，这是公民适应现代生活及面对未来挑战所应具备的能将知识、能力与态度等加以统整的全人或全方位的素养。例如，中国台湾地区的教育主管部门于 2011 年公布的《教育报告书》便强调培养社会好公民、世界好公民，发展多元现代公民素养。教育主管部门推动实施"十二年基础教育实施计划"的子计划——"建置十二年一贯课程体系"，研订"K-12 年级一贯课程体系指引"，持续修正、执行 2007 年公布的《强化中小学课程连贯与统整实施方案》以及 2006 年公布的《中小学一贯课程体系参考指引》等，强调素养在课程改革中的重要地位。另外，教育主管部门于 2011 年委托"财团法人高等教育评鉴中心基金会"进行第二周期的大学评鉴，也以基本素养与核心能力作为学生学习成效质量保证机制的一项重要指标。因此，有必要进一步探讨素养与能力、技能、知能等相关用词的关系，特别是素养的理念较为精确而周延。人们不只重视知识，也重视能力，更强调态度的重要性。素养要比能力的内涵更宽广，可超越传统的知识，而且已超越行为主义层次的能力，能纠正过去重知识、重能力、忽略态度的教育偏失。素养强调教育的价值与功能，素养是学习的结果，并非先天的遗传，是后天努力学习而获得的知识、能力、态度，合乎认知、技能、情意的教育目标。全人或全方位的素养合乎现代西方全人教育的理念，也具有东方传统社会文化"教人成人"的教育价值特色。

此处值得注意的是，一般人在接受传统学校教育以后，似乎获得了学科知识与能力，但是尚未具备现代人所需的素养。因此，本节强调素养的重要性，素养受到许多国际组织与世界先进国家和地区的重视，特别是受到联合国教育、科学及文化组织（简称联合国教科文组织）（UNESCO），欧洲联盟（简称欧盟）（EU），经济合作与发展组织（简称 OECD）等国际组织的影响。这些国际组织将之纳入其成员的教育改革与课程改革的核心，素养成为许多国家和地区的教育目标，甚至成为各教育阶段课程纲要的课程目标与学习内容的重要内涵。一方面，这彰显由于经济全球化的趋势所及，国际组织对课程的影响日益增加；另一方面，这也彰显了素养在教育领域中是一种非常重要的理念，值得进一步深究。尤其是当今的现代社会及后现代社会所需的素养教育，不同于美国在 20 世纪 90 年代之前的传统社会强调专门行业技能的能力本位教育；也不同于澳大利亚在 20 世纪 90 年代的工业社会强调职业需求导向的关键能力教育改革。因为过去的教育观念，往往以工业社会的工作需求为主要考虑方面，已经不能适应经济社会变革的要求，不能满足全球竞争的要求。尤其是在面对 Google（谷歌）、Facebook（脸书）、Plurk（噗浪）、Twitter（推特）等推动形成的全球互联网信息沟通的现代社会，人们必须适应复杂多变与快速变迁的云端科技通信新时代并满足后现代社会生活复杂多元的需求，有必要将传统能力的概念加以调整，并将其理念扩展升级、进化转型为素养，尤应强调核心素养是培养自我实现与社会健全发展需要的高素质公民与世界公民的基础。

简言之，由于社会变迁快速，许多国家和地区都担心其公民学不到适应社会生活所需的新基本能力。因此，近年来，核心素养已成为许多国家和地区共同关注的主题，这些国家和地区纷纷通过学校教育培养学生的核心素养，其已成为追求新经济的新进步主义浪潮下的美国、英国、法国、德国、加拿大、新西兰、澳大利亚、新加坡与中国台湾等国家和地区的课程改革重点。核心素养不仅可涵盖基本能力、关键能力与核心能力等词，而且可弥补上述用词在态度、情意层面的不足之处。上述国家和地区的学者都强调核心素养是共同素养，是当代每个人获得成功与适应功能健全社会所需的素养，一个人终其一生一定需要许多素养，以适应各种社会生活的所需，这些所有社会成员都应具备的共同素养可区分为核心素养及由核心素养延伸出的其他素养，这些最关键、必要而居于核心地位的素养被称为核心素养。这是近年来联合国教科文组织、经济合作与发展组织、欧盟等国际组织进行课程改革高度关注的议题。因为核心素养是培育自我实现与社会健全发展需要的高素质公民与世界公民的重要基础，而且可作为课程设计的垂直衔接与水平统整组织核心，成为连接普通教育和职业技术教育的枢纽，更可全方位地整合知识、能力与态度，应用于生活情境中。

二、以素养为核心的未来课程受到许多国际组织与世界先进国家和地区的重视

未来的社会是终身学习的社会，未来终身学习社会所需的未来课程是以素养为核心的未来课程，这已经成为许多国际组织与世界先进国家和地区的课程改革所共同关注的主题。例如，联合国教科文组织探究"学会求知""学会做事""学会共处""学会自处"或"学会自我实现""学会改变"的终身学习素养。经济合作与发展组织进行"素养的界定与选择"（Definition and Selection of Competencies：Theoretical and Conceptual Foundations，简称 DeSeCo）的跨国

与跨学科领域研究，探究"能自律自主地行动""能互动地使用工具""能在异质社群中进行互动"的核心素养。欧盟执行委员会（European Commission，简称 EC）于 2005 年发表了《终身学习核心素养：欧洲参考架构》，将母语沟通、外语沟通、数学素养以及基本科技素养、数位素养、学习如何学习、人际、跨文化与社会素养以及公民素养、积极创新应变的企业家精神、文化表达视为终身学习的八大核心素养。上述国际组织，均经过科学实证调查、研究分析与召开多次研讨会议，凝聚共识，研究核心素养的架构内涵，参与人员广泛地涵盖了专家学者、政策决策者、实践工作者，规划过程相当严谨。因此，其所提出的核心素养架构内涵，不仅具有公信力，而且具有课程改革的参考价值。

此处值得注意的是，经济合作与发展组织从 1997 年开始至 2005 年提出总结报告为止，进行了为期将近 9 年的"素养的界定与选择"研究，整合哲学、人类学、心理学、经济学、社会学等学科长期进行核心素养的学理探究，归纳出"能互动地使用工具""能在异质社群中进行互动"与"能自律自主地行动"的优质生活所需核心素养。特别是经济合作与发展组织每 3 年大规模开展"国际学生评价计划"（Program for International Student Assessment，简称 PISA），评估 15 岁学生的阅读、数学和科学素养，上述"国际学生评价计划"的进行与"素养的界定与选择"的研究关系密切。核心素养是所有个人获得成功与适应功能健全社会所必须具备的关键素养、必要素养、重要素养，是个人生活所必备的素养，也是现代社会公民的必备条件，兼具个人发展与社会发展的双重功能，与人类世界愿景相互呼应，而且不以学科知识及技能为限，关注学习与生活的结合，并与"自发、互动、共好"的基本理念相联结，强调"自主行动""沟通互动"及"社会参与"三大维度，及"身心素质与自我精进""系统思考与解决问题""规划执行与创新应变""符号运用与沟通表达""科技信息与媒体素养""艺术涵养与美感素养""道德实践与公民意识""人际关系与团队合作""多元文化与国际理解"九大项目。

特别是，以素养为核心的未来课程也被多数先进国家和地区当成课程改革的重点。因为素养是一系列多元维度组合而成的理念，每项素养均涵盖知识、能力与态度，具有复杂科学理论、复杂思维的后现代精神，具备促进个人实现与社会发展的多元功能。核心素养更是通过课程改革促进个体发展与社会发展的核心，一方面可协助个体获得优质生活，另一方面可协助人类适应优质社会的各种生活场域、情境的挑战。例如，1990 年 2 月美国劳工部（United States Department of Labor）部长伊丽莎白·多尔通过"职场基本素养达成秘书委员会"（the Secretary's Commission on Achieving Necessary Skills，简称 SCANS）进行研议，于1991年公布了《职场对学校教育的需求：美国2000年的职场人力需求报告》，期待学校应致力于构建社会公民的成人教育与终身学习系统，为培养未来社会公民素养做准备，通过了《装备未来计划：成人素养和终身学习的改革议程》及《装备未来成人素养和终身学习的内容标准：什么是21世纪成人需要的知识与能力》，培养未来社会公民的五大素养：资源运用素养、人际技能、信息素养、系统素养、科技素养。素养的具体内涵包括：读、写、算、听、说等基本能力；创造、推理、做决定与解决问题等思考能力；负责、自尊、社会能力与自我约束等个人的品德特质。

2000年美国国家素养研究院（the National Institute for Literacy，简称NIFL）进一步指出社会公民、学生家长与职场工作者三种角色需要衍生出的四类十六项"技术能力"：①沟通技能，含阅读理解，通过书面写作传达观念，说话清楚使他人理解，积极主动倾听，批判观察；②决策技能，含解决问题和做决定，规划，能使用数学来解决问题并与他人沟通；③人际技能，含与他人合作，引导他人，倡导和影响，解决冲突和协商；④终身学习技能，含承担学习责任，通过研究进行学习，反省和评鉴，能使用信息和沟通科技。

美国配合经济合作与发展组织进行的"素养的界定与选择"研究计划，提出沟通与信息处理、规划与管理、系统导向、社会素养与团队合作、公民素养、价值导向、自主行动者七类核心素养。美国教育部（US.Department of Education）及全国教育协会（National Education Association）与著名跨国公司，如苹果、微软、戴尔、思科等大公司忧心美国现行教育方式不足以培育21世纪所需的人才，因此组成产、官、学界合作组织——"新世纪技能联盟"（Parmership for 21st Century Skills，简称P21），于2008年发表了《21世纪技能、教育和竞争力报告》，规划培育21世纪人才所需的技术能力架构，包括生活与生涯工作技能，学习与创新技能，信息、媒体与科技技能。

英国国定课程的核心素养是指普通的、可移动的、对未来生活有关键作用的素养，是完成一项任务时不可或缺的重要素养，可适应社会情境变化，包括知识、能力及态度、情意等人格特质。英国国定课程委员会于1990年提出"16～19岁的核心素养课程"，强调核心素养在16～19岁教育阶段的重要性；于2000年配合"课程2000"推行核心素养的证书与课程，鼓励学术与职业进修的学生修习。英国证书与课程署指出核心素养包括：沟通能力，数字应用，信息技术，与他人合作，学习和业绩的自我提升，解决问题。前三项是英国国家职业资格课程必修的核心素养，后三项是广泛的一般素养，对其要求相对较低，虽然这些素养未必涵盖所有素养，但该机构已列出未来生活所需具备的素养作为课程改革参考。而大学毕业生则应具备的素养包括：学习能力、工作独立性、书写沟通技巧、在团队中工作、在压力下工作、正确专注细节、集中力量、口语沟通、解决问题、原创力、适应力、容忍力。

德国配合经济合作与发展组织所进行的"素养的界定与选择"研究计划，并依其国情，将素养分为基础素养以及进阶的核心素养。基础素养包括理解知识、应用知识、学习素养、使用工具的素养、社会素养、价值导向；进阶的核心素养包括互联网素养、元认知与元知识、沟通素养、媒体素养、经济素养、文化素养、跨文化素养、情绪智慧、动机九项核心素养。

法国根据《为了全体学生的成功》报告书制定了《学校未来的导向与纲要》，法国总统于 2005 年 4 月 23 日正式颁布相当于核心素养的"共同基础"，内涵重点强调：掌握法语、掌握数学基本知识、具备自由行使公民责任的人文与科学文化、至少会运用一门外语、掌握信息与通信的一般技术。

加拿大的跨学科核心素养如下：①知性素养：应用信息、解决问题、批判思考、创新素养；②方法素养：采用有效运作方式、应用信息与通信工具；③个人与社会素养：建立自我认同、与他人合作；④沟通素养：以适当方式与他人进行沟通。加拿大魁北克省的幼儿以及初等教育改革计划则提出上述四类跨越科目课程的核心素养，包括语文知能表现、数理、个人和社会以及沟通互动等有关素养，2002 年魁北克省建立了初等教育阶段课程素养指标，作为学校课程教学的依据，借此了解学生的核心素养发展情形。在核心素养指标架构中，人们先确定各领域主轴素养，包括跨科目领域、语文、数理科技、社会、艺术与个人发展七个领域。数理科技分别设定数学、自然及科技的素养维度；艺术则有戏剧、视觉艺术、舞蹈、音乐四类素养；个人发展方面则有体育、道德、宗教教育等各类素养。各类素养项下又区分出六个层次，每一层次都有文字明确叙述，以界定此素养水平。例如，跨科目领域素养指标方面设有运用信息、解决问题、练习批判、运用创造力、采取有效工作方法、运用信息科技、建构自我认同、与他人合作、适切沟通九大主轴，将各种素养加以层次化，能使学生各项素养的发展有明确依据。

新西兰受到经济合作与发展组织进行"素养的界定与选择"的"能互动地使用工具""能在异质社群中进行互动"与"能自律自主地行动"的影响，其国定课程架构强调核心素养，新西兰教育部公布了四种核心素养：重视思考、能互动地使用工具、能在异质社群中进行互动与能自律自主地行动，特别强调个人自律自主的自我管理、人际关系、社会参与贡献等核心素养。

澳大利亚进行以核心素养为本的教育，于 1991 年提出"青年人于义务教育后的继续教育与培训参与"，强调实际生活能力是青年人准备就业需学习与职业相关的核心素养，扭转过去知识本位的教育，转而强调解决问题、通过学校教育培养公民具备终身学习、职业投入及社会参与的核心素养，以厚植国家竞争力。梅尔委员会提出核心素养报告，指出青年人为有效参与新兴工作应具备的七项核心素养，分别为：搜集、分析、组织信息；沟通观念及信息；规划与组织活动；与他人开展团队合作；数学概念与技术应用；解决问题；应用科技。此七大核心素养各有其详细内涵，并分为三个层次，各层次对学生应达成的学习目标有不同水平的描述。澳大利亚提出的核心素养内涵已整合于"21世纪国家学校教育目标"。此外加入了自然生态、生命态度及生活规划、公民意识、文化尊重与理解等维度目标，使其架构更完整。2002年，《未来所需就业力技能》白皮书提出了"就业力技能架构"，高等教育的目的在于就业力养成，需具备八项核心素养：沟通技能、团队合作技能、解决问题技能、原创与进取技能、规划与组织技能、自我管理技能、学习技能、科技技能。澳大利亚各州教育厅厅长更在2010年12月8日的教育、幼儿发展与青少年事务部委员会第七次会议中正式认可了国家中小学统一课程纲要。

就华人社会而言，新加坡强调尊重、责任、正直、关怀、弹性与和谐等价值是其21世纪核心素养架构的核心；其架构的中间层是社会与情绪素养，学生必须去了解并进行情绪管理、从关心自己发展到关怀他人、做出负责任的决定、建立正向积极的人际关系；其架构的外围包括公民素养、全球意识与跨文化能力、批判与创造新思考、信息与沟通能力，协助年轻人获得新数字时代的机会并维持一种强而有力的新加坡精神。中国台湾地区的教育主管部门于2014年2月17日正式函令要求各级学校实施A"自主行动"、B"沟通互动"及C"社会参与"三大维度，及A1"身心素质与自我精进"、A2"系统思考与解决问题"、A3"规划执行与创新应变"、B1"符号运用与沟通表达"、B2"科技信息与媒体素养"、B3"艺术涵养与美感素养"、C1"道德实践与公民意识"、C2"人际关系与团队合作"、C3"多元文化与国际理解"九大项目的核心素养教育，把核心素养作为课程连贯统整的核心。学校应不只重视为个人行为负责的知识能力和态度，而且更强调从个人自主行动到人我之间的沟通互动到个人与群体之间关系的社会参与，能展现出中华文化的伦理精神价值与东方哲学思想色彩，重视人类文明的精神价值的提升。中国教育部则于2014年3月30日颁布了《关于全面深化课程改革落实立德树人根本任务的意见》，把核心素养置于深化课程改革中，以落实立德树人的教育目标，这是核心素养一词首次出现在中国大陆官方的档案当中。时任教育部部长袁贵仁更在2015

年全国教育工作会议上的讲话中指出"加快研制发布中国学生发展核心素养体系",《中国学生发展核心素养》(征求意见稿)将学生应具备的、能够适应终身发展和社会发展需要的必备品格和关键能力等综合为社会责任、国家认同、国际理解、人文底蕴、科学精神、审美情趣、身心健康、学会学习、实践创新九大素养。2016年9月13日北京师范大学林崇德教授以课题组结果方式发布《中国学生发展核心素养》的总体框架构成,包括文化基础(人文底蕴、科学精神)、自主发展(学会学习、健康生活)、社会参与(责任担当、实践创新)三个方面六大素养,但尚未落实在各级学校的课程标准或课程纲要之中。由此可见,中国台湾地区的核心素养研究起步要比中国大陆早些,值得借鉴学习,详见表1-1中国台湾地区的三面九项核心素养与先进国家和地区的核心素养的对照。

表1-1　中国台湾地区的三面九项核心素养与先进国家和地区的核心素养的对照

类别	A 自主行动	B 沟通互动	C 社会参与
中国台湾地区的三面九项核心素养	A1 身心素质与自我精进 A2 系统思考与解决问题 A3 规划执行与创新应变	B1 符号运用与沟通表达 B2 科技信息与媒体素养 B3 艺术涵养与美感素养	C1 道德实践与公民意识 C2 人际关系与团队合作 C3 多元文化与国际理解
经济合作与发展组织的三类素养	能自律自主地行动	能互动地使用工具	能在异质社群中进行互动
中国大陆的三面六项核心素养	自主发展： ①学会学习 ②健康生活	文化基础： ①人文底蕴 ②科学精神	社会参与： ①责任担当 ②实践创新
新加坡的三类素养	架构的核心：尊重、责任、正直、关怀、弹性与和谐等价值	架构的外围：公民素养、全球意识与跨文化能力、批判与创造新思考、信息与沟通能力,协助年轻人获得新数字时代的机会并维持一种强而有力的新加坡精神	架构的中间层：社会与情绪素养,包括了解并进行情绪管理、从关心自己发展到关怀他人、做出负责任的决定、建立正向积极的人际关系以及有效应对环境的挑战

类别	A 自主行动	B 沟通互动	C 社会参与
美国的七项素养	①规划与管理 ②系统导向 ③自主行动者	④沟通与信息处理	⑤价值导向 ⑥社会素养与团队合作 ⑦公民素养
英国的六项素养	①解决问题 ②学习和业绩的自我提升	③沟通能力 ④数字应用 ⑤信息技术	⑥与他人合作
德国的九项素养	①元认知与元知识 ②情绪智慧 ③动机	④互联网素养 ⑤沟通素养 ⑥媒体素养	⑦文化素养 ⑧跨文化素养 ⑨经济素养
法国的五项素养		①掌握法语	②掌握数学基本知识 ③至少会运用一门外语 ④掌握信息与通信的一般技术 ⑤具备自由行使公民责任的人文与科学文化
加拿大的四项素养	①知性素养	②沟通素养	③方法素养 ④个人与社会素养
澳大利亚的八项素养	①规划与组织活动 ②解决问题	③搜集、分析、组织信息 ④沟通观念及信息	⑤数学概念与技术应用 ⑥应用科技 ⑦与他人开展团队合作 ⑧自然生态、生命态度及生活规划、公民责任、文化尊重与理解等维度
新西兰的四类素养	①重视思考 ②能自律自主地行动	③能互动地使用工具	④能在异质社群中进行互动

由上表可见，经济合作与发展组织的"素养的界定与选择"研究的"能自律自主地行动""能互动地使用工具""能在异质社群中进行互动"被各个国家和地区采用。但由于过去中国台湾地区的课程政策文件对能力与基本能力未加以清楚界定，说明并不明确，许多学者对于核心能力与基本能力进行了诸多的批评；蔡清田则进一步归纳出四点疑问。①十大基本能力从何而来？为何是这十项基本能力？其"理据不清"。②基本能力与知识的"关系不清"。③十大基本能力的"区别不清"。④缺乏对环境生态的保护以及休闲生活素养的课程目标的"范畴不全"，特别是基本能力和行为主义所标榜的能力存在本位的异同。

三、宜积极继续深入研究，进一步探讨未来公民所需要的核心素养

当前新经济时代与信息社会的科技网络时代生活所需的自主行动、沟通互动、社会参与的现代社会公民生活所需的素养，可同时涵盖知识、能力、态度等，更可弥补过去传统社会与工业社会的能力不足，因此，有必要适应时空改变与社会变迁。培养当代及未来生活所需的核心素养。面对知识经济社会的来临，终身学习时代的数位学习方兴未艾，为适应转型社会的殷切需求，未来课程的改革必须顺应教育改革趋势，人们应评估社会环境变迁、经济全球化趋势、互联网等，反思学校课程现状与应该教而未教的"悬缺课程"等问题，以培养现代公民所需的素养。特别是，在经济全球化的趋势之下，跨国企业兴起、人力流动快速、信息科技发达，个人或企业可自由地从事跨国家和地区的经济活动，以及进行技术创新，通过贸易及资金流动促进经济整合。另外，在知识经济社会的发展趋势下，知识及能力的拥有、资源生产以及资产配置与使用成为最重要生产因素的经济形态，因此，应积极继续深入研究，进一步探讨未来公民适应社会变迁所需具备的核心素养。

四、新时代对人的素养要求

20世纪80年代，关于"培养什么样的人"的问题成为我国基础教育界的热门话题。从1957年开始，到十一届三中全会以前，在长达20年的时间里，中国各方面的发展缓慢，学校教育同样未能幸免。改革开放后，邓小平同志直接领导了教育领域的拨乱反正，他敏锐地看到了人口素质是事业成败的决定因素。1985年5月，在改革开放后的第一次全国教育工作会议上，邓小平同志指出："我们国家，国力的强弱，经济发展后劲的大小，越来越取决于劳动者的素质，取决于知识分子的数量和质量。"教育如何才能担当起提高全体劳动者素质的重任呢？在关于中国教育发展道路的抉择中，人们很自然地把人的素质同教育联系起来，开始了关于端正办学思想的大讨论。1987年4月，时任国家教委副主任的柳斌在九年义务教育各学科教学大纲统稿会上指出："基础教育不能办成单纯的升学教育，而应当是社会主义的公民教育，是社会主义公民的素质教育。"1993年2月，中共中央、国务院颁发了《中国教育改革和发展纲要》，吸收了教育思想讨论的成果，明确指出中小学要从应试教育转向全面提高国民素质的轨道。1994年8月，中共中央发布《中共中央关于进一步加强和改进学校德育工作的若干意见》，第一次正式在中央文件中使用"素质教育"

的概念。20 世纪 90 年代以来，各地进行了素质教育区域性试验与探索，以及学校层面的改革实践，涌现出湖南汨罗、山东烟台、辽宁大连、上海闵行、江苏南通等一批实施素质教育的先进典型，创造出愉快教育、成功教育、情境教育、尝试教学等实施素质教育的鲜活经验。原国家教委先后在湖南汨罗、山东烟台等地召开素质教育经验交流会，总结推广先进经验。1999 年 6 月，中共中央国务院颁布了《关于深化教育改革全面推进素质教育的决定》，召开了第三次全国教育工作会议。会议指出：深化教育改革，推进素质教育，必须构建面向 21 世纪的具有中国特色的基础教育课程体系。

2001 年开始，在国务院的直接领导下，教育部启动了新一轮基础教育课程改革，旨在建立符合素质教育要求的基础教育课程教材体系，以课程改革为核心带动人才培养环节的一系列变革。这次课程改革与改革开放之初不同，它更多是由行政力量自上而下、大面积推进的。十余年的改革，在课程建设、教学创新、考试评价改革、教师培养培训等方面都取得了许多重要进展。

可见，我国经过多年来的教育改革，素质教育成效显著，但与立德树人的要求还存在一定差距，重智轻德，单纯追求分数和升学率，学生的社会责任感、创新精神和实践能力较为薄弱等现象依然存在。

人的全面发展与社会联系的日益紧密是相辅相成的。那么，我国现阶段如何有效促进人的全面发展呢？应从以下三个方面进行。①加强先进文化建设，提高人的人文素养。人文素养是与科学素养相对应的，它主要可分为人文知识方法和人文精神两个层面。就知识与方法层面来看，人文素养是指对广义的人文科学所创造的人类精神财富的认知和运用，包括具备人文知识、理解人文思想、掌握人文方法；就精神层面来讲，人文素养就是具有对感性生命深切的关怀，以及对个体能动性积极倡导的相对稳定的气质、修养和行为方式。在人文素养中，知识方法是基础，人文精神是核心。对人自身来说，人文精神是一种立场、一种态度，更是一种价值诉求，一种终极关怀。其主要表现为：在处理人与自然、人与社会、人与文化的关系时，把人作为基本出发点和最后归宿；在人与物的比较中，强调精神重于物质，人的价值重于物的价值；在处理人与人的关系中，强调相互尊重对方的人格尊严，突出人人平等的原则。人文精神的实质就是对人的关注，对人的生命的珍视，对人的精神世界的追求。②加强先进文化建设，提高人的科学素养。科学素养是对个人决策、参与公共和文化事物以及经济生产所需的科学概念和过程的知识和理解，主要包括科学知识、科学思想、科学方法、科学精神四大要素。科学素养的人文价值在于：学习科学知识、树立科学观念、倡导科学方法、弘扬科学精神。科学精神是推动科学创新的动力。弘扬科学精神的基本要求是：坚持解放思想，实事求是，热爱科学，崇尚真理，勇于探索实践，重视科学决策。在文化素养中，人文素养体现着人的人品，科学素养体现的则是人的学品，二者相互补充，相得益彰。③加强先进文化建设，提高人的理论素养。理论素养是人的内在品质的组成部分，是人的全面发展的重要标志。理论素养主要包括：理论兴趣、理论知识、理论水平、理论运用能力。培养人的理论素养可以内化为人的活动能力，提高人的活动的自觉性、创造性、目的性。实践证明，人的素质主要取决于理论水平和思想素质的高低。理论兴趣高理论学习比较好的，思想理论素养就高，工作成绩就比较突出；反之，则工作思路不够清晰，解决复杂矛盾的能力不强。我国现代化进程中出现的一些矛盾和问题，有些是发展市场经济不可避免的，有些则是由人的理论素养特别是干部的理论素养不高、政策水平低下、盲目决策造成的。提高理论素养，必须加强马克思主义基本理论学习，树立科学的世界观和方法论，深刻理解和贯彻科学发展观，增强科学决策能力；理论素养应以一定的知识和学问为基础。提高理论素养，必须发展教育，加强学习，勇于实践，在实践中坚持和发展真理，最终使其转化为人的内在理论素养。

第二节 核心素养的理念

当前，我国基础教育课程与教学改革正进入一个新的发展阶段：一方面立足我国"立德树人"的根本要求，另一方面充分借鉴国际教育改革的先进经验，确立"核心素养"这一观念，将之作为新一轮改革的出发点和归宿。

当前对于核心素养框架的研究，无论是国际组织还是特定国家，均指向于21世纪信息时代公民生活、职业世界和个人自我实现的新特点和新需求。因此，"核心素养"的别称即"21世纪素养"或"21世纪技能"。例如，OECD的核心素养框架的总名称为"为了新千年学习者的21世纪技能和素养"，欧盟委员会提出的核心素养框架则是建立在前者研究的基础上的，其名称为"为了终身学习的核心素养"，二者均旨在应对21世纪信息时代对教育的挑战。世界上研究核心素养最著名的国家为美国，其教育部与苹果、微软等公司联合发起的"21世纪技能伙伴协会"，以及思科、英特尔和微软赞助成立的"21世纪技能教学和评估委员会"，它们均指向于21世纪信息时代的新特点和新需求。人类进入21世纪以后，信息通信技术（ICT）出人意料地迅猛发展并被广泛运用，使人类社会快速迈入信息时代，这与20世纪的工业时代形成鲜明的对比。

如果"20世纪素养"对应的是工业时代，那么"21世纪素养"对应的则是信息时代。

21世纪信息时代有以下新特点。首先，由于ICT的广泛运用，社会经济运作模式和人类职业世界发生了深刻变化。运用新知识、新思想和新技术实现快速产品创新和全球贸易，在人类历史上第一次成为经济发展的核心。同时，伴随着计算机和电子通信技术的发展，人类的许多工作正在被机器所代替。人类的经济模式正快速转变为全球经济和知识经济。人类社会正快速进入知识社会。所谓"知识社会"，是指人的知识、思想和技术成为商品的社会。曾参与过OECD核心素养框架研究的美国著名经济学家列维和莫奈认为："主要由常规认知工作和常规手工劳动所构成的工作，此类劳动力的份额正日益下降，因为此类任务最容易通过编程让计算机去做。国家日益增长的劳动力比例则是那些强调专家思维或复杂交往的工作，此类任务计算机不能做。"这里的"专家思维"和"复杂交往"是对"21世纪素养"最浓缩的概括。所谓"专家思维"，亦可称为"专家决策制定"，是指在特定情境中，当所有标准化的解决问题的方法均告失败时发明新方法以解决困难问题的能力。这是一种认知性能力或素养。所谓"复杂交往"，是指在复杂的、不可预测的社会情境中，通过提供各种解释和示例以帮助他人掌握复杂概念、促进复杂对话延续和发展的能力。这显然是一种非认知性能力或素养。

当重复性的常规工作被计算机所取代的时候，人类就必须从事计算机不能代劳和胜任的复杂工作，也因此必须发展计算机所不具备的复杂能力，即以专家思维和复杂交往能力为核心的"21世纪素养"。这类复杂工作以创造、发明、交往为核心，职业世界的从业者早就由工业时代的"常规生产工作者"转变为信息时代的"心灵工作者"。在知识经济时代，无论是产品还是其生产过程，均日益关注其科技创新水平、审美品质和服务意识，即关注其"附加值"。在这种新的经济环境中，产品及其生产过程的附加值是日益增长的职业和收入的关键。此外，科学技术的迅猛发展以及产品的快速更新，使得人类职业的变化日益加剧：旧职业快速被淘汰，新职业不断涌现。伴随全球经济的继续演进，从业者在其工作生涯中预计将更换七八次工作。因此，未来教育既要为创新驱动的职业做好准备，更要为尚未出现的职业做好准备，具有广泛迁移性的核心素养因而成为教育的首要目标。

其次，信息通信技术和全球化使人的社会生活发生深刻变革。在信息时代，每一个人都是"数字公民"，如何合法、道德、负责任地使用信息通信技术呢？当今，世界各地的人工作、生活、交往在一起，社会和文化变得空前复杂和多元。

怎样处理文化差异和多元化社会？怎样处理与他人的关系，并与他人合作？在日益多元化的社会中，价值观、宗教信仰、情感、观点、利益、人际关系等的冲突是不可避免的。怎样管理和化解人际冲突？在日益网络化的社会，怎样运用包括信息技术在内的各种手段发展"社会资本""社会技能"和"跨文化素养"？信息时代为社会民主和公平提供了新的机遇和挑战，怎样消除社会不公、促进社会民主？怎样在信息时代做民主社会的公民？诸如此类的问题均对世界教育提出了挑战。

最后，信息时代为个人自由或自我实现提供了前所未有的机遇与挑战。一方面，无穷尽的信息洪流、急剧加速的社会流动、快速发展的科学技术、大量涌现的新职业、变幻莫测的虚拟世界等为个人选择和个性自由的实现提供了新的机遇和条件。另一方面，每一个人又被淹没在信息洪流中，饱受信息过载、信息焦虑和信息疲劳的折磨；虚拟世界又有可能使个人身份迷失、自我概念模糊；社会和职业的快速变化对个体的适应能力提出了空前挑战。个人如何在日益多元而快速变迁的信息时代、全球化时代和知识社会中自主行动，成为关系个人和社会发展的新课题。这意味着个体必须拥有强大的自我概念和将个人的需要和需求转化为意志行为的能力。这些意志行为包括决策、选择与行动。

正是信息时代经济新模式和职业新形态、社会生活的新特点和个人自我实现的新需求，对传统的工业时代的教育提出了挑战，核心素养概念应运而生。

为了更好地认识"核心素养"的时代内涵，首先让我们来分析几个世界知名的核心素养框架中的相关界定。

一、OECD 核心素养框架

经济合作与发展组织（OECD）在瑞士联邦统计局（SFSO）的领导下，在美国教育部教育统计中心（NCES）的大力协助下，于 1997 年末启动核心素养框架项目，即"素养界定与选择：理论与概念基础"（DeSeCo，简称"迪斯科"计划）。本项目的直接目的是为 OECD 国家于同年启动的"国际学生评定计划"（PISA，简称"比萨"计划）提供理论基础和评价框架，同时服务于另一个针对成人素养的国际评价计划"成人素养与生活技能调查"（ALL）。"迪斯科"计划于 2003 年发表最终报告《为了成功人生和健全社会的核心素养》，标志着 OECD 核心素养框架的完成。该项目历时 6 年，汇集了社会学家、评价专家、哲学家、人类学家、心理学家、经济学家、历史学家、统计学家、教育学家、政策制定者、政策分析者、工会、雇主、国内和国际机构等众多专家和利益相关者，至少调动了 12 个国家的专业力量，经历了多年的理论与实践的检验。可见，"迪斯科"计划代表国际核心素养研究的最高水平。

为适应技术的快速而持续变化、社会的日益差异而多元化、全球化所创造的人与人相互依赖的新形式，OECD 确立了素养观念。但它意识到在社会科学中，并没有关于素养概念的单一使用，也没有被广泛接受的界定和划一的理论，故 OECD 在为素养下定义时采用的是一种实用性概念取向，力图使所下定义尽可能明确、言之成理，在科学上可被接受。OECD 认为，素养不只是知识与技能，它是在特定情境中，通过利用和调动心理社会资源（包括技能和态度）以满足复杂需要的能力。例如，有效交往的能力是一种素养，它可能涉及一个人的语言知识、实用性信息技术技能以及对其交往的对象的态度。

首先，素养的共同价值基础是民主价值观与可持续发展。"所有 OECD 社会均对民主价值观的重要性和实现可持续发展达成共识。"这是 OECD 核心素养框架的价值基础，亦是"复杂需要"的价值内涵。

其次，素养是一种以创造与责任为核心的高级心智能力。"大多数 OECD 国家均重视灵活性和个人责任心。不仅期待个体具有适应性，而且期待个体具有创新性、创造性、自我导向并自我激励。"素养当然包括知识和技能因素，但绝不是其简单叠加。恰恰相反，唯有使知识和技能回到个人生活、社会生活和职业世界的具体情境中去探究与实践，方有素养的形成与发展。因此，素养的核心是反思性思考与行动。"反思性正居于核心素养之中心"；"反思性思维需要相对复杂的心智过程，并要求思考过程的主体成为其客体"。反思即回到自身，将自身作为思考的对象，通过持续思考自身而不断调整自己的思考和行动。一如杜威所言，这个过程即探究或问题解决的过程。反思性亦体现了人的心智的自主性。"核心素养拥有心智的自主性，这包含了一种对生活的主动且反思的取向。核心素养不仅要求抽象思维和自我反思，而且要求人们将自身与其社会化过程保持距离，甚至与其价值观保持距离，由此使人成为自身立场的原创者。"无论是反思性还是心智自主性，均体现出素养是一种复杂的高级心智能力。这种能力将创造性与责任心化为一体，是一种负责任的创造性或道德的创造性。

再次，素养是后天习得的，而非与生俱来的心理特征。"素养本身是在有利的学习环境中习得的。"这里的"学习环境"不仅包括学校环境，还包括家庭、社会、职业、经济、政治、文化等各种校外环境。非但如此，素养的获得在时间上又是一个持续的学习过程。

最后，素养既是跨领域的，又是多功能的。所谓"跨领域"，是指素养在学校中表现为跨学科性，在学校外则指跨越不同社会领域，如政治领域、社会网络、人际关系等。所谓"多功能"，是指素养能够满足个人生活、社会生活和职业生涯中各不相同的重要需要，帮助个人达到各不相同的重要目标、解决不同情境中的各类问题。

适应不同情境的需要的素养种类繁多，难以穷尽。OECD"迪斯科"计划所采取的策略是：本着实用的目的，选择并确立最根本、最关键的素养，是谓"核心素养"。每一个核心素养均需满足三个条件。①对社会和个体产生有价值的结果；②帮助个体在多样化情境中满足重要需要；③不仅对学科专家重要，而且对所有人重要。这体现出核心素养的三个特性，即价值性、迁移性、民主性。据此，OECD确立了三类核心素养。①交互使用工具的能力，具体包括：交互使用语言、符号和文本的能力；交互使用知识和信息的能力；交互使用技术的能力。②在异质群体中有效互动的能力，具体包括：与他人建立良好关系的能力；合作能力；管理并化解冲突的能力。③自主行动能力，具体包括：适应宏大情境的行动能力；形成并执行人生规划和个人项目的能力；维护权利、兴趣、范围和需要的能力。三类核心素养的内在逻辑是人与工具、人与社会、人与自我的关系。三类核心素养既非彼此割裂，亦非机械组合。恰恰相反，它们有机联系、互动、整合，是适应不同情境的需要而不断变化的动态结构。

由此观之，OECD核心素养框架研究起步早、站位高，理论基础雄厚，逻辑体系完整。加之同时经历"比萨"计划针对义务教育终结阶段学生三年一次大规模检验和"成人素养与生活技能调查"计划的检验，其科学性不断获得发展并被确认。总之，"迪斯科"计划引领了世界核心素养运动。

二、欧盟核心素养框架

第二个世界著名核心素养框架源自欧盟。为应对全球化、知识经济和信息时代的挑战，欧洲理事会（European Council）将提供"新基本技能"作为优先策略，同时强调终身学习，让学习从学前阶段延续到退休以后。2001年3月，欧盟理事会批准成立"教育与培训2010工作项目"，意为到2010年要建立起适应知识社会所需要的欧洲教育和培训新体系，其核心是形成欧洲核心素养框架。2006年12月18日，欧洲议会（European Parliament）和欧洲理事会联合批准这一框架，框架名称为"为了终身学习的核心素养：欧洲参考框架"，该框架由此成为欧盟及其成员国建立信息时代教育的纲领性文件。该框架既借鉴了OECD"迪斯科"计划的经验，又充分体现了欧洲教育的特色和发展需要。

其目的在于：开发欧洲知识社会所必需的核心素养，以作为未来教育目标；为欧盟成员国实现核心素养目标提供支持。欧盟对"素养"界定如下："素养是适用于特定情境的知识、技能和态度的综合。"这里的"情境"主要指个人情境、社会情境和职业情境。与此同时，欧盟对"核心素养"这样界定："核心素养是所有个体达成自我实现和发展、成为主动的公民、融入社会和成功就业所需要的那些素养。"这显然是从具体功能的角度界定核心素养的。那么，究竟哪些是所有个体所需要的核心素养呢？欧盟列出了八大核心素养：①母语交际；②外语交际；③数学素养和基础科技素养；④数字素养；⑤学会学习；⑥社会与公民素养；⑦首创精神和创业意识；⑧文化意识和表达。对每一核心素养，欧盟首先给出了清晰界定，然后从必要知识、技能和态度三方面做出了明确说明。其中，许多素养之间相互重叠、彼此交织。由于这些素养名称与具体学科和生活相联系，对人的具体心智过程和心智能力未予明示，故《欧洲参考框架》的制定者又特别做了如下说明："有几个主题应用于整个《参考框架》之中：批判性思维、创造性、首创精神、问题解决、风险评估、采取决策以及建设性管理情绪，在八个核心素养中均发挥作用。"这意味着上述心智过程和能力作为"暗线"贯穿、渗透于八大核心素养之中。比较 OECD 和欧盟的核心素养内涵及框架，我们可得出下列结论。第一，欧盟的核心素养是结果取向的，且具体指明其应用领域与情境；OECD 的核心素养更加抽象、概括，且具有过程取向。第二，欧盟的核心素养框架由学科素养和跨学科素养两部分构成：母语交际、外语交际、数学素养和基础科技素养属学科素养；数字素养、学会学习、社会与公民素养、首创精神和创业意识、文化意识和表达属跨学科素养，渗透于学科学习和活动过程之中；而 OECD 的核心素养框架则只包含跨学科素养。第三，欧盟的核心素养与相应的知识、技能和态度的联系更加紧密、明确和具体；OECD 的核心素养尽管亦强调在具体情境中综合应用知识、技能和态度，但二者的联系相对松散、灵活和抽象。这体现出两个框架对素养或核心素养与知识、技能关系的理解存在微妙差异。

三、美国核心素养框架

第三个世界知名的核心素养框架为美国的"21 世纪学习框架"。早在 20世纪 90 年代初，伴随个人电脑和互联网的应用，世界经济的许多方面均发生转型。尤其是中国改革开放以后，中国快速成为"世界工厂"，这加速了美国经济的转型：经济发展"外购"和"离岸外包"的时代到来。为适应经济变化，美国劳工部长于1991年成立了一个高端专家工作委员会，主要完成两项任务：确定21世纪所需要的工作技能；评估美国学校是否正在教授这些技能。该委员会于2000年发表了《学校需要什么工作》的研究报告，并指出："学校尽管诚实而有意识地努力适应新需要，但由于缺乏清晰且一贯的指导，学校依然延续着近百年前设计的教育体制和方法论，它所满足的企业组织的需要已迥异于今天。"这对工业时代的教育体制、内容和方法提出了严峻挑战。2002年，美国教育部连同苹果、思科、戴尔、微软、全美教育协会等有影响力的私有企业和民间研究机构，成立了"21世纪技能伙伴协会"，简称"P21"，开始系统研制适应信息时代和知识经济所需要的"21世纪技能"，波澜壮阔的"21世纪技能运动"拉开帷幕。经过几年努力，"21世纪学习框架"及相应的课程体系和研究报告系统推出。如今，P21项目已进入第二个10年，美国越来越多的学校、学区和州采纳并实施该框架。它已成为引领美国乃至世界构建信息时代和知识社会课程体系的重要理论和实践基础。在P21项目中，"21世纪技能"相当于OECD和欧盟框架中的"核心素养"。P21项目这样界定："21世纪素养远超出基本的读、写、算技能。它意指如何将知识和技能应用于现代生活情境。"由此看来，"21世纪技能"有两个基本内涵：第一，它是一种高级技能或"素养"，其对应范畴是"基本技能"，尽管它从不否认后者；第二，它是情境关联的，是知识和技能应用于21世纪生活和工作情境的产物。基于这种认识，P21项目开发出了详尽的"21世纪学习框架"。该框架由两部分构成：①核心学科与21世纪主题；②21世纪技能。前者侧重知识，后者侧重技能，二者相互依赖，彼此交融。"学习、信息和生活技能，唯有与核心学科知识建立联系的时候，才能产生意义。反之，核心学科知识唯有通过21世纪技能而获得的时候，才能被深入理解。"在该框架中，"核心学科"包括：英语、阅读或语言艺术、世界语言、艺术、数学、经济学、科学、地理、历史、政府与公民。值得注意的是，经济学成为核心学科之一。"伙伴协会相信，21世纪教育必须建立在坚实的学科知识基础之上。"但这里的"学科知识"，"不是指储存一堆事实"，而是指学科观念和思维方式，其目的在于让学生像学科专家那样去思考。一如杰出心理学家、教育改革家布鲁纳所言："知识是过程，而非产品。"

"21世纪主题"包括：全球意识，金融、经济、商业和创业素养，公民素养，健康素养，环境素养。所有这些主题，均源自21世纪情境的跨学科主题，旨在帮助学生解决复杂的个人、社会、经济、职业和全球问题。因此，"21世纪主题"不仅要求建立学科知识和真实生活情境的联系，还要建立不同学科知识彼此间的内在联系，它着眼于培养学生的跨学科意识和运用多学科知识解决复杂问题的能力。

"21世纪技能"包括相互联系的三类：①学习与创新技能，包含"创造性与创新""批判性思维与问题解决""交往与协作"三种技能；②信息、媒介和技术技能，包含"信息素养""媒介素养""信息通信技术素养"三种技能；③生活与生涯技能，包含"灵活性与适应性""首创精神与自我导向""社会与跨文化技能""生产性与责任制""领导力与责任心"五种技能。它们的逻辑关系是：运用"21世纪工具"发展学习技能与生活技能；学习技能侧重认知性素养，生活技能侧重非认知性素养，二者相互促进、相得益彰。由于"技术已经并将继续成为21世纪工作场所、社区发展和个人生活的驱动力量"，明智、负责任和创造性地选择和使用技术成为21世纪公民的基本素养，因此学生应发展信息素养、媒介素养和信息通信技术素养。由于创造、创新和创业已经成为21世纪知识社会的主旋律，学生需要发展创新思维和创新技能。由于经济全球化和信息通信技术的发展，个人生活、社会生活、文化生活、职业世界的多样性、复杂性、异质性和相互依赖性空前加剧，所以，要求学生必须具有生活和生涯规划技能。

我们可由此发现"21世纪学习框架"具有如下典型特点：第一，它把核心学科和21世纪主题与21世纪技能既做了清晰区分，又使二者有机融合，由此使知识与技能相得益彰；第二，它把核心学科，与具有跨学科性质的21世纪主题既做了清晰区分，又使二者有机融合，由此使学科课程与跨学科课程相得益彰；第三，它既对21世纪技能做了清晰分类，又恰当处理了彼此间关系，由此形成了完整的21世纪技能或素养体系；第四，它为如何实施"21世纪学习框架"提供了完备的支持系统，包括"21世纪标准""21世纪评价""21世纪课程与教学""21世纪专业发展""21世纪学习环境"五个彼此联系的子系统，由此为框架实施提供了保障。

可见，美国"21世纪学习框架"清晰、完备且操作性强。如果说OECD和欧盟的核心素养框架更有助于国家和地区进行教育改革的宏观规划与决策，体现出"自上而下"的特性，那么美国"21世纪学习框架"则更有助于学校和学区从事"校本化"课程与教学改革，体现出鲜明的"自下而上"的特性和教育民主的追求。

四、世界共同核心素养

从以上分析可以看出，世界不同国家、地区、国际组织和专业机构均根据各自需求和传统，厘定信息时代核心素养的内涵和框架。那么，人们对信息时代人类共同追求的核心素养达成了哪些共识？荷兰学者沃格特等人在对世界上著名的八个核心素养框架进行比较分析以后，得出如下结论：①所有框架共同倡导的核心素养是四个，即协作，交往，信息通信技术素养，社会和（或）文化技能、公民素养；②大多数框架倡导的核心素养是另外四个，即创造性，批判性思维，问题解决，开发高质量产品的能力或生产性。这八大素养是人类在信息时代的共同追求，可称为"世界共同核心素养"。认知性素养和非认知性素养同时受到关注，体现了知识社会的新要求。我们可将其进一步提炼简化为四大素养：协作、交往、创造性和批判性思维，由此构成享誉世界的"21世纪4C'S"。前两者属非认知性素养，后两者属认知性素养。这也呼应了列维和莫奈提出的"复杂交往"与"专家思维"两大核心素养。

世界共同核心素养是信息时代对人的发展目标的共同追求，体现了世界教育的发展趋势。我国须顺应此趋势，构建自己的核心素养体系和信息时代教育新模式。

综上所述，我们可以这样来给出素养和核心素养的内涵：素养是人在特定情境中综合运用知识、技能和态度解决问题的高级能力与人性能力；核心素养亦称"21世纪素养"，是人适应信息时代和知识社会的需要，解决复杂问题和适应不可预测情境的高级能力与人性能力。核心素养是对农业和工业时代"基本技能"的发展与超越，其核心是创造性思维能力和复杂交往能力。核心素养具有时代性、综合性、跨领域性与复杂性的特点。"时代性"意指核心素养是适应信息时代需要而诞生的新能力（欧盟的"新基本技能"）；"综合性"意指核心素养是知识与技能、过程与方法、情感态度与价值观"三维目标"化为一体的整体表现；"跨领域性"既指核心素养超越学科边界的跨学科性，又指其应用于不同情境的可迁移性，还指其连接学科知识与生活世界（真实情境）的"可连接性"；"复杂性"既指核心素养立足复杂情境、满足复杂需要的特性，又指其为复杂的、高级的心智能力，即"心智的复杂性"。

为进一步理解素养与核心素养的内涵，并在教育中有效引入，我们必须认清以下四对关系。

素养与知识素养不是知识，知识的积累不必然带来素养的发展。倘若秉持僵化、凝固的知识观，并以灌输、训练的方式教授知识，知识的积累反而会导致素养的衰减甚至泯灭。但素养离不开知识，没有知识，素养就是无源之水、无本之木。伴随知识社会的到来，知识的价值正与日俱增。在信息时代，怎样让知识学习过程成为素养形成过程？首先，转变知识观，不再把知识当作"客观真理"或"固定事实"，而使之成为探究的对象和使用的资源。即使处在工业时代的杜威都说："知识不再是稳定的固体，它已然液态化了。"那么在当今的信息时代，知识就更加变动不居了。再把学生当"活的图书馆"（布鲁纳语）去储存知识，非但不能发展素养，还会从根本上摧毁学生人格。其次，将知识提升为观念。就学科而言，将学科知识提升为学科观念。信息时代，知识的衰减和更新速度空前加快，但知识所体现的观念或思想却相对稳定。因此，舍弃烦琐却无法穷尽的"知识点"，精选核心学科的"大观念"，并联系学生的真实生活情境展开深度学习，是信息时代课程内容选择的基本原则——"少而精"原则。再次，尊重学生的个人知识。所谓个人知识，即个体在与学科知识和生活世界互动时所产生的自己的思想或经验。信息时代即自由创造知识的时代。尊重个人自由就是尊重个人创造知识的权利。如果说工业时代的波兰尼就已经敏锐意识到个人知识的重要性的话，那么在今日的信息时代，崇尚个人知识已成为时代特征之一。学生的个人知识是其素养的基础、前提和载体。没有个人知识，断无素养形成。学生的学科素养建基于其学科思想。学生的跨学科素养建基于其生活理解与体验。因此，尊重学生的个人知识是发展学生素养的关键。最后，转变知识学习方式，倡导深度学习与协作学习。知识＋实践＝素养。一切知识，唯有成为学生探究与实践对象的时候，其学习过程才有可能成为素养发展的过程。因此，转变知识学习方式是素养发展的前提，应让知识学习过程实现批判性思维与社会协作的连接。为此，一要倡导深度学习，让知识学习成为批判性思维和问题解决的过程；二要倡导协作学习，让知识学习成为交往与协作，即集体创造知识的过程。

素养与情境实践乃素养之母。一切实践均植根于情境之中。因此，素养的形成和发展与情境存在密不可分的关系。首先，素养依赖情境。素养是一种复杂、高级、综合、人性化的能力。其形成与发展只能在智力、情感和道德的真实情境之中。倘若离开真实情境，可能有知识技能熟练，断无素养发展。21世纪的工作，知识植根于情境且分布于共同体之中，而非抽象的、孤立于个体的。随着信息时代的到来，知识的情境性日益增强。核心素养的培养与发展，离不开情境学习。情境学习即通过学徒制与导师制，基于真实的、现实世界的任务而学习。这一方面是指将知识与真实的、现实世界的情境连接起来去学习，另一方面是指学习者能够与特定领域的专家（如科学家、工程师等）结成共同体，接受专家的指导，对真实任务进行合法的边缘参与，由此进行真实的学习。正是在真实的情境和真实的学习中，知识得以创造，素养获得发展。其次，素养超越情境。信息时代，知识日益情境化，情境（生活与工作）日趋复杂化。唯有将知识植根于情境，才能找到知识学习的意义，促进素养发展。"为迁移而教"在信息时代焕发新生命，富有新内涵。一方面，唯有将知识学习与真实情境联系起来，并以做课题的方式而学习，知识的迁移性才可能增加，素养也才能发展。课题可使学生在学科知识与其应用之间建立即时联系。如果能够创设为所学习的材料得以应用的现实生活情境，那么学习就能得到最大化。另一方面，素养一经形成，又能超越具体情境的限制，广泛应用于不同情境之中，且适应情境的不断变化。知识的迁移性孕育着素养的迁移性。这意味着促进素养发展的知识学习需要与多样化的情境相联系，使其迁移性获得最大化。最后，核心素养的形成与发展需关注虚拟环境及其对教育和人的发展的影响。由于信息技术的迅猛发展和广泛应用，21世纪社会环境和学习情境的一大特点是虚拟环境和现实世界的互动与融合。借助信息技术，人们不仅可以超越时间、空间、身份的限制与人交往，由此丰富自己的经验，而且可以模拟和创造现实世界不可能存在的事物和现象，从而丰富了现实世界。在信息时代，个人生活、社会生活和职业世界日益存在于增强现实之中。所谓增强现实，即由现实的与数字化的人、地方和物体相互交织而创造的模拟经验。虚拟环境和增强现实给人的发展提供了新的机遇与挑战。人们有可能深陷虚拟环境和增强现实而不能自拔，由此导致身份危机并逃避现实。但倘若正确而恰当运用虚拟环境和增强现实，人们的经验和身份将得到空前扩充与深化，将更加自由与开放。学校教育唯有直面这种挑战，才有助于学生核心素养的形成与发展。

素养与表现。探索素养与表现的关系，是理解素养内涵的重要方面。这对核心素养的教学和评价尤其重要。首先，素养与表现存在重要区别。素养是一种将知识与技能、认知与情感、创造性与德行融为一体的复杂心理结构，它遵循的基本原则是心灵原则。而表现是在特定情境和条件下的外部行为呈现，它遵循的基本原则是行为原则。二者的区别显而易见。漠视这种区别，会导致对素养的误解与误判，阻碍素养发展。其次，素养与表现具有内在联系。其一，素养是表现的基础和源泉。若漠视不可直接观察的素养，只关注人的外部行为表现，必然走向行为主义的表现模式。当教育基于表现模式的时候，必然走向机械化与训练化。其二，素养总会以某种方式获得表现，当表现被恰当理解和使用的时候，它可以成为判断素养发展水平的标志之一。其三，恰当的表现对素养具有开掘源泉的作用，会促进素养发展。正如布鲁纳所言：素养需要拥有表现"出口",教师的任务是发现该"出口"。若漠视素养的表现之维,必然走向神秘主义的素养观,由此导致素养教育的空泛与虚妄。其四,素养与表现的关系具有复杂性。素养与表现之间不是径直的、线性的、一一对应的。素养的表现受种族、文化、习俗、语言、性别、个性、具体情境等多方面因素的影响,因此,一种素养可能有多种表现。由于外部行为表现本身具有综合性,一种表现可能体现了多种素养。同样的表现,可能体现了不同的素养,如两个学生的数学成绩相同,但有可能体现了不同的数学素养。有的素养可能尚处于潜能状态,暂时未获得表现。有的表现有可能是机械记住了外部的表现要求,未必体现了相应的素养,如按外部要求机械做出了协作行为,但未必就具备了协作素养。布鲁纳曾说:"从表现直接推断出素养,即使并非不可能,那也是极为困难的。"很可能是注意到由素养到表现的滞后性与复杂性,诺丁斯指出:"对素养而言,表现是既非必要又非充分的标准。"为形象理解素养与表现的关系,我们可以大致提出一个冰山模型。冰山水面之上的部分是表现,但大部分素养并未表现出来,伏在水面之下。冰山水面之上和水面之下的部分当然存在内在联系,但哪些部分浮出水面,又受外部环境和条件的限制。核心素养的教学和评价既应明智理解冰山水面之上的表现部分,又应小心呵护大部分伏在水面之下的素养部分,还要恰当处理二者的关系。

核心素养与基本技能。以 4C'S 为代表的 21 世纪信息时代的核心素养,与农业和工业时代以读写算(即传统 3R'S)为代表的基本技能是什么关系?这是理解核心素养内涵、构建信息时代教育的又一问题。首先,"基本知识"与"基本技能"(所谓"双基")不是一成不变、普遍有效的,而是随时代变迁不断发展、变化的。传统读写算等技能和学科知识,大多诞生于 18 世纪以后且与工业时代相适应。当人类迈入信息时代以后,数字素养、批判性思维、创造性、交往、协作等"核心素养"或"21 世纪技能"日益成为"基本技能"。一些新兴的学科知识如信息科技也正在成为"基本知识"。其次,核心素养与传统"双基"是一种包含、融合和超越的关系,而非简单叠加。核心素养并不排斥传统"双基"。我们从世界著名核心素养框架来看,均未排斥传统"双基"。如美国"21 世纪学习框架"专门列出了"核心学科",OECD 框架和欧盟框架均关注阅读、数学、科学等学科素养。这里需要做出的改变不是将常规认知技能(如基本算术运算)的学习从课程中剔除。恰恰相反,根本变化是不再把简单技能的熟练视为为工作和生活准备的终结目标,而是将这些常规技能用作掌握未来职场所珍视的复杂心智操作的基底。也就是说,核心素养包含并超越了传统"双基",将之视为构成要素。最后,"双基"的学习方式需根据核心素养的要求而发生根本改变。核心素养本质上是解决复杂问题的能力，这只能通过让学生置身真实问题情境，亲历复杂的问题解决过程而培养，这里有没有"双基"的掌握与熟练？当然有。但这是学生在解决问题的过程中间接获得的。这里再一次验证了杜威在100多年前说过的名言：知识的学习是探究活动的"副产品"。当"双基"的学习成为间接过程和解决复杂问题的"副产品"的时候，"双基"的熟练与核心素养的发展就成正比关系。当"双基"的学习脱离探究与实践而直接进行（通过直接教学而内化"双基"）的时候，"双基"的熟练就与核心素养的发展成反比。素养本位的课程改革并不反对知识技能的熟练，反对的是这种"熟练"以泯灭学生的个性和创造性等核心素养为代价。核心素养作为一种高级能力和人性能力，其本质是"道德创造性"。而崇尚"道德创造性"是儒家智慧传统的根本特征。因此，核心素养这一观念有可能沟通中国文化传统与信息时代，从而为我国构建信息时代的课程体系。

综上所述，可以做如下简明归纳：在个体终身发展过程中，每个人都需要许多素养来应对生活的各种情况，所有人都需要的共同素养可以分为核心素养以及由核心素养延伸出来的素养。其中，最关键、最必要、居于核心地位的素养被称为"核心素养"。

我国经过几十年的教育改革，素质教育成效显著，但与立德树人的要求还存在一定差距，主要表现在：重智轻德，单纯追求分数和升学率，学生的社会责任感、创新精神和实践能力等较为薄弱。为此，学生发展核心素养，已成为当前我国基础教育课程改革乃至整个基础教育改革的一个热点。构建核心素养体系便是试图从顶层设计上解决这些难题。它的构建使学生发展的素养要求更加系统、更加连贯，重点要解决两个问题。一是把对学生德、智、体、美全面发展的总体要求和社会主义核心价值观的有关内容具体化，转化为具体的品格和能力要求，进而贯穿到各学段，融合到各学科，最后体现在学生身上，深入回答"培养什么人、怎样培养人"的问题。二是为衡量学生全面发展状况提供评判依据，引导教育教学评价从单纯考查学生的基本知识和基本技能转向考查学生的综合素质。

核心素养体系的构建，将成为顺应国际教育改革趋势，增强国家核心竞争力，提升我国人才培养质量的关键环节。

因此，必须清醒地认识到，中国学生发展核心素养的研究，其根本出发点是全面贯彻党的教育方针，践行社会主义核心价值观，落实立德树人的根本任务，突出强调社会责任感、创新精神和实践能力，促进学生全面发展，使之成为中国特色社会主义合格建设者和可靠接班人。

2016年2月，中国教育学会发布的《中国学生发展核心素养》（征求意见稿）提出我国学生发展的核心素养，是指学生应具备的、能够适应终身发展和社会发展需要的必备品格和关键能力，综合表现分为社会参与、文化基础、自主发展三个方面的九大素养：社会责任、国家认同、国际理解；人文底蕴、科学精神、审美情趣；学会学习、身心健康、实践创新。核心素养的作用以整合的方式发挥出来。尽管核心素养指标的内涵不同，发挥着不同作用，但彼此作用并非孤立，在实践中表现出一定整合性，中国学生发展核心素养具体内涵见表 1-2。

表 1-2　中国学生发展核心素养内涵

一级指标	二级指标	具体表现
一、社会参与	1. 社会责任。主要是个体处理与他人、集体、社会、自然关系等方面的情感态度和行为表现	①诚信友善。重点是自尊自律，诚实守信；文明礼貌，宽厚待人；孝亲敬长，有感恩之心；热心公益和志愿服务等 ②合作担当。重点是积极参与社会活动，具有团队合作精神；对自我和他人负责；履行公民义务，行使公民权利，维护社会公正等 ③法治信仰。重点是尊崇法治，敬畏法律；明辨是非，具有规则与法治意识；依法律己、依法行事、依法维权；崇尚自由平等，坚持公平正义等 ④生态意识。重点是热爱并尊重自然，与自然和谐相处；保护环境，节约资源，具有绿色生活方式；具有可持续发展理念和行动等
	2. 国家认同：主要表现为个体对国家政治制度、核心价值理念、民族文化传统等方面的理解、认同和遵从。	⑤国家意识。重点是了解国情历史，维护民族团结、社会稳定和国家统一；热爱祖国，认同公民身份，对祖国有强烈的归属感；自觉捍卫国家尊严和利益等 ⑥政治认同。重点是热爱中国共产党；理解、接受并自觉践行社会主义核心价值观；具有中国特色社会主义共同理想，有为实现中华民族伟大复兴的中国梦而不懈奋斗的信念和行动等 ⑦文化自信。重点是了解中华文明形成的历史进程；承认和尊重中华民族的优秀文明成果；理解、欣赏、弘扬中华优秀传统文化和社会主义先进文化等
	3. 国际理解。主要表现为个体对国际动态、多元文化、人类共同命运等方面的认知和关切	⑧全球视野。重点是具有开放的心态；了解人类文明进程和世界发展动态；关注人类面临的全球性挑战，理解人类命运共同体的内涵与价值等 ⑨尊重差异。重点是了解世界不同文化；理解、尊重和包容文化的多样性和差异性；积极参与多元文化交流

一级指标	二级指标	具体表现
二、文化基础	4.人文底蕴。主要是个体在学习、理解、运用人文领域知识和技能等方面表现的情感态度和价值取向	⑩人文积淀。重点是积累古今中外人文领域基本知识和成果；掌握人文思想中所蕴含的认识方法和实践方法等 ⑪人文情怀。重点是以人为本，尊重、维护人的尊严和价值；关切人的生存、发展和幸福等
	5.科学精神。主要是个体在学习、理解、运用科学知识和技能等方面表现的价值标准、思维方式和行为规范	⑫崇尚真知。重点是学习科学技术知识和成果；掌握基本的科学方法；有在真理面前人人平等的意识等 ⑬理性思维。重点是尊重事实和证据，有实证意识和严谨的求知态度；理性务实，逻辑清晰，能运用科学的思维方式认识事物、解决问题、规范行为等 ⑭勇于探究。重点是有百折不挠的探索精神；能够提出问题、形成假设，并通过科学方法检验求证、得出结论等
	6.审美情趣。主要是个体在艺术领域学习、体验、表达等方面的综合表现	⑮感悟鉴赏。重点是学习艺术知识、技能与方法；具有发现、感知、欣赏、评价美的意识和基本能力；具有健康的审美价值取向；懂得珍惜美好事物等 ⑯创意表达。重点是具有艺术表达和创意表现的兴趣和意识；具有生成和创造美的能力；能在生活中拓展和升华美，提升生活品质等
三、自主发展	7.学会学习。主要表现为个体在学习态度、方式、方法、进程等方面的选择、评估与调控	⑰乐学善学。重点是有积极的学习态度和浓厚的学习兴趣；有良好的学习习惯；能自主学习，注重合作；具有终身学习的意识等 ⑱勤于反思。重点是对自己的学习状态有清楚的了解；能够根据不同情境和自身实际，选择合理有效的学习策略和方法等 ⑲数字学习。重点是具有信息意识；有数字化生存能力；主动适应"互联网+"等社会信息化趋势等

续表

一级指标	二级指标	具体表现
三、自主发展	8.身心健康。主要是个体在认识自我、发展身心、规划人生等方面的积极表现	⑳珍爱生命。重点是理解生命意义和人生价值；具有安全意识与自我保护能力；掌握适合自身的运动方法和技能，养成健康的行为习惯和生活方式等 ㉑健全人格。重点是能调节和管理自己的情绪；有积极的心理品质，自信自爱，坚韧乐观；积极交往，有效互动，建立和维持良好的人际关系等 ㉒适性发展。重点是能正确判断与评估自我；依据自身个性和潜质选择适合的发展方向；有计划、高效地分配和使用时间与精力；具有达成目标的持续行动力等
	9.实践创新。主要是学生在勤于实践、敢于创新方面的具体表现	㉓热爱劳动。重点是具有积极的劳动态度；广泛参加各种形式的家务劳动、生产劳动、公益活动和社会实践；具有动手操作能力等 ㉔批判质疑。重点是具有好奇心和想象力，敢于质疑；善于提出新观点、新方法、新设想，并进行理性分析，做出独立判断等 ㉕问题解决。重点是善于发现和提出问题；有解决问题的兴趣和热情；能依据特定情境和具体条件，选择制定合理解决方案；具有创客意识，能将创新理念生活化、实践化等

　　2016年9月，中国教育部委托北京师范大学，联合国内高校近百位专家成立课题组，在北京发布了历时3年完成的《中国学生发展核心素养》研究成果。该成果指出，核心素养以培养"全面发展的人"为核心，分为文化基础、自主发展、社会参与3个方面，综合表现为人文底蕴、科学精神、学会学习、健康生活、责任担当、实践创新6大素养，具体细化为国家认同等18个基本要点。与征求意见稿相比，从数量上来说少了3大素养，基本要点也减少了7个。显然，关于核心素养的研究还在不断深入和完善中。

第三节　核心素养的特质

一、核心素养的理念特质

　　核心素养的理念具有五个特质，即多元面向、多元功能、多元场域、高阶复杂、长期培育。具体表现如表1-2所示。

表 1-2　核心素养的五种理念特质

核心素养的五种理念特质	核心素养理念特质的具体描述
多元面向	核心素养具备"多元面向"的综合整体，是建立在后现代社会"多元面向"的哲学理据之上的
多元功能	核心素养同时具备促进个人发展与社会发展之"多元功能"，是建立在后现代社会"多元功能"的经济学理据之上的
多元场域	核心素养具有跨越各种社会场域与学习领域等"多元场域"之广度，是建立在后现代社会"多元场域"的社会学理据之上的
高阶复杂	核心素养牵涉到反省思考的高阶心智及复杂性行动学习的"高阶复杂"的深度，是建立在后现代社会"高阶复杂"的心理学理据之上的
长期培育	核心素养必须透过各关键教育阶段的终身学习之"长期培育"，是建立在后现代社会"长期培育"的人类学理据之上的

（一）核心素养是具备"多元面向"的综合整体

"多元面向"的特性，是指核心素养具备的"多元性"，亦即每项核心素养均涵盖知识、能力与态度等多面向之整合，乃是一系列多元面向组合的"整体"，一方面彰显了核心素养是一种涵盖了认知、技能、情意的复合构念；另一方面，值得注意的是，整体大于部分之和，这呼应了个体在生活情境任务要求下，展现主体能动者所需行动的知识、能力、态度的一种"整体"因应互动体系。核心素养是行动主体能动者与生活环境脉络的情境进行互动过程当中，具有主体能动性的行动实践智慧，其中涉及主体能动者能结合个体内部情境的认知、技能与情意等复杂心智的行动先决条件，进而统整个体的知识、能力与态度，扮演"反思的实践者"，通过行动反思与学习，促成个体展现主体能动者的负责任的行动，以便能成功地因应外部生活环境脉络情境之下的各种多元社会场域的复杂任务。

特别是 OECD 曾经进行"素养的界定与选择"的跨国际与跨学科领域研究，探讨"核心素养"的定义与选择的理据及架构，明确指出"素养"涉及"知识""能力"与"态度"的统整，包括个人"优质生活"与"优质社会"生活情境互动所需展现出来的"优质"态度。欧盟甚至更明确地将各项核心素养所应达到的知识、能力与态度水平加以具体陈述，指出"核心素养"应涵盖知识、能力与态度三大面向，唯有这三大面向均能充分展现，方为实质具备核心素养的定义。

上述核心素养所涉及的内涵并非单一面向的知识、能力、态度，而是多元面向的"整体",每项核心素养均是涵盖知识、能力与态度的综合"整体"。核心素养这项理念特质可分为两个重点。第一,核心素养具备"知识""能力"与"态度"等多元面向的综合"整体",涵盖心智历程的多个面向,包含"认知""技能"与"情意"等多元面向的社会心智运作机制,其内涵比一般能力更为丰富,而且核心素养包括涉及处理复杂问题的认知技能、分析批判、沟通表达、合作情谊以及伦理道德规范等要素。核心素养的特质便是个人在道德和思想上的成熟,能够担负起自我学习和行动的责任,可超越知识和能力的教育,导致过去重知识、重能力、忽略态度的偏失。第二,核心素养是一种强调全人的或全方位的素养;核心素养指个人所需具备的素养,以促使学生能够在各种生活情境中,有效地进行学习。教育是让学生了解自己,学会与他人沟通,进而适应社会生活,所以全人所应具备的素养应是多方面的,知识、能力、态度与价值观的育成亦不容忽视。

(二)核心素养同时具备促进个人发展与社会发展之"多元功能"

核心素养的特质之二,是核心素养同时具备促进个人发展与社会发展之"多元功能",可以达成不同的教育目的,以维持个人发展与社会发展之功能;换言之,核心素养具备多元功能,能够达成各种重要目的,并且能在多元脉络情境中解决各种问题,有助于提高个人工作的质量,同时强调社会的需求与功能,可以将核心素养作为更新教育目的之重要来源。

"核心素养"可以有效适应生活需求,具有"个人发展"与"社会发展"双重功能:一方面,核心素养可提升个人素养,促进个人发展,以营造"成功的个人生活";另一方面,可以提升国家竞争力,以建构"功能健全的社会",核心素养的此种功能,合乎核心素养的经济学理论基础观点。特别是就知识经济的观点而言,未来的社会发展将随着国际资本主义的发展,形成文化多元化现象。因此,未来的教育必须跨出学校教育,延伸至终身学习,培育学生的自我学习能力,才能适应变动如此快速的社会生活。核心素养可以同时促进"个人发展"与"社会发展",具有同时促进个人发展以及社会发展的双重功能:一方面就个人的观点而言,核心素养可以增能赋权,促成个人发展的自我实现;另一方面就社会的观点而言,具有核心素养的个人在多元复杂的情境领域中,更有效能地参与社会,以期能实现社会凝聚发展从而建立功能健全、运作良好的社会。因此,就课程设计而言,核心素养可以作为"教育目的的重要来源",不仅有助于"个人发展"开发潜能,从而获得优质生活,且可促成"社会发展"

以产生社会经济效益，建立优质社会，并可培育人们的终身学习、社会公民责任等各种社会核心价值。

（三）核心素养具有跨越各种社会场域与学习领域等"多元场域"之广度

"多元场域"的特性是指核心素养可以学习迁移并运用到许多不同的社会情境与学习领域。就社会学观点而言，核心素养是行动主体能动者与生活环境脉络的情境进行互动过程当中，具有主体能动性的行动实践智慧。其中涉及主体能动者的行动实践智能之知识、能力与态度等多元面向，并能结合个体内部情境的认知、技能与情意等复杂心智之行动先决条件，进而统整个体的知识、能力与态度，扮演"反思的实践者"，通过行动反思与学习，促成个体展现主体能动者的负责任的行动。

特别是个人所处的社会生活情境，牵涉到个人所处环境中的人、事、物所构成的各种生活问题与工作挑战，亦即根据个人所处环境脉络情境因素来定义素养。这种核心素养可以通过个人及其所处的情境脉络与个人所采取的主体行动等要素，阐述个人及其所处的制度结构之间的动态关系。因为个人所处的社会环境脉络情境的条件不同以及根据的前提不同，故而核心素养可以协助个人弹性地适应不同环境脉络情境而调整其行动，能有弹性地适合社会各种复杂多变情境的应用需要，以适应各种不同情境领域的不同需求与任务挑战，有助于个人成功地适应社会情境的需求。

就核心素养的广度而言，核心素养具有跨越各种社会场域与学习领域的广度，核心素养并不特别限定于某个场域，而是跨越了所有的社会场域。举例而言，OECD完成的"素的界定与选择"的跨国研究，指出"能自律自主地行动""能互动地使用工具""能在异质社群中进行互动"三个面向的核心素养，每一个面向所对应的是在某一特定情境之下，为了达成某种特定目的所需要的特定核心素养。不同的情境脉络如特定国家地区的特定社会场域，可以顺应这三种核心素养，此将有助于达成某种特定目的。

一方面核心素养能跨越生活中各种不同的多元社会场域，另一方面，个人也可通过参与各种不同的多元社会场域行动，获得不同的身份角色。此种核心素养的理念特质，是能跨越生活的各种不同的多元社会场域疆界，并跨越不同学校、不同科目及课题，以收获不同的社会经验和阅历，从而获得成功的人生。

（四）核心素养牵涉到反省思考的高阶心智及复杂性行动学习的"高阶复杂"

核心素养的内部深层结构具备"高阶复杂"的特性，已经超越行为主义层次的能力，核心素养的内涵比一般的能力较为"高阶复杂"且深邃，牵涉到内在动机、自我概念、认知、技能、态度或价值等，包括认知的技能或心智慧力与非认知的技能与情意。"高阶复杂"的特性，是指核心素养是建立在当代社会生活所需的个体内部情境的社会心智运作机制的认知、技能、情意等行动的先决条件之上的，并通过个体对生活的反省与学习，激发个体内部情境的社会心智及其运作机制，以促进个体与环境交互的学习，以成功地应对外部生活环境脉络情境之下各种多元社会场域的复杂任务，有助于个体获得"优质生活"。就核心素养的深度而言，核心素养这种牵涉到反省思考及行动与学习的高阶心智复杂性的深度的特质，也彰显了核心素养具有"外显的"知识、能力，以及"内隐的"态度与认知、技能、情意的性质。可以促进个人与环境交互的学习，有助于个人获得"优质生活"。

经合组织自 1997 年推出 PISA 项目以来，即试图架构出让学生不仅只有阅读、数学、科学等方面学科的能力，更是要学生能在复杂的社会中，具有解决问题的核心素养，其中，"反思"，亦即反省思考及行动与学习的高阶心智复杂性的深度。核心素养不仅可以协助个人适应环境脉络情境的需求，更能协助个人发展出高阶心智复杂性的"反思力"，这种反省思考及行动与学习，涉及相当复杂的心智过程，并且要求个人将思考过程从主体转变为客体，强调个人心智的自律自主以及积极反省与主动学习。这不仅能够协助个人进行抽象思考与自我反省，亦能协助个人扮演反思的实践者，在社会化的过程中，明确找到个人的自我价值与定位。

核心素养的特质便是个人在道德和思想上的成熟，能够担负起自我反省思考及行动与学习的责任。此种反省思考及行动，必须运用后设认知能力、创造力以及批判能力，这不仅涉及个人如何进行思考，也包括个人如何建构其思想、感受，以及社会关系的整体生活经验，要求个人达到一种更为成熟的境界。只有建立在人类发展演化与长期教育的成果之上，个人才能将更高级水平的心智复杂性，融入其思考与行动当中。

（五）核心素养必须通过各级教育阶段的终身学习之"长期培育"

核心素养必须通过各级教育阶段的终身学习之"长期培育"，强调核心素养是后天习得的，可以从学习中获得的，这彰显了素养是可教的、可学的，并且可经由社会的、动机的、教学的触动引发，以进行各级教育阶段的终身学习的长期培育。核心素养的发展乃是终身学习的终生历程，始于家庭、学校与社会教育，而贯穿人的一生。核心素养能成功地因应人类生活情境的需求，并从满足每个个体的前提出发，强调社会要尽可能地满足不同社会成员生活的基本所需。其基本假设是，个体与所处的生活情境之间的关系是辩证的、动态的，个体的行动是发生在生活环境的政治、工作、健康医疗等社会文化脉络的社会场域复杂需求之中，亦即核心素养可以从生活环境脉络的情境中进行学习，并可在生活环境脉络的各种多元的社会场域情境中加以运用，因此，其与人类生活情境的关系相当密切。

核心素养的此种特质，也彰显了"核心素养"具有动态发展的本质，它是不断成长与改变的，是可学与可教的，而且可随学习经验、教学指导而发展，但必须通过不同教育阶段的长期培育；政府可通过课程纲要研订，可规划以核心素养为主的课程、教学、学习与评价。特别是，核心素养不是单独针对特定的学校教育阶段与教育类别，而是着眼于整个社会的教育体系与人力发展专业的共同架构，更着眼于个人终身学习、生活适应、生涯发展、社会参与、公民责任等方面所需要的素养的培育与提升。

学校教育仅是发展核心素养的一个阶段，如何在各种时期与环境中，有效发展这些素养，并有助于个人创造成功的生活，乃成为一个亟待解决的问题，而这需要通过各级教育阶段的终身学习之"长期培育"。因此，就课程设计而言，核心素养可以在儿童期、青少年期、青年期与成年期等不同发展阶段而逐渐培育，并逐渐增进其心智的复杂性。因此，政府可推动以核心素养为指引的各教育阶段的课程改革，通过教改的课程政策，研订课程纲要，明确界定核心素养的架构和内涵，规划以核心素养为主的课程、教学、学习与评价，并进行以核心素养为指引的各教育阶段的课程改革。

二、核心素养的教育价值

核心素养具备"多元面向""多元场域""多元功能""高阶复杂""长期培育"等理念特质，而且这些理念特质具有教育价值，涉及中小学教育中落实和渗透核心素养的路径，因此，其具有五项学校教育价值。

（一）就"多元面向"的理念特质而言，核心素养可导正过去"重知识能力而忽略态度"的偏失

"核心素养"的定义是"统整的"，除了知识、能力之外，还包括态度的意义，是指个人为了发展成为一个健全个体，必须因应生活情境需求所不可欠缺的全人素养或全方位的素养，是指个人展现出来的、能有效因应社会生活情境要求所需要的知识、能力与态度的统整。采用核心素养一词，可以彰显其核心地位，核心素养涵盖关键能力、基本能力、核心能力等相关名词，同时包含知识、能力与态度，一方面可避免常人误认"能力与知识二元对立，且容易忽略态度"的偏失，另一方面可强调知识、能力与态度统整的"核心素养"的理念。

传统的知识累积与能力训练，已不足以帮助个人面对当代社会生活需求所带来的挑战，个人要面对这些挑战，必须具备处理复杂心智任务的核心素养。核心素养的学校教育价值，一方面可导正过去"重知识能力而忽略态度"的偏失，另一方面，具备这些核心素养的个人更能进一步运用其认知和实际的技能、创造能力以及其他的心理资源，如态度、动机、价值，可进一步协助个人在道德和思想上更为成熟，能够担负起自我学习和行动的责任，因此可突破传统知识和能力训练的限制。

（二）就"多元功能"的理念特质而言，核心素养可以作为更新学校教育目的的重要来源

核心素养具备多元功能，能够达成各种重要目标，并且能在多元脉络情境中解决各种问题，有助于增强个人的成就动机，并提高工作的质量，同时强调社会的需求与功能。核心素养的此种理念特质也合乎经济学理论基础观点，因为从知识经济的观点而言，核心素养可以同时促进"个人发展"与"社会发展"，具有同时促进个人发展、自我实现和社会发展的双重功能。就个人的观点而言，核心素养可以增能赋权，促成个人发展的自我实现；就社会的观点而言，具有核心素养的个人可以透过社会参与与异质性社群进行互动，以达成共同目标，促进社会发展并做出社会贡献。核心素养的任务，不只是可以协助学生学会共同语言的听、说、读、写，通过共同理解，可以减少族群隔阂，并可以增能赋权促成个人的自我实现，追求个人成功的优质生活。核心素养也可以负起传递社会共同价值与规范的任务，以期能实现社会凝聚的功能并发展功能健全、运作良好的社会。

因此，核心素养的第二项学校教育价值，可以协助个人获得"成功的个人生活"，建立"功能健全的社会"所需具备而不可欠缺的关键素养、必要素养、重要素养，是个人生活所必备的核心素养，也是现代社会公民的必备条件，对于个人的自我实现与发展、社会融合、积极公民权及就业，具有关键的、必要的、重要的核心价值条件，核心素养兼具个人发展与社会发展的双重教育目的，而且核心素养与人权和民主价值的人类世界愿景相呼应。

（三）就"多元场域"的理念特质而言，核心素养可以作为推动各学校教育阶段课程改革的指引

核心素养可以协助个人无论在哪一个机构、担任不同的工作，或处在各种不同的多变情境下，所需要或均能有效运用的核心素养，这是对每一个个人都非常重要而关键的知识、能力与态度等行动的先决条件，能够协助个人有效参与学校教育、各行业市场、社会团体，以及家庭生活，并跨越各级学校的主要学习领域课程科目内容及重要的新兴议题。

（四）就"高阶复杂"的理念特质而言，核心素养可帮助政府通过学校教改课程政策，研订学校课程纲要

学校课程纲要是课程政策的具体体现，更是课程规划设计与实施的准则，主要目的在于明确订立各级学校的教育目标，规划课程架构，并研订实施的原则，其主要任务在于为学校课程指引明确方向并规范教学行动。因此，可通过学校教改的课程政策，研订学校课程纲要，明确界定核心素养的架构与内涵，提供一套较为完整的核心素养的"参考架构"，作为进行学生核心素养水平的国际调查评价的参考架构。甚至，教育部门可将核心素养视为学校课程发展与设计的关键"DNA"，通过学校教改的课程政策，研订课程纲要的核心要素。如台湾地区明确界定"自主行动、沟通互动、社会参与"三面向范畴的语文表达与符号运用、信息科技与媒体素养、艺术欣赏与生活美学、公民责任与道德实践、人际关系与团队合作、国际理解与多元文化、身心健康与自我实现、系统思考与问题解决、规划执行与创新应变九个项目之核心素养。

（五）就"长期培育"的理念特质而言，政府可通过学校课程纲要规划以核心素养为主的课程与教学

就学校教育的观点而言，素养是可以通过教育加以引导的、可以通过教学加以培养的、可以通过学习获得的，而且各项核心素养的培养，均是一种终身学习与发展的历程，而非仅存于特定的学校教育阶段，可以通过学习历程持续发展，特别是必须经过不同学校教育阶段的终身学习的长期培育，也就是通过每个教育阶段的课程设计与教学实施，加以培养，并经学生一段特定时间的学

习和累积充实以获得个人生活与现代社会公民必备核心素养所需要的知识、能力与态度，以建立"个人的成功生活"与"功能健全的社会"。因此，政府可通过学校教改的课程政策，研订学校课程纲要，规划以核心素养为主的课程与教学，阐明核心素养的课程规划、教学策略、学习评价方法等，以落实核心素养的教育价值。

核心素养具备"多元面向""多元场域""多元功能""高阶复杂""长期培育"等理念特质。核心素养同时具有五项学校教育价值，涉及中小学教育中落实和渗透核心素养的路径，可导正过去"重知识能力而忽略态度"的偏失；可以作为更新学校教育目的的重要来源；可以作为推动各学校教育阶段课程改革的指引；可帮助政府通过学校教改课程政策，研订学校课程纲要，明确界定核心素养的架构与内涵；政府可通过学校课程纲要研订，规划以核心素养为主的课程与教学，以落实核心素养的教育价值。因此，就中小学教育中落实和渗透核心素养的路径探讨而言，是可通过研订课程纲要建立学校课程目标，并进行以核心素养为指引的各学校教育阶段课程改革，作为学校教育管理部门转化为各学科核心素养的教材原型及学习重点，为学校教科书的设计提供参考；或进而转化建立教学方法模式，研拟学校教师专业发展的配套措施，提供学校教师精进教学的参考，以利缩小课程纲要核心素养与学校教学现场的落差；并引导课程、教学、学习与评价的前后一贯与紧密联结，提升学生核心素养，有效因应未来生活需求，实现促进个人发展成功的个人生活，以营造"成功的个人生活"，更可以提升社会竞争力，以构建"功能健全的社会"。

第四节　核心素养的培养与发展方向

一、核心素养的培养要点

学生的核心素养的培养与发展，必须将有关理论同现行的教育教学实践相结合。学生核心素养模型的建立归根结底是为了促进教育模式的转型，从过去重视教学当中学科知识体系的科学性和完备性，转向重视学生核心能力和素养的生成；从过去重视学生知识结构而忽视学生能力培养，转向促进学生能力提升和全面发展。本着这个目的，学生核心素养需要与教育教学实践相结合，尤其是要在核心素养理论的指导下，促进课程体系的改革与发展，这样才能让学生的核心素养得到不断发展与提高。

在国际教育改革与发展的浪潮中，各国际组织都推动研究学生核心能力和素养的模型计划，世界各国也逐渐建立起以学生核心能力和素养为中心的新课程体系。分析国际上学生核心素养与课程体系之间的关系，可以发现世界各国如何利用学生核心素养体系指导教育教学的实践，为我国建立基于核心素养的课程体系提供借鉴。

依照学生核心素养与课程体系相对独立的程度不同，世界各国和地区的核心素养体系在教育教学实践领域的应用模式可以大致分为三类。第一类模式：核心素养独立于课程体系之外，由专门的机构进行研制和开发，之后逐渐与课程和教学相融合的模式，代表者有美国、澳大利亚和中国台湾地区等。第二类模式：在国家的课程体系中规定了要培养学生哪些核心能力和素养，并指导课程的内容与设置，代表国家主要是芬兰。第三类模式：学生的核心能力和素养没有单独的体系做出规定，但国家的课程体系当中的许多部分都体现了培养学生核心能力和素养的宗旨，代表国家主要是日本和韩国。

学生核心素养与课程体系相结合有以下一些特点。

首先，核心素养与课程体系相结合是以能力为导向的课程标准改革的重要举措。学生核心素养项目的产生主要是为了指导教育教学注重培养学生适应未来生活的各种能力和素养。核心素养模型的发展路径必然是要与国家现行的课程体系以及教学实践相结合且相互促进和发展的。无论是美国模式、芬兰模式还是日本模式，学生核心素养模型的发展促进了课程体系的发展和转变，由传统的以学科内容为中心转向以学生能力为中心。课程标准中的课程内容和教学建议、表现标准或质量标准对学生能力的规定等部分，都逐渐受到学生核心素养模型的影响。

其次，核心素养与课程体系相结合的方式需要根据国家教育教学实践的特点进行。不同国家由于教育教学实践的特点不同，在核心素养与课程结合的方式上体现出较大的区别。美国、澳大利亚等国家，由于联邦制的体制，一直以来国家统领性的课程标准实际效力都不如州政府制定的教育政策，学生的核心素养体系作为独立于课程标准之外，而又为教育和课程提供一定支持的系统，对促进学生形成适应未来社会发展的能力起到了重要作用。欧洲等国家（如荷兰）将学生应具有的核心能力规定在国家课程标准中，作为指导课程标准的重要文件。东亚国家如日本、韩国，课程标准的体例一般都是以学科知识为主线，注重学科知识的系统性和完备性，核心素养则融合在课程标准内容和教学建议中。我国学生核心素养体系如何与教育教学实践相结合，如何通过课程体系建设来促进学生核心素养的形成，需要在教育实践中不断摸索。

最后，在课程中需要通过规定新的质量标准和课程机会标准来实现对学生核心素养的培养。通过分析国际经验不难发现，无论核心素养与课程体系的关系如何，质量标准和课程机会标准（"课程机会标准"在我国通常归属"教学建议"部分）对于在课程标准以及实际教育教学中落实培养学生核心素养的要求至关重要。应该说，课程内容和机会是培养学生核心素养的重要手段，而质量标准是学生应该培养何种能力的具体体现。课程内容和机会为培养学生核心素养提供了指导意见，指导和帮助教师在教学过程中注重学生能力的培养；质量标准是检测教育是否培养了学生这些素养的依据，教育部门以及教师依据质量标准监控当前的教育教学是否达到了国家对学生能力和素养培养的要求。

基于核心素养的现代课程体系应至少含有以下四个部分。①具体化的教学目标，描述了课程教学所要达到的目标，这一教育目标一定是具体的，落实到要培养学生何种核心能力和素养。②内容标准，即规定了核心学科领域（如数学、阅读、科学等）学生应知应会的知识与技能。③教学建议，即教育者应提供的教育经验和资源，以保证受教育者的学习质量。广义上的教学建议外延相当广泛，也被称为"教育机会标准"或"教学过程标准"等，可以包括课堂所讲授内容的结构、组织安排、重点处理及传授方式，以及学校公平性、教师专业发展、教育资源的分配等。④质量标准，即描述经历一段时间的教育之后学生在知识技能、继续受教育的基本准备以及适应未来社会等方面的能力上需要达到的基本水平。

根据国际经验和我国现有课程体系的特点，这四个方面的内容和学生核心素养模型应该有以下关系：具体化的教学目标和质量标准是学生核心素养的具体体现；而内容标准和教学建议的内容设定旨在通过学科的教学促进学生核心素养的形成。质量标准是教学结果导向的标准，内容标准是教学过程导向的标准。过程标准要促进学生核心素养的形成，结果标准要体现核心素养的具体要求，两者结合才能够使得新课程体系实现培养学生核心素养的目的。

基于核心素养的课程体系各部分的基本要求体现在以下三个方面。

第一，具体化的教学目标一定是体现学生核心素养的教学目标。教学目标用来指导和统领本学科其他内容的编排。在学生核心素养的指导下，每一个学科需要根据各学段学生核心素养的主要内容与表现形式，结合学科内容与特点，提出实现学生本学段核心素养的具体目标，并体现本学科特色。同时，应该注意跨学科素养如何在本学科中进行培养。这些内容应该在教学目标中具体体现。

第二，内容标准和教学建议要成为促进学生形成核心素养的保证。学生是通过各学科的学习来形成其核心素养的。学科的内容标准和如何进行学科教学成为培养学生核心素养的基本保证。内容标准提供了学生在每一个学科中需要学习的学科内容。传统的课程标准，一直是以学科内容的科学性和完备性作为编撰的根本依据的，以学科思路和逻辑为主要呈现方式；而基于核心素养的课程体系要求内容标准以促进学生该学科核心素养的形成为导向，设计时需要结合本学科、本学段学生核心素养要求来安排学科知识，并且要根据素养培养目标和学科内容特点提出有针对性的教学建议，以促进学生核心素养的形成。

第三，质量标准是学生核心素养在学业上的具体体现。学生核心素养主要是指学生适应未来社会发展以及终身学习的主要能力与素质，它必然是宽泛而宏观的能力；而质量标准是与学科能力紧密相关的，是学生核心素养在某个学科中的具体体现。体现学生核心素养的质量标准制定后可以在教育领域发挥极大的作用。一方面，质量标准能有效指导教师的教育教学实践；另一方面，质量标准较学生核心素养来说更加具体、可操作，所以，结合了内容标准后，质量标准还可以用来指导教育评价。

我国现行课程标准中关于核心素养方面的内容缺乏，导致教育能力本位与知识本位的混淆。课程标准重视对课程内容的诠释，注重学科知识体系的科学性和完备性。课程标准中完备的知识结构和内容从易到难循序渐进的结构安排常被欧美教育学者称道，认为这是中国中小学生有良好的基础知识的原因。但是，由于我们的课程标准是以学科知识为导向，追求知识体系的科学性与完整性的，内容往往是脱离现实生活、较为抽象的学科知识，而没有以培养学生相应的学科能力为核心组织课程内容。学生在学习过程中，面临的常常是抽象的知识世界，难以将抽象的知识和现实世界发生联系，许多时候无法运用学过的知识解决现实生活中出现的问题，成为只会背诵、解题的"机器"，缺乏问题解决能力、创造性思维等。正因为如此，我国的教育常被人诟病为"应试教育"或者"重知识、轻能力"的教育。要解决学生现实世界和知识世界的冲突，必须打破课程标准内容设置的思路，以促进学生全面发展为导向，以培养学生核心能力和素养为主线，安排学科知识内容，组织教育教学活动。

二、核心素养的发展方向

（一）坚持正确的政治方向，凝练学生核心素养

1. 坚持以马克思主义为指导，明确人才培养的目标指向

坚持以马克思主义为指导，是中国学生发展核心素养区别于其他核心素养研究成果的根本标志，必须旗帜鲜明地加以坚持。马克思和恩格斯在《共产党

《宣言》中指出："人的全面发展是共产主义者的理想目标和共产主义社会的基本原则。"我们在凝练中国学生发展核心素养的过程中，自觉运用马克思主义的立场、观点和方法指导研究工作，以培养全面发展的人为目标指向，构建起核心素养总体框架。

培养"全面发展的人"，首先必须承认和确立人作为独立生命个体的存在性，即自主性。正如马克思在《1844年经济学哲学手稿》中所指出的，"人类的特性恰恰就是自由的、自觉的活动"。同时，"人的本质并不是单个人所固有的抽象物。在其现实性上，它是一切社会关系的总和"。马克思这一科学论断的提出，深刻地揭示了"全面发展的人"的另一内涵，即人的社会性。此外，马克思从对人的本质和实践活动的理解出发，强调文化所具有的自觉性和创造性，并将其作为人区别于动物的特征，这揭示了"全面发展的人"的又一内涵，即人的文化性。基于马克思主义对"全面发展的人"的经典论述，我们深入调研社会各界对新时期学生核心素养的期待，提出从自主发展、社会参与、文化基础三个方面凝练中国学生发展核心素养，系统阐释党的教育方针，最终指向"培养德智体美全面发展的社会主义建设者和接班人"。

2.系统落实社会主义核心价值观，细化人才培养的具体要求

社会主义核心价值观把国家、社会、公民三个层面的价值要求融为一体，是包括学生在内的全国各族人民都应该自觉践行的价值观念。培育和践行社会主义核心价值观，需要在落细、落小、落实上下功夫，从小抓起，从学校抓起，纳入国民教育总体规划，细化为核心素养的具体表现，使核心价值观的影响像空气一样无所不在，无时不有。我们在遴选和界定核心素养指标、描述其主要表现时，系统落实社会主义核心价值观，以文化基础的不断积累和自主发展能力的不断提升为支撑条件，引导学生在社会参与及互动过程中加以践行。

富强、民主、文明、和谐是国家层面的价值目标，表达的是国家的意志，主要从国家角度提出了学生应该树立的理想与信念。核心素养在"国家认同"等要点系统中落实富强、民主、文明、和谐是国家层面的价值目标，表达的是国家的意志，主要从国家角度提出了学生应该树立的理想与信念。核心素养在"国家认同"等要点系统中落实这些要求，培育学生"具有国家意识，了解国情历史，认同国民身份，能自觉捍卫国家主权、尊严和利益""了解中国共产党的历史和光荣传统，具有热爱党、拥护党的意识和行动""具有中国特色社会主义共同理想，有为实现中华民族伟大复兴中国梦而不懈奋斗的信念和行动"，把红色基因融入广大学生的血脉。

自由、平等、公正、法治是社会层面的价值取向，主要从社会角度提出了学生应具有的信念和追求，集中体现在"社会责任""人文情怀"等要点的描述中。例如，"能明辨是非，具有规则与法治意识，积极履行公民义务，理性行使公民权利""崇尚自由平等，能维护社会公平正义"等。

爱国、敬业、诚信、友善是公民个人层面的价值准则，主要从个人角度对学生提出了道德要求，集中体现在"国家认同""社会责任"等要点的描述中。例如，"自尊自律，文明礼貌，诚信友善，宽和待人""热心公益和志愿服务，敬业奉献，具有团队意识和互助精神"等。

3. 传承中华优秀传统文化，凸显人才培养的民族底色

习近平总书记指出："中华优秀传统文化是中华民族的精神命脉，是涵养社会主义核心价值观的重要源泉，也是我们在世界文化激荡中站稳脚跟的坚实根基。"中国学生发展核心素养把根扎在中华优秀传统文化的土壤中，同时充分吸收革命文化与社会主义先进文化的养分，引导广大学生坚定文化自信，在全球化、信息化时代为每个孩子打上深深的中华文化底色。

从概念界定看，"素养"一词，早在《汉书·李寻传》中就有记载："马不伏枥，不可以趋道；士不素养，不可以重国。"《现代汉语词典》认为，"素养"主要指"平日的修养"，强调其是后天习得和养成的。与西方文化不同，中华优秀传统文化凝聚着中华民族普遍认同和广泛接受的道德规范、思想品格和价值取向。因此，我们提出"学生发展核心素养"这一概念，将其界定为：学生应具备的，能够适应终身发展和社会发展需要的必备品格和关键能力。这一概念内涵同时强调了核心素养的品格属性和能力特征体现出的中国特色、中国风格、中国气派。

从表现描述看，我们深入挖掘中华优秀传统文化的时代价值，使之有机融入国家认同、社会责任、劳动意识、人文积淀、乐学善学等基本要点，引导学生"具有文化自信，尊重中华民族的优秀文明成果，能传播弘扬中华优秀传统文化和社会主义先进文化""孝亲敬长，有感恩之心""具有通过诚实合法劳动创造成功生活的意识和行动"等。

凝练中国学生发展核心素养，目的是全面贯彻党的教育方针，落实立德树人的根本任务。培育中国学生的核心素养，必将促进更多满足党、国家、人民、时代需要的人才不断涌现，必将促进中国特色社会主义事业兴旺发达、后继有人。

（二）核心素养深入回答"立什么德、树什么人"

学生发展核心素养，主要是指学生应具备的，能够适应终身发展和社会发展需要的必备品格和关键能力。核心素养是关于学生知识、技能、情感、态度、价值观等多方面要求的综合表现，是每一名学生获得成功生活、适应个人终身发展和社会发展都需要的、不可或缺的共同素养。其发展是一个持续终身的过程，可教可学，最初在家庭和学校中培养，随后在一生中不断完善。

就价值定位而言，学生发展核心素养是对教育方针中所确定的教育培养目标的具体化和细化，是连接宏观教育教学实践的中间环节。党的教育方针可以通过核心素养这一桥梁，转化为教育教学实践可用的、教育工作者易于理解的具体要求，进而贯穿到各学段，体现在各学科，最终落实到学生身上，明确学生应具备的必备品格和关键能力，从中观层面深入回答"立什么德，树什么人"的根本问题，用于指导人才培养具体实践。

1. 核心素养研究如何既关注理论又反映民意

综合各国际组织、主要国家和地区的经验来看，构建核心素养总框架的研究思路主要有三种：自上而下型、自下而上型和整合型。其中，自下而上型主要基于演绎推理范式，先依据理论研究与文献分析，提出理论构想和内容框架，再通过实践加以修改完善；自下而上型主要基于归纳推理范式，先广泛征求民众和专业人士的意见，在此基础上提炼核心素养框架和指标；整合型则兼具前两种思路的优点，既关注核心素养的理论分析，又反映民众的意见和期望，已逐渐成为各国开展核心素养研究的范式。

基于国际经验，立足我国国情我们采取整合型思路，融合演绎与归纳范式，运用文献分析法、个别谈话法、焦点小组访谈法、意见征询法、问卷调查法等定性与定量研究方法，开展核心素养的理论研究与实证调查，最终整合研究成果，形成学生发展核心素养总框架。

此项研究专业性强，必须基于对学生身心发展规律的科学认识，采取科学的程序和方法。研究工作历时三年，由北京师范大学等多所高校的近百名研究人员组成。

2013年5月，北京师范大学会同多所高校近百位专家，联合开展"学生发展核心素养研究"。整体设计研究方案，系统开展研究工作，为总框架的构建提供理论支撑。通过基础理论研究，厘清核心素养的概念内涵与理论结构，准确把握核心素养的价值定位；开展国际比较研究，分析比较15个国家组织、国家和地区核心素养研究的程序方法、指标框架和落实情况；通过教育政策研究，梳理不同时期党和国家对人才培养的总体要求；开展传统文化分析，揭示中华优秀传统文化中修身成德的思想和传统教育对人才的培养；了解现行课程标准中的核心素养相关表述，明确课标修订任务。同时，通过开展实证调查研究，深入了解社会对人才的需求，准确认识各界对核心素养的期待。

经过一年多的努力，我们提交了核心素养总框架初稿。2014 年 7 月，教育部基础教育课程教材专家工作委员会对核心素养研究阶段性成果进行了审议。为做好核心素养与课程标准修订的衔接工作， 2014 年 8 月，呈请教育部基础教育二司委托专家工作委员会，组织课程、教学、评价、教研、管理等方面的研究力量，开展"核心素养与课程标准衔接转化研究"。基于核心素养总体框架，重点研究核心素养在课程标准中落实的方式。2015 年 1 月，专家工作委员会审议了衔接转化研究成果，赞同研究组提出的核心素养落实方式。

为确保核心素养的科学性和适宜性，2015 年 4 月和 2016 年年初，两次呈请教育部基础教育二司将核心素养初稿及研究报告送教育部有关司局和单位征求意见。同时，正式征求了全国 32 个省级教育行政部门意见，并委托了中国教育学会征求了各省市教育学会和相关分支机构意见。此外，召开专题座谈会，听取一线教育实践专家意见。

2. 核心素养是对素质教育内涵的丰富

中国学生发展核心素养以培养"全面发展的人"为核心，分为文化基础、自主发展、社会参与三个方面，综合表现为人文底蕴、科学精神、学会学习、健康生活、责任担当、实践创新六大素养，具体细化为国家认同等十八个基本要点。

文化基础、自主发展、社会参与三个方面构成的核心素养总框架，充分体现了马克思主义关于人的社会性等本质属性的观点，与我国治学、修身、济世的文化传统相呼应，有效整合了个人、社会和国家三个层面对学生发展的要求。

责任担当等六大素养是实证调查和征求意见中各界最为关注和期待的内容，其遴选与界定充分借鉴了世界主要国家、国际组织和地区核心素养研究成果。六大素养既涵盖了学生适应终身发展和社会发展所需的品格与能力，又体现了核心素养"最关键、最必要"这一重要特征。六大素养之间互相联系、互相补充、互相促进，在不同情境中整体发挥作用。为方便实践应用，将六大素养进一步细化为十八个基本要点，并对其主要表现进行了描述。根据这一总体框架，可针对学生年龄特点进一步提出各学段学生的具体表现要求。

中国学生发展核心素养研究紧紧围绕立德树人要求，坚持以人为本，遵循学生身心发展规律和教育规律，重视理论支撑和实证依据。具体来看，主要有以下三个主要特点。

一是彰显了中国特色。与其他国家和地区核心素养相比，该框架根植于中华民族文化历史的土壤，系统体现了中国特色社会主义核心价值观要求，明确把国家认同作为基本要点，突出了宽和待人、孝亲敬长、热爱中国共产党、具有中国特色社会主义共同理想等中国特色鲜明的素养。

二是体现了时代特征。提出了具有工程思维，适应"互联网+"趋势，理解人类命运共同体的内涵与价值等时代特色鲜明、反映新时期人才培养要求的素养。

三是强调了整体要求。该框架系统体现德、智、体、美诸方面的基本要求，素养内涵界定坚持必备品格与关键能力的有机统一，每种素养既具有品格属性，也具有能力特征。

素质教育作为一种具有宏观指导性质的教育思想，主要是相对于应试教育而言的，重在转变教育目标指向，从单纯强调应试应考转向更加关注培养全面健康发展的人。核心素养是对素质教育内涵的具体阐述，可以使新时期素质教育目标更加清晰，内涵更加丰富，也更加具有指导性和可操作性。此外，核心素养也是对素质教育过程中存在的问题的反思与改进。尽管素质教育已深入人心并取得显著成效，但我国长期存在的以考试成绩为主要评价标准的问题，影响了素质教育的实效。解决这一问题，要从完善评价标准入手。全面系统地凝练和描述学生发展核心素养指标，建立基于核心素养发展情况的评价标准，有助于全面推进素养教育，深化教育领域综合改革。

3. 推动核心素养在教育实践中的具体落实

学生发展核心素养是一套经过系统设计的育人目标框架，其落实需要从整体上推动各教育环节的变革，最终形成以学生发展为核心的完整育人体系。具体而言，主要有三个方面的落实途径。

一是通过课程改革落实核心素养。基于学生发展核心素养的顶层设计，指导课程改革，把学生发展核心素养作为课程设计的依据和出发点，进一步明确各学段、各学科具体的育人目标和任务，加强各学段、各学科课程的纵向衔接与横向配合。

二是通过教学实践落实核心素养。学生发展核心素养明确了"21世纪应该培养学生什么样的品格与能力"，可以通过引领和促进教师的专业发展，指导教师在日常教学中更好地贯彻落实党的教育方针，改变当前存在的"学科本位"

和"知识本位"现象。此外，通过学生发展核心素养的引领，可以帮助学生明确未来的发展方向，激励学生朝着这一目标不断努力。

三是教育评价落实核心素养。学生发展核心素养是检验和评价教育质量的重要依据。建立基于核心素养的学业质量标准、明确学生完成不同学段、不同年级、不同学科学习内容后应该达到的程度要求，把学习的内容要求和质量要求结合起来，可以有力推动核心素养的落实。

中国学生发展核心素养基本要点见表1-3。

表 1-3　中国学生发展核心素养基本要点

项目	核心素养	基本要点	主要表现描述
文化基础	人文底蕴	人文积淀	具有古今中外人文领域基本知识和成果的积累；能理解和掌握人文思想中所蕴含的认识方法和实践方法等
		人文情怀	具有以人为本的意识，尊重、维护人的尊严和价值；能关切人的生存、发展和幸福等
		审美情趣	具有艺术知识、技能与方法的积累；能理解和尊重文化艺术的多样性，具有发现、感知、欣赏、评价美的意识和基本能力；具有健康的审美价值取向；具有艺术表达和创意表现的兴趣和意识，能在生活中拓展和升华美等
	科学精神	理性思维	崇尚真知，能理解和掌握基本的科学原理和方法；尊重事实和证据，有实证意识和严谨的求知态度；逻辑清晰，能运用科学的思维方式认识事物、解决问题、指导行为等
		批判质疑	具有问题意识；能独立思考、独立判断；思维缜密，能多角度辩证地分析问题、做出选择和决定等
		勇于探究	具有好奇心和想象力；能不畏困难，有坚持不懈的探索精神；能大胆尝试，积极寻求有效的问题解决方法等
自主发展	学会学习	乐学善学	能正确认识和理解学习的价值，具有积极的学习态度和浓厚的学习兴趣；能养成良好的学习习惯，掌握适合自身的学习方法；能自主学习，具有终身学习的意识和能力等
		勤于反思	具有对自己的学习状态进行审视的意识和习惯，善于总结经验；能够根据不同反思情境和自身实际，选择或调整学习策略和方法等
		信息意识	能自觉、有效地获取、评估、鉴别、使用信息；具有数字化生存能力，主动适应"互联网+"等社会信息化发展趋势；具有网络伦理道德与信息安全意识等

项目	核心素养	基本要点	主要表现描述
自主发展	健康生活	珍爱生命	理解生命意义和人生价值；具有安全意识与自我保护能力；掌握适合自身的运动方法和技能，养成健康文明的行为习惯和生活方式等
		健全人格	具有积极的心理品质，自信自爱，坚韧乐观；有自制力，能调节和管理自己的情绪，具有抗挫折能力等
		自我管理	能正确认识与评估自我；依据自身个性和潜质选择适合的发展方向；合理分配和使用时间与精力；具有达成目标的持续行动力等
社会参与	责任担当	社会责任	自尊自律，文明礼貌，诚信友善，宽和待人；孝亲敬长，有感恩之心；热心公益和志愿服务，敬业奉献，具有团队意识和互助精神；能主动作为，履职尽责，对自我和他人负责；能明辨是非，具有规则与法制意识，积极履行公民义务，理性行使公民权利；崇尚自由平等，能维护社会公平正义；热爱并尊重自然，具有绿色生活方式和可持续发展理念及行动等
		国家认同	具有国家意识，了解国情历史，认同国民身份，能自觉捍卫国家主权、尊严和利益；具有文化自信，尊重中华民族的优秀文明成果，能传播弘扬中华优秀传统文化和社会主义先进文化；了解中国共产党的历史和光荣传统，具有热爱党、拥护党的意识和行动；理解、接受并自觉践行社会主义核心价值观，具有中国特色社会主义共同理想，有为实现中华民族伟大复兴中国梦而不懈奋斗的信念和行动
		国际理解	具有全球意识和开放的心态，了解人类文明进程和世界发展动态；能尊重世界多元文化的多样性和差异性，积极参与跨文化交流；关注人类面临的全球性挑战、理解人类命运共同体的内涵与价值等
	实践创新	劳动意识	尊重劳动，具有积极的劳动态度和良好的劳动习惯；具有动手操作能力，掌握一定的劳动技能；在主动参加的家务劳动、生产劳动、公益活动和社会实践中，具有改进和创新劳动方式、提高劳动效率的意识；具有通过诚实合法劳动创造成功生活的意识和行动等
		问题解决	善于发现和提出问题，有解决问题的兴趣和热情；能依据特定情境和具体条件，选择制定合理的解决方案，具有在复杂环境中行动的能力等
		技术应用	理解技术与人类文明的有机联系，具有学习掌握技术的兴趣和意愿；具有工程思维，能将创意和方案转化为新的有形物品或对已有物品进行改进与优化等

中国学生发展核心素养总体框架，主要关注通过不同学段的教育后，学生最终能达到的关键性素养全貌，相对而言比较宏观。在核心素养总体框架的基础上，下一步还需要把总体框架具体化到各学段，做好不同学段核心素养的纵向衔接，这也是实现核心素养最终落实的基础保障。

目前，我们正在开展这方面的研究。具体而言，我们将根据各学段学生的年龄特点和发展需求，基于中国学生发展核心素养总体框架中提出的六项素养指标，开展各学段核心素养的基础理论研究和实证调查研究，确定六项核心素养指标在小学、初中、高中、大学等学段中的主要表现和关键内涵，实现核心素养总体框架在各学段的垂直贯通，为核心素养进一步融入各学段具体学科搭建桥梁。

（三）关于中国学生发展核心素养研究成果

1. 研究背景和价值定位

为把党的十八大和十八届三中全会提出的关于立德树人的要求落到实处，2014 年，教育部研制印发了《关于全面深化课程改革落实立德树人根本任务的意见》，提出"教育部将组织研究提出各学段学生发展核心素养体系，明确学生应具备的适应终身发展和社会发展需要的必备品格和关键能力"。研究中国学生发展核心素养，主要有三个背景。一是全面贯彻党的教育方针，落实立德树人根本任务的迫切需要。党的教育方针从宏观层面规定了教育的培养目标，对于我国的人才培养具有全局性的指导意义。把党的教育方针具体化、细化，转化为学生应该具备的核心素养，更有利于其在具体的教育教学过程中贯彻落实。二是适应世界教育改革发展趋势，提升我国教育国际竞争力的迫切需要。随着世界多极化、经济全球化、文化多样化、社会信息化的深入发展，各国都在思考 21 世纪的学生应具备哪些核心素养才能适应未来社会这一前瞻性战略问题，核心素养研究浪潮席卷全球。面对日趋激烈的国际竞争，我国要深入实施人才强国战略，提升教育国际竞争力，也必须解决这一关键问题。三是全面推进素质教育，深化教育领域综合改革的迫切需要。近年来，素质教育取得了显著成效，但也存在课程教材的系统性、适宜性不强，高校、中小学课程目标有机衔接不够，部分学科内容交叉重复，学生的社会责任感、创新精神和实践能力较为薄弱等具体问题。要解决这些问题，关键是进一步丰富素质教育的内涵，建立以"学生核心素养"为统领的课程体系和评价标准，树立科学的教育质量观。

2. 研究遵循的基本原则

中国学生发展核心素养研究，主要遵循三个原则。第一，坚持科学性。紧紧围绕立德树人的根本要求，坚持以人为本，遵循学生身心发展规律与教育规律，将科学的理念和方法贯穿研究工作全过程，重视理论支撑和实证依据，确保研究过程严谨规范。第二，注重时代性。充分反映新时期经济社会发展对人才培养的新要求，全面体现先进的教育思想和教育理念，确保研究成果与时俱进、具有前瞻性。第三，强化民族性。着重强调中华优秀传统文化的传承与发展，把核心素养研究植根于中华民族的文化历史土壤，系统落实社会主义核心价值观的基本要求，突出强调社会责任和国家认同，充分体现民族特点，确保立足中国国情，具有中国特色。

3. 与综合素质评价的关系

综合素质是对学生发展的整体要求，关注学生不同素养的协调发展。学生发展核心素养是对学生综合素质具体的、系统化的描述。一方面，研究学生发展核心素养，有助于全面把握综合素质的具体内涵，科学确定综合素质评价的指标；另一方面，综合素质评价结果可以反映学生核心素养发展的状况和水平。

（四）核心素养的"核心"在哪里

在新一轮基础教育课程改革中，迎接课堂转型的挑战，难以绕过"核心素养"这一重要问题。因为学校教育是面向未来的事业，国民核心素养的培育是至高无上的课题，核心素养指导、引领着中小学课程教学改革实践。没有核心素养，改革就缺了灵魂。

核心素养的概念不是凭空捏造的，那么，它又是怎么出来的呢？核心素养研究是一种持续的多学科、多领域协同研究的集成，历来受到国际教育界的关注。从其发展趋势看，大体涉及"人格构成及其发展""学力模型"和"学校愿景"三大研究领域，而这三大领域，也启发了我们对核心素养的认识。

1. 人格构成及发展研究：发现人格发展的法则

基础教育的使命是奠定每一个学生学力发展的基础和人格发展的基础，而人格发展的研究是首要的。

人格结构说主张人格由四层要素组成，形成金字塔结构：第一层是志向，包括冲动、愿望、兴趣、能力、倾向、理想、世界观和信念等；第二层是经验，包括知识、技能、熟练和习惯等；第三层是反映，包括情绪、感觉、思考、体悟、感情、意志和记忆等；第四层是气质，包括性别特质、年龄特质、病理学变化和身体变化等。也有把世界观、思想和道德的基本信念视为人格核心的人格学说。众多的人格学说可以为我们思考基础教育实践的指针，提供思想资料。我们期待的学校教育是，从学生人格成长的角度，不是局限于一门学科的知识，而是有长远的展望，寻求课程与教学的改进，思考学习方式的变革。

人格的结构与发展研究所引出的发展法则，为界定"核心素养"提供了基本视点：人格并不是个体心理机能与要素的简单总和，而是相互关联的内在条件的总体，这些要素交互作用，使得人格不断形成新的品质；人格并非单从个人自身之中就能求得诸要素的依据，它是受自然的、社会的条件和具体的、历史的条件所制约的一种存在；人格并不是仅受周遭外在条件制约的，而是能动地作用于自然与社会乃至个人自身，从而展开创造性变革的一种存在；人格并不是脱离社会集体的个体存在，唯有介入社会、集体的关系中，才能作为社会、集体行动的个人而存在。

人格的发展过程，是受种种社会条件规定和制约的。在思考学生的人格发展之际，重要的是要认识到，人格的发展不是先天形成的，也不是凭借适应主义、个人主义所能决定的。人格是学生周遭的外部条件及其自身的内部条件交互作用的一个过程、一种结晶。其间的中介，无非就是学生的主体性活动。人格在活动中并且唯有通过活动才能得到发展。

2. 学力模型研究：寻求国民教育基因改造的关键 DNA

众多国家把强调"国民核心素养"的课程发展视为国民教育发展的基因，而学力模型研究就是要寻求国民教育基因改造的关键 DNA。法国的"共同文化"、德国的"关键能力"、美国的"核心知识"、日本的"基础学力"，以及国际学生评估项目（PISA）的语文素养、数学素养、科学素养等研究，都是学力模型研究的适例。

核心素养是指学生借助学校教育所形成的解决问题的素养与能力。根据日本学者恒吉宏典等主编的《授业研究重要术语基础知识》，核心素养是指"学生在学校教育的学习场所习得的、以人类文化遗产与现代文化为基轴而编制的教育内容，与生存于生活世界的学生在学习过程中所形成的作为关键能力的内核"。核心素养是作为客体侧面的教育内容与作为主体侧面的学生关键能力的统一体而表现出来的。因此，核心素养不是先天遗传，而是经过后天教育习得的。核心素养也不是各门学科知识的总和，它是支撑"有文化教养的健全公民"形象的心智修炼或精神支柱。决定这种核心素养形成的根本要素，在于教育思想的进步与教育制度的健全发展。

近年来，国际社会已出现了学力模型研究的若干典型案例。

比如，经济合作与发展组织 2005 年提出，知识社会要求三种关键能力。第一种关键能力是交互作用地运用社会、文化、技术资源的能力，包括运用语言、符号与文本互动的能力，如国际学生评估项目中的阅读素养、数学素养；运用知识信息互动的能力，如国际学生评估项目中的科学素养；运用科技互动的能力。第二种关键能力是在异质社群中进行人际互动的能力，包括同他人构建和谐人际关系的能力、团队合作能力和管理与解决冲突的能力。第三种关键能力是自立自主地行动的能力，包括在广泛脉络情境中行动的能力；设计并执行人生计划、个人计划的能力；表达并维护权利、利益、责任、限制与需求的能力。

日本的学力模型研究从 20 世纪 50 年代开始，一直连续不断，成为日本各时期基础教育课程改革的引擎。考察日本的学力研究可以发现，核心素养与学科素养之间的关系是全局与局部、共性与特性、抽象与具象的关系。这是因为在学校课程的学科之间拥有共性、个性与多样性的特征。因此，在"核心素养"牵引下，界定"学科素养"或"学科能力"需要有如下三个视点的交集。一是独特性，即体现学科自身的本质特征，也就是学科的固有性。如语文学科中的文字表达、文学思维与文化传统，数学学科中的数学思维与数学模型的构建，历史学科中的历史意识、历史思考与历史判断等。二是层级化，即学科教学目标按其权重形成如下序列：兴趣、动机、态度；思考力、判断力、表达力；观察技能、实验技能等；知识及其背后的价值观。这种序列表明，学科教学的根本诉求是学科的素养或能力，而不是单纯知识点的堆积。这就颠覆了以知识点为中心的学科教学目标的设定。三是学科群，即语文、外语学科或文史哲学科，数学与理化生物等学科，音体美或艺术、戏剧类学科，它们之间承担着相同或相似的学力诉求，如直觉思维与逻辑思维，自然体验与科学体验，动作的、图像的、语言的表达能力等，可以构成各自的学科群。

需要说明的是，强调学科自身的独特性不等于优化学科的边界，不能走向分科主义，而软化学科边界的好处就在于，为诸如"科学技术、工程和数学"等新兴学科的创生提供了空间。

3. 学校愿景研究：勾勒未来学校的图景

学校不是官僚机构，不是公司，不是军队。学校是以知识与技能为媒介，师生在互动关系之中，生成各自的意义，相互交换，创生新的学校文化的学习共同体——这就是国际基础教育学校愿景研究得出的结论。

作为学习共同体，学校的教育使命是保障每一个学生的学习权，求得每一个学生的发展。学生是多元智慧的存在，没有高低贵贱之别。这种学校寻求不同个性的交融、多元声音的交响，寻求"和而不同"的世界。

作为学习共同体，学校的改革旨在通过国民教育的正式课程来铸造未来国民的核心素养。如今，被誉为21世纪课堂革命的浪潮席卷全球。在这股浪潮中，布劳翁倡导学习共同体的学习原理，值得我们品味。这一学习原理认为：学生是学习的主体。学生是自我学习的设计者，是积极参与自我学习的学习者。学生自身积极地尝试方略、保障学习，设置反思自己的理解过程的机会。为了求得更好的理解，学生也进行相互监督。

分散的资源与分享的合法化。班级是多种多样的熟练者的集合，是人力资源的集合，班级成员应当分享集合的资源。班级的成员承担着多种多样的作用，认识到相互之间有差异是十分重要的。每个人都是某一方面的熟练者，分担构筑的责任，共同分享。重要的是，学生不是期待片面发展，而是在学习中通过人际关系，运用书本、电脑等工具，重视偶然性，重视多样的发展方向与机会。

对话与合作是基础。分享对话与知识，共同交流意义。通过对话，使课堂成为播撒思考的种子、展开交流的场所。

参与并实践真正文化活动的共同体。参与有真正文化意义的活动，展开使学生实践与成人实践贯通起来的活动。超越班级屏障，参与活动。学生投身于具有学习价值的探究活动中，为自己的事情做出选择。

脉络化、情境化的学习。明确活动的目的，在行为中思考，反复参与尝试。研究者或是教师实际地体验想象的世界，并且展开应答性评价。授课计划灵活应变。

依此愿景，未来的学校是一种"超越学校的学校"。从根本上来说，承担起学生的学习与发展的，不是每一位教师，而是整个教师团队；不是每一间教室，而是整所学校；不是每一所学校，而是整个社会文化。佐藤学说，"所谓'好学校'，绝不是没有问题的'学校'，而是学生、教师和家长共同面对'问题'、齐心合力致力于问题解决的学校"。只要我们脚踏实地地迈出了合作奋斗的第一步，那么，也就做好了迎候未来学校与社会的准备。

第二章　中学思想政治课教学的发展历程

第一节　20 世纪 80 年代中学思想政治教学情况

新中国成立后，中学思想政治课是学校德育工作的主渠道，中共中央和国务院历来十分重视思想政治课的教学工作。中学思想政治课经历了多次变革，特别是具体的课程设置和教学内容变动频繁。新中国成立至今，中学思想政治教科书和教学大纲（课程标准）先后变动了数十次。1949 年至 1965 年的 17 年间，由于党的路线正确，中学政治课在学校中的地位得到了巩固和加强，教学任务更加明确，课程设置和教学内容逐步达到完善和统一。广大教师深入开展教学研究，总结教学经验，探索教学规律，为政治课教学提供了宝贵而丰富的经验。

一、重视德育

在 1978 年 4 月召开的全国教育工作者会议上，邓小平进一步阐明了贯彻德智体全面发展的教育方针，辩证地指明了德育与学习科学知识的关系。

1979 年 4—5 月，教育部召开了全国中小学思想政治教育工作座谈会，并印发了《全国中小学思想政治教育工作座谈会纪要》（以下简称《纪要》）。《纪要》要求中小学生的思想政治工作必须从实际出发，注意青少年的年龄特点，有的放矢，讲求实效，防止和纠正形式主义与成人化的做法。教育活动的内容要生动活泼，形式要多种多样，为青少年所喜闻乐见。座谈会上明确提出加强中小学的思想政治教育工作必须从新时期的总任务出发，对中小学生进行坚持四项基本原则的宣传教育，并与进行革命理想和共产主义道德品质教育相结合。会后，各地方教育部门开始着手扭转中小学德育教育现状，北京、上海、广东、天津等省、市的一些教育理论工作者和中小学教师开始研究中小学德育大纲，力图按不同年龄段学生的特点来制定德育的内容和要求，希望中小学的德育目标和内容逐步走上科学化、规范化的道路。

1986 年 9 月，中共十二届六中全会通过了《中共中央关于社会主义精神文明建设指导方针的决议》（以下简称《决议》）。《决议》指出："在道德建设上，一定要从实际出发，鼓励先进，照顾多数，把先进性的要求与广泛性的要求结合起来，这样才能连接和引导不同觉悟程度的人们一起向上，形成凝聚亿万人民的强大力量。"这种分层次区别对待的道德要求改变了以往"齐步走""一刀切"的做法，提高了学校德育的针对性和实效性。1988 年 12 月，中共中央颁布了《关于改革和加强中小学德育工作的通知》，明确提出中小学德育要从我国社会主义初级阶段的实际出发，从中小学教育工作的实际出发，从青少年儿童的实际出发。总之，青少年学生是国家未来的建设者，事关国家前途和民族的希望。中小学德育工作者应责无旁贷地担负起培养青少年学生健康成长的责任，使青少年学生思想道德建设再上新台阶。

二、编写新教材

十一届三中全会后，中学政治课的教材有多次变动。根据 1978 年教育部颁布的《全日制十年制中小学教学计划（试行草案）》，新编的《科学社会主义》《社会发展简史》《政治经济学常识》《辩证唯物主义常识》4 种中学政治课本正式出版。这是一套拨乱反正的教材，内容都是马列主义的基础知识。正式的统编教材，使教师的教学有所遵循，有利于中学政治课教学的开展。但是，这套教材也存在一定缺陷。

1982 年起我国出版了初中的《青少年修养》《法律常识》《社会发展简史》和高中的《政治经济学常识》《辩证唯物主义常识》几种教材及配套的教学参考用书，这套教材比起前一套教材来有许多优点：一是在阐述基本理论方面，突出了主要观点，而不是面面俱到；二是注重理论联系实际，针对初中学生的实际情况讲授《青少年修养》和《法律常识》，对他们进行共产主义道德品质教育和法制教育。1986 年 6 月，国家教育委员会印发了《中学思想政治课改革实验教学大纲》，组织北京、天津、上海、吉林、贵州、广东和北京师范大学（与人民教育出版社合作）七家单位承担了编写教材的任务，实行一个大纲、多套教材、教委审定、推荐选用的新体制。在较短时间内，教材改革实验由点到面，逐步扩展。人民教育出版社陆续出版的一套改革实验教材，在全国22个省、市使用。

三、创新教学方法

随着政治课教学的展开，我国也加强了对中学政治课教学方法的研究。全国师范院校的政治教育专业普遍开设了中学政治课教材教法课程。1985年2月，中国教育学会设立了中学政治课教学研究会，各省、市也相继成立了中学政治课教学研究会，开展中学政治课教学的研究活动。有关中学政治课教学方法的书籍也出版了不少，北京、上海、杭州、西安、成都等地还分别出版了中学政治课教学的定期刊物。1985年8月，中共中央在《关于改革学校思想品德和政治理论课程教学的通知》中指出，"要善于引导学生通过自己的学习和思考来提高认识，寻求问题的答案。讲课应当用丰富而生动的事实来引出和论证有关的观点，而不能简单地灌输抽象的概念"。同年5月，万里同志在《全国教育工作会议上的讲话》中也指出："灌输、注入式的教育同近代科学技术发展的要求是格格不入的。即使是传授知识，也不能是灌输式的或注入式的，而应该是启发式的，使学生知其然，也知其所以然。"

这一时期，中学政治教师在探索教学方法上也取得了丰硕的成果。教学方法主要有两种转变。一是变单向传授式教学为双向探讨式教学。单向传授式教学主要是学生聆听教诲，将精力集中在传授和背诵上，缺少疑惑和思考。双向探讨式教学要求教师和学生在教学中共同探讨，教师引导学生掌握新知识，学生自主学习新知识。二是变说教型教学为情感型教学。人都是有情感的，传统的说教型教学在教学中发挥的作用越来越小，情感开始在教育中扮演着重要角色。情感教学要求教师对学生以诚相待，教师成为学生的良师益友。

综上所述，20世纪80年代我国中学思想政治课教学得到了恢复，并逐步开始追求学科知识的科学性、规范性和系统性。同时注意渗透国情教育，在教学中注重德育。因此，中学思想政治课教学进入了一个科学化、规范化的阶段，但并没有改变形式主义、空洞说教的弊病。教学方法的理论虽然有所创新，但在实际的教学中还是教师讲、学生听，学生自主学习的机会比较少。

第二节　20世纪90年代至课程改革前中学思想政治教学情况

1978年到1990年，我国改革开放和现代化建设取得了举世瞩目的成就，社会主义现代化建设的第一步战略目标已经实现。我国国民生产总值和城乡居民收入翻了一番，成为新中国成立以来国家经济实力增长最快、人民得到实惠最多的时期，与此同时，国家对教育也越来越重视。自 1992 年以来，按照党中央和国家教育委员会的要求，思想品德课、思想政治课改革取得较大进展，积累了很多新经验。许多好的、比较成功的经验都需要在课程标准和新编教材中得到体现。这一时期的中学政治课教学状况主要有以下几个方面。

一、政治课教学与素质教育相结合

20 世纪 90 年代，素质教育一直是教育界议论的热门话题。1993 年 2 月，中共中央、国务院颁发的《中国教育改革和发展纲要》中提出了素质教育思想，指出"中小学要由'应试教育'转向全面提高国民素质的轨道，面向全体学生，全面提高学生的思想道德、文化科学、劳动技能和身体心理素质，促进学生生动活泼地发展，办出各自的特色"。所谓素质教育是指一种以提高受教育者诸方面素质为目标的教育模式，它重视人的思想道德素质、能力培养、个性发展、身体健康和心理健康教育。

思想政治课是中学德育的主要途径，也是素质教育内容的重要方面，思想政治课与素质教育是密切相关的。首先，素质教育注重思想道德素质。思想政治课对帮助中学生确立正确的政治方向，培养良好的道德品质，树立科学的世界观、人生观、价值观起着重要的导向作用。可见，思想政治课与素质教育所指示的内容是完全一致的。其次，素质教育注重智育，其核心就是培养学生的创新能力和实践能力，而经过调整后的思想政治课不仅能较系统地向中学生传授法律知识、国情知识、市场经济知识、哲学知识、政治知识等适应现代社会生活的社会科学知识，而且还注重循序渐进地培养学生识记、理解、批判、运用、分析与综合、归纳与演绎以及语言文字表达等能力。因此，思想政治课与素质教育的有效结合对塑造全面发展、有创新精神和实践能力的人才具有重要作用。

二、采用课程标准

教学大纲和课程标准都是国家规范教学活动的法规文件，是编写教材和测评教学质量的依据。以思想政治课程为例，几十年来我国一直沿用教学大纲的形式。教学大纲是根据课程内容及其体系和教学计划的要求编写的教学指导文件，它以纲要的形式明确规定本课程在专业教学计划中的地位和作用、课程的教学目的和任务、知识技能的范围与深度、教学内容体系结构以及教学进度和教学方法的基本要求。它是编写教材和进行教学工作的主要依据，也是检查学生学业成绩和评估教师教学质量的重要准则。但教学大纲不能对教学内容提出具体的目标要求，不能对每个教学要点提出具体标准，教学要求的表述方式比较笼统和单一。此外，教学大纲对考试形式和试卷结构也没有规定，使教学评价只能通过单独制定《考试说明》来进行。

课程标准是对学生接受一定教育阶段之后的结果所做的具体描述，是教育质量在特定教育阶段应达到的具体指标，是对课程教学的基本规范和要求，是教学管理和课程评价的依据，是教材编写、教学实施和考试命题的依据。课程标准是为克服教学大纲的弊端而编制的，是对教学大纲内容的继承与创新。课程标准与教学大纲相比，在课程的基本理念、课程目标、课程实施建议等几部分阐述得更为详细、明确，特别是提出了面向全体学生的基本学习要求，并且主要是对学生在经过某一学段之后的学习结果的行为描述，而不是对教学内容的具体规定。课程标准还基本上解决了检测的内容、检测到何种程度等问题，取代了《考试说明》对考试范围的规定。1995年12月，国家教育委员会印发了《关于进一步加强和改进中学思想政治课教学工作的意见》，确定了要制定学科课程标准。1996年6月，国家教育委员会编订了《全日制普通高级中学思想政治课课程标准（试行）》。1997年4月，国家教育委员会又编订了《九年义务教育小学思想品德课和初中思想政治课课程标准（试行）》。中学政治课课程标准的陆续颁布，使课程标准在政治课教学中开始广泛使用，政治课教学进入了一个新的历史阶段。

三、教材内容与时俱进

1992年9月，国家教育委员会重新制定颁发了《全日制中学思想政治教学大纲（试行）》。1996年6月，国家教育委员会颁发了《全日制普通高级中学思想政治课课程标准（试行）》。受教学大纲和课程标准的影响，高中思想政治教材内容也经历了几次改革。但改革的总体趋势是与社会主义现代化建设相适应的。

以经济常识为例，1992年大纲版教材内容的选择是传统政治经济学的框架，即由资本主义与社会主义两部分组合的教学内容体系。教材首先介绍了商品、货币、价值规律，其次是资本家靠剥削致富、社会主义代替资本主义是历史发展的必然趋势、公有制体现了人民的根本利益、发展社会主义有计划的商品经济、蓬勃发展的三大产业、走共同富裕的道路、走向世界的中国经济。但部分内容落后于形势的发展，某些理论已严重滞后，教学中的理论分析与社会实际生活不一致，所举的许多事例在时间上离学生太遥远，导致教学内容多、难、深。

教师难教，学生难学。1996年版课标教材以中国特色社会主义理论为指导，以我国社会主义市场经济为教学主线，立足于我国基本国情。课标版教材打破了大纲版教材以资本主义和社会主义两部分组合的教学内容，把市场经济一般性与市场经济特殊性相结合，大体通过社会再生产的各环节，有详有略地介绍社会主义市场经济的一些基本知识。教材适当降低理论难度，减少理论分析，主要给学生讲基本知识，易于学生接受。这些新的内容，缩短了教学内容与社会现实之间的距离，使学生的学习更适应社会发展的要求。

总的来说，20世纪90年代政治课教学关注的重点由教师教学转向学生发展，由重视知识掌握转向基本思想政治素质的提高。课程标准面向大多数学生，体现了大众教育的价值理念，着眼于学生素质的全面提高。教材内容与时俱进，把社会主义市场经济的知识纳入教材中。

第三节　21世纪新课程改革以来的中学思想政治教学情况

教育部2003年颁发的全日制义务教育《思想品德课程标准（实验稿）》和2004年颁发的《普通高中思想政治课程标准（实验）》拉开了新一轮中学思想政治课程改革的序幕。这一阶段的政治学科课程改革研究取得了很大进展，理论的探讨也向纵深发展，开始结合课程研究的基础理论对政治学科的建设进行理性的探讨，使研究取得了一系列标志性成就，表现为：开始摆脱旧的课程思想，运用课程理论概念和术语，如课程方案、课程计划、课程标准、课程编制、课程实施、课程评价等；出版了一些有指导性的思想政治学科研究专著，发表了一些关于思想政治课程研究的学术论文等。这标志着中学政治课程进入了新世纪课程的科学发展时期。此次改革后的中学思想政治课教学状况主要表现在以下几个方面。

一、确立"三位一体"的课程目标

我国传统的课程目标单纯注重知识的获取，而忽视对学生能力的培养。2001年5月，国务院颁发的《关于基础教育改革与发展的决定》提出"三位一体"的课程目标，旨在改变课程过于注重知识传授的倾向，强调形成积极主动的学习态度，在获得基础知识与基本技能的同时学会学习和形成正确的价值观。

2004 年 3 月，教育部出台的《普通高中思想政治课程标准（实验）》中首次确立知识和技能，过程和方法，情感、态度和价值观"三位一体"的课程目标。在知识和技能方面，根据学生的知识学习水平由低到高可以划分为了解、理解、应用和综合。技能是指通过学习而形成的符合法则的活动方式，分为操作技能和心智技能两种类型。在过程与方法方面，突出让学生"学会学习"，使学生在获得知识的过程中掌握学习方法、提高发展能力，以便为适应学习型社会和终身学习奠定基础。在情感、态度与价值观方面，注重于学生的内省和内化，强调通过学生自己的亲身实践，感受活动的价值，从而形成科学的人生观、世界观、价值观。"三位一体"的课程目标是思想政治课程改革的重大突破，意味着思想政治课程的功能发生了根本性的变化，情感、态度和价值观对学生的未来发展有着极其深远的意义。

二、注重选修与必修相结合的课程内容

为了满足不同学生的个性特点和多样化的发展需要，高中思想政治课在开设必修课程的同时，提供具有拓展性和应用性的选修课程。根据 2004 年版课标编写的教材立足于学生的现实生活，着眼于学生的全面发展，把构建学科知识与生活现象、理论逻辑与生活逻辑有机结合。必修课程设置了经济生活、政治生活、文化生活、生活与哲学四个课程模块。这四个课程模块的建构，既保持以生活主题为基础的系统联系，又体现内容目标的递进层次。

必修模块的学习主要在高中一、二年级完成，其侧重点在于为学生接受高等教育打基础。选修部分是学生自主选择的课程，设置了科学社会主义常识、经济学常识、国家和国际组织常识、科学思维常识、生活中的法律常识、公民道德与伦理常识六个课程模块。选修课程是基于必修课程教学的延伸和扩展，突出体现了课程的选择性、灵活性和多样性，以满足不同学生发展的需求。课程内容的设置贴近生活、贴近学生，体现了师生共同探索新知识，完成学习任务的过程。

三、完善多样化的课程评价标准

课程评价是指依据一定的评价标准，通过系统地收集有关信息，采用各种定性、定量的方法，对课程的计划、实施、结果等有关问题做出价值判断并寻求改进的一种活动。新中国成立以来，我国中学政治课程评价标准比较单一，基本以教师的评价为主。《普通高中思想政治课程标准（实验）》要求课程评

价标准多样化，对评价的目的、方式、价值取向、主体等方面都提出了具体的要求。

从评价的目的看，思想政治课程标准强调要使评价成为促进学生发展和提高教学质量的有效手段，即从过去过分强调评价的甄别和选拔功能转变为充分发挥评价的发展功能。从评价的方式看，思想政治课程标准强调采用综合评价，如考试、谈话观察、描述性评语、项目评议、学生自评与互评、个人成长记录等多种灵活的评价方式，特别是把形成性评价与终结性评价两种途径相结合。从评价的价值取向看，思想政治课程标准充分考虑政治课要具有的重情感体验的特点，强调既要注重学生认知的发展，更要注重学生情感、态度和价值观的发展。从评价的主体看，思想政治课程标准强调由过去教师的单一评价转化为多元评价，将教师的评价与学生的评价以及学校领导、学生家长的评价相结合。课程评价标准的多样化可以充分发挥学生在教学中的主体地位，有利于促进学生素质的全面提高。

四、倡导研究性学习方式

2000年1月，教育部颁布的《全日制普通高级中学课程计划（试验修订稿）》中把研究性学习纳入中学综合实践活动中。所谓研究性学习是指学生在教师的指导下，从学习生活和社会生活中选择和确定研究专题，主动地获取知识、应用知识、解决问题的活动。研究性学习与社会实践、社区服务、劳动技术教育共同构成"综合实践活动"，其主要目的在于改变学生单纯地接受教师传授知识的学习方式，为学生创造开放的学习环境和多样性的方法以利于学生获取知识，并将学到的知识加以综合运用，促进他们形成积极的学习态度和良好的学习方法，培养学生的创新精神和实践能力。

政治课的研究性学习是一种全新的学习方式，它打破了传统教育思想的束缚，改变了过去教师讲、学生听，学生被动接受知识的学习方法，充分调动了学生的积极性，使学生能积极主动地去探索，去尝试，深入实际生活。它围绕问题展开活动，强调学生对所学知识、技能的实际应用，注重学生在实践中的直接参与和亲身体验，并通过丰富的实践活动陶冶学生情操，启迪学生思维，引导学生紧密结合与自己息息相关的经济、政治、文化生活。通过研究性学习，可以培养学生的探索精神和创新意识，提高学生分析问题、整理知识、探究问题等综合运用能力，帮助学生提高辨别能力和参与社会生活的能力，从而形成科学的人生观、世界观和价值观。

　　21 世纪实施新课程以来的中学思想政治课教学由过去的以学科为本转向以学生的全面发展为本，尊重学生。教师也不再是单纯的传授者，而是学生学习的组织者、引导者、评价者，教师的工作要充分发挥学生的主体性，依靠自身的能动性、自主性、创造性而获得发展。新课程倡导的研究性学习方式，使学生在充满民主的教学过程中，提高主动学习、自主学习的能力。

第三章　核心素养与中学思想政治学科核心素养

第一节　科学素养与学科素养

科学素养的内涵因科学的发展而发展。科学素养涉及的是与"科学"有关的"素养"，因而其内涵的拓展和表述的多元化源于"科学"自身研究领域的拓展。首先，由于科学的飞速发展和教学方法的强大示范，在传统的人文知识领域应用科学工具和成果已成为不可抗拒的潮流，这使得科学向其他学科的渗透成为可能。从 20 世纪 20 年代开始，从若干传统的人文和社会学术领域相继衍生出一些以"科学"为主要研究对象的新的综合性学科。其次，无论是科学还是科学素养，人在其发展中都起到了至关重要的作用。最后，不同的群体所持的科学观不同，因而对于什么是"科学"的理解也不同。

对科学素养含义的理解和表述，还随着社会和经济的发展不断变化而更新，而且有着鲜明的时代背景。至今，人们对科学素养的研究依然处于完善阶段，还未形成统一、广泛被认可的表述。以下几种表述具有一定的代表性。

国际经济合作组织（OECD）认为，科学素养是运用科学知识，确定问题和做出具有依据的结论，以便对自然世界和通过人类活动对自然世界的改变进行理解和做出决定的能力。

国际学生科学素养测试大纲（PISA）中提出，科学素养的测试应该由三个方面组成：科学基本观念、科学实践过程、科学场景，在测试范围上由科学知识、科学研究的过程和科学对社会的作用三个方面组成。

美国学者米勒认为，公众科学素养由相互关联的三个部分组成：科学知识、科学方法和科学对社会的作用。一具体来说，就是指具有足够的可以阅读报刊上各种不同科学观点的词汇量和理解科学技术术语的能力，理解科学探究过程的能力，关于科学技术对人类生活和工作所产生的影响的认识能力。

欧盟国家科学素质调查的领导人 J. 杜兰特认为，科学素养由三部分组成：理解基本科学观点、理解科学方法、理解科学研究机构的功能。

简而言之，可以把科学素养概括为一个反思型公民所需要的致力于研究科学相关问题和科学概念的能力。

我国公民科学素养的现状不容乐观。中国科普研究所组织实施的第 8 次中国公民科学素养调查于 2009 年 11 月至 2010 年 5 月展开，这次大规模的抽样问卷入户调查涉及中国大陆（不含港、澳、台地区）31 个省、自治区、直辖市和新疆生产建设兵团的 18 岁至 69 岁公民，采取入户面访的方式进行，共发放问卷 69360 份，有效回收 68416 份。本次调查从"了解必要的科学知识""掌握基本的科学方法""崇尚科学精神"三个方面定量测度中国公民的科学素养水平，被调查者只有同时通过三方面测度，才被认定为具备基本科学素养。经综合测算，2010 年中国具备基本科学素养的公民比例达到 3.27%，其中，了解必要科学知识的公民比例为 14.67%，掌握基本科学方法的公民比例为 9.75%，崇尚科学精神的公民比例为 64.94%。

中国科学技术协会 2010 年 11 月 25 日对外发布的第 8 次中国公民科学素养调查结果表明，"十一五"期间中国公民的科学素养水平明显提升，2010 年中国大陆（不含港、澳、台地区）具备基本科学素养的公民比例达到 3.27%。结果表明，中国公民科学素养水平相当于日本、加拿大、欧盟等主要发达国家和地区 20 世纪 80 年代末、90 年代初的水平。近 97% 中国公民不具备基本科学素养。

中国科协为做好公民科学素养调查这一基础性工作，为《全民科学素质行动规划（2011—2015 年）》的制定和实施提供支撑，该协会还将根据中国公民科学素质建设的需要，每 5 年开展一次全国总体调查，期间将针对特定人群、区域或问题开展专项调查，为提高全民科学素质、建设创新型国家服务。

有研究表明，中国公众的科学素养和美国公众的科学素养在不同年龄段、受教育程度相同的情况下差异很大，在任何一个年龄段，受教育程度为小学及以下时公众具备的基本的科学素养基本为零，受教育程度为初中的公众的科学素养比美国低了 11 个百分点。可见，中美两国公众的科学素养从中学开始拉开了差距。公民科学素养差距产生的原因，除经济发展阶段不同外，中国科普方面的基础设施如科技场馆的总量少、分布不均，公民总体受教育程度还比较低，这些都影响了公民科学素养的提升。

当前，我国公民科学素养的现状表现可以归纳为以下五个方面。第一，总体上公民科学素养水平逐渐提高，但与发达国家相比还有较大差距。第二，不同群体表现出明显的群体差异：男性高于女性；较低年龄段高于较高年龄段；受教育程度越高，整体水平越高；城市公民高于农村公民。第三，公民科学素养水平的变化显示，科学素养较低的群体的水平有较快提高，特别是女性，受教育程度较低（指受初中教育）和农村公民科学素养整体水平提高的幅度较大，对公民整体科学素养提高影响显著。第四，公民对科学研究的过程和方法理解水平较低。第五，公民科学精神比较欠缺，还存在部分相信迷信的公民，青少年与科学精神有关的调查结果出现回落，学校对科学精神的培养还存在较大问题。

公民科学素养的提升主要受教育、经济、政策、文化等方面因素的影响。其中，教育是影响我国公民科学素养的主要因素，经济是公民提高自身科学素养的驱动因素，政治因素对我国公民科学素养水平的提高起指导性作用，文化则对我国公民科学素养水平的提高既有促进作用也有制约作用。

教育是影响我国公民科学素养提升的主要因素。建立和完善适应我国经济、社会发展的全民终身教育体系，特别是大力发展社会教育，使学校教育、家庭教育和社会教育互相衔接，是持续提高我国公民科学素养的主要途径。

经济是提高公民自身科学素养的驱动因素。一方面，经济投入增加会为公民科学素养建设提供物质保障；另一方面，我国国民经济建设需要大批具备科学素养的劳动力，个人需要不断提高科学素养以适应经济发展的需求。

相关政策法规的制定、政府对公民科学素养建设的重视程度、各级领导干部的科学素养水平对我国公民的整体科学素养影响很大，是提高我国公民科学素养的指导性因素。

文化对我国公民科学素养的提高有深刻的影响，既有一定的促进作用，也有一定的制约作用。正确地认识我国的传统文化，扬长避短，吸收西方文化的精华，建设中国社会的主体文化，可以为我国公民科学素养建设提供良好的社会氛围。

公民科学素养的形成与发展，主要依赖于各级各类学校的学科教育教学活动。在基础教育阶段，学校对学生科学素养的发展发挥着决定性的作用。

那么，什么是学科呢？学科是知识或学习的一门分科。人类的活动产生经验，经验的积累和消化形成认识，认识通过思考、归纳、理解、抽象而上升为知识，知识在经过运用并得到验证后进一步发展到科学层面上形成知识体系，处于不断发展和演进的知识体系根据某些共性特征进行划分而成学科。对于学科含义的理解可以从两个方面进行。第一，学科是指学术的分类，指一定科学领域或一门科学的分支，如自然科学中的化学、生物学、物理学，社会科学中的法学、社会学等。学科是与知识相联系的一个学术概念，是自然科学、社会科学两大知识系统（也有自然、社会、人文之三分说）内知识子系统的集合概念。学科是分化的科学领域，是自然科学、社会科学概念的下位概念。第二，学科是指高校教学、科研等的功能单位，是对高校人才培养、教师教学、科研业务隶属范围的相对界定。二者具有内在的统一性。学科是科学知识体系的分类，不同的学科就是不同的科学知识体系。

什么是学科素养呢？学科素养是一个宽泛的学科涵养概念，是指学习者个体在某一学科领域通过系统的专业教育与自我研修而形成的专业品格和关键能力，包括从事专业活动的基础性能力（如专业表达能力、批判性思维能力、信息素养与反思能力等）和综合性素养（如学科思想与方法、专业知识与技能的掌握等）。对学科素养的理解和界定，需要考虑学科原有的本质特性和学科诉求。可见，学科素养超越了学科知识和能力的意蕴，包括掌握学科思想、学科基本理论和基础知识的理论素养，学会利用学科方法与思维方式的方法论素养，合理运用学科知识与原理解决实际问题的实践素养以及尊重客观规律、追求真理的严谨态度与科学精神的品格素养。

对学生学科素养的培养，通常基于学科教育与养成教育实践。一方面，课程教学需要针对学科特点有目的地培养学生的知识、能力和综合素质；另一方面，学生需要具备深度学习的心向和学力，积极主动内化知识、习得能力，通过深度思考与研修，形成科学的思维方式和合理的素养结构。不难理解，学生深度学习能力的发展与其学科素养的培育密切相关，深度学习的学生离不开学习个体的学科背景；而学科素养的培育在很大程度上需要通过深度学习来实现，即需要学习者通过思考、探究，推理、反思等深度学习过程的直接和间接的学习体验与感悟，形成个体的知识结构、专业智慧和解决问题的实际能力以及稳定的学习品格。

第二节　思想政治学科素养

一、学科素养的含义

学科素养是在新课程改革中提出的一个全新概念。我们依据学生学习的心理角度可以认识到学科素养其实就是学习者在学习过程中所养成的、较为稳定的且是学科特存的，并且具有综合性的一种心理素质。

从素养的内容和形成角度，可以认识到学科素养是学习者了解本学科必备的基本知识、基本能力以及基本观点，并且能用科学的思想、方法和态度判断与解决学科相关问题的素质。它强调的是任何一门学科的学科素养不仅仅是要让学生知道这个学科有多少知识，更重要的是让学生知道这些知识是如何得来的，这些知识可运用于哪些地方以及如何运用这些知识来解决实际遇到的问题。学生通过学习，渐渐内化成素养，各学科素养的共同融合，构成了学生今后学习、生活和工作所必需的基本素质。

学科素养，一般是指学习者在学科学习和实践的过程中逐渐养成的具有本学科特征的基本知识、能力、思维、意识和经验等的综合。

二、高中生思想政治学科素养的含义

高中生思想政治学科素养是学习者即高中生通过高中思想政治课程学习及自身的实践体验，获得相关的政治学科基础知识、能力、思想方法、情感态度和意识等，并具备综合运用各要素来判断与解决生活中涉及相关领域问题的素质。

高中思想政治是一门传授马克思主义常识和人文社会科学的学科。它的特点在于：内容涉及广泛的社会领域、具有丰富的思想方法、是情感态度价值观的引领。因此，受思想政治学科性质和特点的影响，高中政治学科素养与其他学科素养相比有其共性所在，也存在着差异。归纳起来，主要有思想性、时代性、综合性、现实性和终身性等多方面的基本特点。

第一，思想性。高中思想政治学科是中学德育课程的重要组成部分，要坚持马克思主义基本观点教育，渗透社会主义核心价值观的理念，帮助学生把握正确的政治方向，认同先进的价值标准。思想性是政治学科素养的灵魂所在。思想性的特征体现在学科素养的各构成要素中，规范了学科的内容和指向，对学生的态度、意识和价值观做出正确的导向和引领。

第二，时代性。高中思想政治学科内容与我国社会主义现代化建设进程紧密相连，与社会生活发展变化相联系，学科教学内容在与时俱进地充实和调整，那么学生的学科素养自然也在与时俱进，富有时代性。从另一层面来看，社会的变化和发展对学生的学科素养也提出了新的要求，要求学生内在素养与时俱进，才能适应未来社会变化发展的需要。

第三，综合性。综合性是高中生思想政治学科素养的显著特点。首先，素养在内容上是综合的。高中生思想政治学科素养不仅涉及了经济、政治、文化等社会生活内容，而且还包括逻辑学、法学等内容，各个组成部分的内容彼此相互作用、相互影响，使得内容呈现综合性。其次，高中生思想政治学科素养自身的构成也具有综合性，是学科基本知识、关键能力、思想方法、情感态度意识等在学生心理的一种综合。同样，各要素存在着相互联系的关系，通过学生的学习内化形成了具有稳定性的心理品质。

第四，现实性。高中思想政治学科素养对学生个体的生活具有重要的指导意义。它包含了用所学的知识、所养成的能力、所理解的方法去分析、判断、解决经济生活、政治生活、文化生活的现实问题，如理财投资、价格变动对生活消费的影响、公民民主选举、民主监督、传统文化的继承与创新等，都与个体日常生活，与社会实际生活密切联系，体现了一定的现实性。因此，在高中思想政治教育教学中要加强素养的培养，以加强个体对社会生活的适应能力。

第五，终身性。高中生思想政治学科素养是学生自身产生的比较稳定的心理品格，它对个体适应社会以及终身发展具有独特作用。高中政治学科素养是在学生不断积累中慢慢形成的，一旦形成就会对学生产生较为长效的影响，这种影响可能会长期并且持续地对个体未来生活产生效应。同时，政治学科素养中的思想方法、正确的价值导向、国际视野、政治敏感度、价值选择判断的能力等对个体的终身发展都有用。因此说，该素养具有终身性。

第三节　思想政治学科核心素养

根据欧盟 2005 年在《终身学习核心素养：欧洲参考架构》提出终身学习的八大核心素养的启示，纵观各门学科，可以发现每门学科都有自己特有的核心素养。语文学科应培养学生使用母语进行口头或书面表达和解释的能力，在各种社会文化情境中恰当和创造性地运用母语进行交流的能力等；外语学科应培养学生在适当范围的社会文化情境中理解、表达与解释的能力，跨文化理解、交流与协调能力等；数学学科应培养学生发展和运用数学思维处理日常生活问题的能力，使用数学模型和数学表征的能力和意愿等；科学学科（物理、化学、生物）应培养学生使用科学知识和方法体系解释自然界、发现问题和得出基于证据的结论的能力和意愿，应用相关知识和方法达到目的或满足需要，理解人类活动所带来的变化及公民的责任等；信息技术学科应培养学生在工作、生活和交往中自信和批判地使用信息技术的能力等。那么，中学思想政治学科具有哪些核心素养呢？思想政治学科核心素养"是学科育人价值的集中体现，是学生通过学科学习而逐步形成的正确价值观念、必备品格和关键能力。思想政治学科核心素养主要包括政治认同、科学精神、法治意识和公共参与。它们在内涵上相互交融、在逻辑上相互依存，构成一个有机整体"。

一、中学思想政治学科核心素养的主要内容

依据《全日制普通高中思想政治新课程标准》归纳出高中思想政治学科核心素养应包括四项内容：社会科学理论的学习能力、分析问题解决问题的能力、参与社会生活的实践能力、基本道德品行的构建能力。高中思想政治学科四大核心素养将同其他学科核心素养一起为我国公民养成国民核心素养贡献力量。

四大核心素养的表述构成了高中思想政治学科核心素养的主体，对于这每项素养，分别给出其描述性定义，并从知识、技能和态度三个维度上对其进行具体描述（详见表3-1）。这样的结构突出了"素养"有别于单纯知识的复合性，希望能为实施和评价提供更清晰、具体的参考。

表 3-1　高中思想政治学科核心素养的结构与内容

核心素养	定义	构成		
		知识	技能	态度
社会科学理论的学习能力	学习马克思主义基本理论知识和社会科学知识，学会主动去学习的能力	具备马克思主义基本理论知识和一定社会科学知识	通过教学以后，能够形成自己主动去学习的能力	终身学习的动机和信心；问题解决的积极态度；运用已有知识和经验在各种情境中探求新知的好奇心和愿望
分析问题解决问题的能力	培养学生用马克思主义的哲学观点和方法论去思考分析社会现象进而解决社会问题的能力	①了解辩证唯物主义和历史唯物主义的主要观点②了解马克思主义哲学的方法论	①学会面对和处理生活中的难题②用唯物辩证思维评价社会现象③对未来发展趋势做出一定预测和自我判断	①尊重事物发展的客观规律②有好奇心和批判精神③对生活中遇到的难题，抱有积极乐观的态度

核心素养	定义	构成		
		知识	技能	态度
参与社会生活的实践能力	培养学生的社会实践能力，能够积极主动地参与到日常经济、政治、文化生活中去	①具备一定经济常识、政治常识、哲学常识等 ②了解丰富多彩的经济生活、政治生活的不同表现形式以及哲学和生活密不可分	①运用学科专业视角观察社会现象 ②运用学科知识解决生活中的具体问题	①对社会经济、政治、文化活动感兴趣 ②对当前国家经济、政治发展现状做出客观评价，对未来发展趋势做出预测 ③积极且富有社会责任感地参与社会实践活动
基本道德品行的构建能力	培养学生面对社会生活中的具体问题，能做出符合社会主义核心价值观的道德和行为上的选择	①了解社会主义核心价值观的具体内容 ②了解我国社会习俗与传统文化 ③积累一定的法律知识	①能够正确评价社会现象 ②做到依法办事	①形成正确的世界观、人生观和价值观 ②具备一定的法制观念

二、中学思想政治学科核心素养的意义

（一）社会科学理论的学习能力的意义

"社会科学理论的学习能力"，侧重于理论知识方面的学习，培养学生在马克思主义基本理论知识和社会科学知识学习方面的能力；并通过教学，使学生能够形成自己主动去学习的能力。这种素养，不仅要求学生具备高中思想政治学科相应的知识，同时也要提高学生学会学习的技能，更要增强学生终身学习的动机和信心。"社会科学理论的学习能力"是一种融合学科知识、学习方法、学习兴趣的综合能力培养要求。

从理论上，将"社会科学理论的学习能力"确立为高中思想政治学科核心素养，源于对《全日制普通高中思想政治新课程标准》的解读。《全日制普通高中思想政治新课程标准》关于"课程目标"有如下规定："总目标"上，"学习相关的哲学社会科学知识"。"分类目标"的"知识目标"上，"了解社会主义市场经济、民主政治、先进文化的常识""初步掌握马克思主义哲学的基本原理和方法""进一步理解现代社会的公民道德规范和法制建设的基本要求""学会适应社会发展、顺应时代要求、自主规划人生的相关知识";"能力目标"上,"着眼于未来的创业生活,培养自主学习的能力,学习有计划性、创造性、超前性";"情感、态度与价值观目标"上,"在勤奋学习、认真做事中磨砺意志,对个人发展抱有进取信心,面对困难和挫折要有健康的心理素质"。可见,无论从"总目标"还是"分类目标"角度,《全日制普通高中思想政治新课程标准》都将学习马克思主义基本理论、社会科学知识以及学习品质作为高中思想政治学科必备的知识要求,体现了"社会科学理论的学习能力"是一种融合学科知识、学习方法、学习兴趣的综合能力培养要求。没有这些学科基本理论知识和迎难而上、坚韧不拔的学习品质作为学科基础,学生的学科能力和情感态度价值观素养的培养就无从谈起,好比没有地基的楼房,即使素养使用应试的方式被培养起来,也不会长久和牢固,更不会内化为伴随学生终身的学习能力。

从实践上,将"社会科学理论的学习能力"确立为高中思想政治学科核心素养,源于该素养有利于学生成为具有法制意识的人。依法治国,自1997年9月中国共产党第十五次全国代表大会确立为党领导人民治理国家的基本方略。随着中国共产党第十八届中央委员会第四次全体会议《中共中央关于全面推进依法治国若干重大问题的决定》的发布,国家的法治建设进程进一步深入推进,对公民的法制意识做出了更高的要求。作为高中生,具备基本的法律知识和法制意识,对于有序地参与各种社会生活实践,以及利用相关法律知识来维护自己的合法权益,解决生活实践中遇到的具体问题,在《全日制普通高中思想政治新课程标准》中均有体现:"提高依法维护自身权益,依法做事、依法律己的能力",因而法制意识在高中思想政治学科中有着重要的意义。法制意识的培养,刻不容缓,是学生在高中思想政治学科学习的过程中应该习得的必备能力,也是高中思想政治教师需要在课堂教学中着重渗透以及培养的学科能力。然而,学生法制意识的增强,完全可以通过掌握"社会科学理论的学习能力"实现。学生"社会科学理论的学习能力"的培养过程,不仅仅有利于学生积累有关法律的社会科学理论知识,同时也有利于学生树立法制意识,健全法制观念。高中思想政治学科教材中包含的社会科学理论,在社会主义经济常识、政治常识和哲学常识三部分理论知识中都蕴含了《中华人民共和国消费者权益保护法》《中华人民共和国劳动法》《中华人民共和国宪法》《中华人民共和国选举法》等法律知识的学习。学生在学习社会科学理论知识,掌握学习方法的过程中,受到与本学科教学内容相关的法律知识和法制观念的熏陶,有利于学生在参与社会生活时,做到尊法、懂法、守法,能够用课堂学习的法律知识维护自己的合法权益，成为一个具有较强法制意识的社会人。"社会科学理论的学习能力"的这种重要意义，体现了高中思想政治学科独有的学科特点，足以成为指导本学科众多素养，成为学科素养培养的关键。

综上考虑《全日制普通高中思想政治新课程标准》对学科培养目标的具体要求，以及该素养对帮助学生成为具有法制意识的社会人层面，选择将"社会科学理论的学习能力"作为高中思想政治学科必备的四大核心素养之一。

（二）分析问题解决问题的能力

"分析问题解决问题的能力"，侧重于培养学生用马克思主义的哲学观点和方法论去思考分析社会现象进而解决社会问题的能力。诸如，实事求是的观点、具体问题具体分析的观点、事物是发展变化的观点，量变与质变的观点等。这种核心素养的培养特点，是要将这种全面看问题的问题分析能力贯穿高中社会主义经济、政治、哲学生活的始终，绝不能仅仅在哲学生活中为了教而教，这样才能提高学生用马克思主义的哲学观点和方法论去思考分析社会现象进而解决社会问题的能力，成为全面看问题的人。将"分析问题解决问题的能力"视为高中思想政治学科核心素养的内容，主要出于以下两点原因。

从理论上，通过对《全日制普通高中思想政治新课程标准》的解读发现，"分析问题解决问题的能力"在课程目标的表述中花费了大量笔墨。在总目标中，"分析问题解决问题的能力"被表述为要求学生"学会运用马克思主义的基本观点和方法，与时俱进地观察问题、分析问题、解决问题"的能力。在"分类目标"的"知识目标"中，有"初步掌握马克思主义哲学的基本原理和方法"；"能力目标"中，有"培养运用马克思主义基本观点和方法分析、把握重要问题的能力，培养理论联系实际，敏锐洞察、分析问题的能力"；"情感、态度与价值观目标"中，有"对宇宙和一切未知世界具有好奇心，尊重科学，追求真理，注意观察生活，培养科学态度和创新精神"等表述。《全日制普通高中思想政治新课程标准》对高中思想政治学科课程目标的规定，体现了本学科对培养学生"分析问题解决问题的能力"素养尤为重视。也正是这个原因，将"分析问题解决问题的能力"素养视为高中思想政治学科核心素养内容之一。作为一种学科核心素养，"分析问题解决问题的能力"素养具备了对学生在理论知识、方法技能和情感态度价值观三方面的全面培养要求，符合成为核心素养的基本要求。

从实践上，"分析问题解决问题的能力"的养成，有利于学生成为全面看问题的人。"分析问题解决问题的能力"之所以被视为高中思想政治学科核心素养的原因是，并没有把"分析问题解决问题的能力"的养成看作万能的。这种素养的养成不是要从广义上既培养学生语言表达、阅读理解的能力，又培养学生形成数学思维和科学态度，而是作为一种高中思想政治学科核心素养，从本学科单独一门学科的角度出发，站在政治学科的立场，仅仅培养与政治学科方面相关的"分析问题解决问题的能力"。这样，才能使"分析问题解决问题的能力"素养的培养落到实处，有利于学生学会用全面的眼光看问题。学生通过高中思想政治学科的理论学习，掌握实事求是的观点、具体问题具体分析的观点、事物是发展变化的观点、量变与质变的观点等，再通过参与教师精心组织的课堂活动，对生活实践中遇到的难题树立积极乐观的心态，最终达到提升"分析问题解决问题的能力"的目标，成为能够用全面的眼光看问题的人。

（三）参与社会生活的实践能力

"参与社会生活的实践能力"，侧重于通过组织教学活动，丰富学生的社会实践经验，激发学生的参与意识，培养学生的社会实践能力，有了这种能力，有利于学生将来能够更好地参与到社会的经济生活、政治生活和文化生活中去，成为具有社会责任感的人。将"参与社会生活的实践能力"作为高中思想政治学科核心素养的内容之一，出于以下几点考虑。

第一，"参与社会生活的实践能力"在高中思想政治学科备受重视的情形由来已久。《全日制普通高中思想政治新课程标准》对于"参与社会生活的实践能力"在本学科的课程目标中规定如下："立足于当前的经济、政治、文化生活，提高主动参与的能力。""着眼于未来的创业生活，培养自主学习、选择、探究的能力，学习、生活有计划性、创造性、超前性。""提高依法维护自身权益，依法做事、依法律己的能力。""发展采用多种方法特别是现代信息技术，收集、筛选社会信息的能力。"本学科课程目标关于"参与社会生活的实践能力"的表述不胜枚举，这恰恰体现了学生对这种学科素养的缺失程度，以及高中思想政治学科对这种学科素养培养的重视。

第二，"参与社会生活的实践能力"作为一种学科核心素养，有美国著名哲学家、教育家约翰·杜威的实用主义哲学思想作为理论基础。杜威的理论是现代教育理论的代表，他提出了不同于传统教育"课堂中心""教材中心""教师中心"的"新三中心论"，即认为学生、活动和经验才是现代课堂的"新三中心"。"参与社会生活的实践能力"正是符合了以学生为本的"学生中心""活动中心""经验中心"课堂教育理念，体现了杜威"教育即生活和经验改造"，重视通过组织课堂活动来丰富学生的社会实践经历，为学生未来的生活铺设好理论与实践沟通联系的桥梁；体现了杜威"学校即社会"的观点，强调学生获得经验的正当途径是参加真实的生活，要求教师把课堂变成学生活动的乐园，在活动中培养学生的学科素养，实现对学生生活经验的丰富。"参与社会生活的实践能力"的素养要求正是杜威"新三中心论"现代课堂教育理念的贯彻和体现。

第三，"参与社会生活的实践能力"作为一种学科核心素养，对学生未来更好地参与社会经济生活、政治社会和文化生活，具备社会责任感有着重要的指导意义。学生通过参与高中思想政治学科课堂活动，积累实践经验，培养参与社会生活的兴趣和社会责任意识，锻炼理论联系实际的能力，从而达到丰富参与社会生活实践能力的核心素养目标。培养该学科核心素养，有利于学生在参与未来社会生活中，转换学生角色，顺利融入社会生活，成为有责任意识的社会人。

（四）基本道德品行的构建能力

"基本道德品行的构建能力"，侧重于通过高中思想政治学科的课堂教学，使学生能够树立正确的道德是非观念，养成基本道德品质，培养学生自己去形成良好社会道德意识和行为的能力。"基本道德品行的构建能力"素养，要求学生在积累一定社会科学理论常识的基础上，能够形成正确的是非观念，提高道德判断水平，更能够通过本学科的课堂教学，提高自身形成良好社会道德意识和行为的构建能力。该素养成为高中思想政治学科核心素养，有利于高中思想政治课学科德育功能的发挥，使学生成为具有坚定政治方向的人。

《中华人民共和国教育法》中提道："教育必须为社会主义现代化建设服务，必须与生产劳动相结合，培养德、智、体等方面全面发展的社会主义事业的建设者和接班人。"教育的根本目的是要培养德、智、体等方面全面发展的人。其中，"德"位居第一，与智力、体育等其他方面相比较，显示出德育在学科教学中的地位尤为重要。德育即便是各门学科教学的重中之重，是教育的关键，然而在实际教学过程中，教师受到现行考评体系的影响，不论是主观或是客观，多多少少把德育暂且搁置或是边缘化了。学科德育在高考和分数面前，显得势单力薄，学科德育有效性作用的发挥岌岌可危。

为了更加顺应学生全面发展的需求，为了更好地提升学科德育的有效性，高考评价制度首当其冲，正在进行着一场轰轰烈烈的变革。与此同时，各个学科的课堂教学又是落实新一轮课程改革理念的主阵地。而高中思想政治学科由于自身学科内容和学科特点，其肩负的德育任务尤为艰巨。

首先，"基本道德品行的构建能力"，作为能够统整知识、能力、态度的复合型目标应运而生。"基本道德品行的构建能力"的养成，学生就必须在学科知识、学科能力和学科态度三个方面都能够达到目标要求，而不是仅仅达到其中某一个方面的要求。这就为道德品行的构建制定了与学科知识、学科能力不可分离的教学目标。"基本道德品行的构建能力"的培养，旨在改善学科教学三维目标被割裂开来区别对待的现状。

其次，"基本道德品行的构建能力"同高中思想政治自身的学科特点有着密切的关联。学生在接受高中思想政治学科内容教学的过程中，由于学科内容蕴含的政治立场和历史背景，潜移默化地接受着毛泽东思想、邓小平理论、"三个代表"重要思想，科学发展观等中国特色社会主义理论体系的熏陶，接受着中国共产党党史文化的感染，这些都有利于学生树立正确的政治立场，提升对中国党史文化的认同。这无疑就是一种自然渗透的学科德育，是学生构建自身道德品行的过程。在学科德育的渗透方面，"基本道德品行的构建能力"核心素养的养成，为高中思想政治学科带来了得天独厚的优势。

"基本道德品行的构建能力"的培养，从结构特点而言，能够凸显情感态度价值观目标，改善学科教学三维目标被割裂的现状；从内容特点而言，则有利于发挥德育在高中思想政治学科中的渗透作用。因而，将"基本道德品行的构建能力"作为高中思想政治学科核心素养的内容之一，将对提升高中思想政治学科德育的有效性发挥举足轻重的作用，以使学生成为具有坚定政治方向的人。

第四章 学科核心素养背景下中学政治教学的现状

第一节 中学政治课核心素养培育存在的问题

一、教师观念固化，排斥新思想

核心素养历经几年的研究后，为教育教学的新发展增添了新希望，但在实践中却遇到了新问题。

首先，教师传统的教学观念根深蒂固，不愿接受新思想，表现出强烈的抵触情绪。观念是属于意识形态的东西，是对客观现实存在的反映，对人的行为方式具有一定的影响。有什么样的观念，在现实中便会做出什么样的行动。如果观念一旦形成习惯，便很难把握。我们国家的教育一直处在应试教育的魔咒下，部分政治教师习惯了课堂讲条条框框，讲做题方法与技巧；另外他们已经适应了"三维目标"的教学模式，突然来个"核心素养培育"，一时半会适应不了，同时也不想改变。部分教师认为，三维目标指导教学挺好，为什么要大刀阔斧地搞"核心素养教育"？刚厘清了三维目标的头绪，又要重新学习"核心素养"，一天工作任务那么重，哪有什么时间学习；核心素养教育就是瞎闹瞎折腾，会使学生无法备考，更谈不上什么教学实效，这些固守观念的背后反映出，教师没有从根本上认识到教学要促进学生核心素养的培育。尽管，人们已经知道应试教育的弊端，但仍受到广大家长和学生的青睐，有了后盾和得以生长的温床。

其次，部分教师表面上是接受的，实质是抗拒的。新思想的接受转化总要经历一个痛苦的过程。课堂注重学生核心素养培育，大部分教师表面上是接受的，但具体到实际教学依然照旧。如果有教学督导来检查，他们就会用新理

75

念、新模式上课，没人督促，还是会秉持自己先前的旧理念、旧观点，加强纯理论灌输，以"满堂灌"为主，填补了理论的殷实，却缺少了生活的智慧；获得了知识的增加，却违背了学生成长的规律和教育教学发展的规律；提高了分数，却忘却了学生的真、善、美和道德品格的培养；到最后，教师只关注结果，忽视了学生的成长。高考指挥棒的指导下，教师都是以成绩挂帅，忽视了学生在实际教学过程中的行为表现。有时候过程比结果更重要，走好了过程，结果同样不会差。"高分"教学的压抑，学生兴趣的递减，更谈不上什么核心素养培育，这些都是"纸上谈兵"。因此，教师教学要为学生生活和人格发展做准备，既关注知识成绩，又关注成长过程中的行为变化，真正做到让知识内化于心，外化于行。

二、"活动型"课程重视不够，流于形式

活动型课程主要是指开展以学生兴趣爱好、情感体验、主动参加、积极实践为价值取向的课程，通过组织课内课外实践活动，设置问题探究情境，让学生感受知识魅力的同时，锻炼各项基本技能，以便提高学生的智育水平和德育修养。纵观中学政治课教学的实际，活动型课程，无论从开设还是实践，都没有得到应有的重视。

高中思想政治课程修订组明确指出，新的课程改革将"活动"和"教学内容"进行有机整合，尽管有发展学生核心素养框架的顶层设计，但没有实际的教学行动。首先，教育评价体系的不完善。评价一所好学校往往是以学生的高考成绩作为衡量标准，为了取得优异的成绩，全校师生紧绷一根弦，为高考而战。什么实践活动也只是写在文件上的一纸空文。其次，在核心素养培育过程中，教师过度注重人文素养的培育，变换各种教学模式，过度使用 PowerPoint，减少了对知识的解惑环节；用多媒体完全取代传统教学模式，甚至省略有用的板书，将活动设计流于形式，设计的问题不典型没有意义，一直在追问为什么，没有戳中问题的要害；一味追求课堂的"动"，忘记了教学的根本，没有做到"动静结合"，也不能很好地将知识和素养培育有效地衔接起来。活动本是黏合剂，将干涩的理论知识与社会生活和学生发展的实际紧密地结合在一起，但由于教师精神领会的不到位，为活动而活动，为教学而教学，让教学实际游离于活动之外，殊不知，本末倒置。课堂看似很热闹，学生都在积极参与教学活动，只有空虚的形式没有实质的内容和效果，并不能激起课堂知识与学生情感的共鸣，不能很好地形成有意义的知识，也不能塑造学生有差异的个性。

三、课堂教学产生"两难"

传统的"填鸭式"教学，教师过分地讲究知识体系的完整性，把"智"育放在首位，忽视了"德"育；把教材知识讲解得头头是道，却忘记了理论的应然逻辑有时候是不符合现实生活实际的。还有个别教师利用自身权威，在课堂上进行道德说教和知识灌输，从不关心理论知识与现实道德的差距，更不会置身于社会现实，这种脱节式的教学，造成学生认知上的迷茫，感觉有种"假、大、空"的遐想，不能建构起学生积极的情感。这样的教学还会使学生对教师在课堂上所讲的内容产生疑惑："为什么教师讲的和现实生活差距这么大呢？"由此，学生对课堂教学失去了认同感，这些都不利于学生核心素养的培育，对提升学习兴趣方面也是百害而无一利，更不利于学生成长。

因此，教育不是一味地道德说教，是人与人心灵的对话，一味地道德说教，会使教育教学变成一沟绝望的死水，清风吹不起半点育人的功能，既不能提高人的思想认识，也不能促进道德品质发展。

四、学生学习的意志力薄弱，存在严重的倦怠现象

学习倦怠是指学生自身的意志力薄弱，对学习没有积极性、未来目标不明确、生活没有上进心，从而导致严重的厌学情绪。现在多数学生都是独生子女，在家娇生惯养，抗压能力差，人际交往能力弱，自控能力差，学习积极性不强，没有什么兴趣爱好，一直处于"要我学"状态。另外，家庭教育的缺乏以及一些社会不良环境的影响，导致学生对学习失去了信心和兴趣，尤其是不爱学习政治，对政治课存在严重的厌恶感，总认为这种"洗脑"式的教育没有多大用处。

五、课程整合力度不够，校本德育课程研修滞后

高中政治分为选修课和必修课，大部分学校只重视必修课程的开设，因为这是高考和学业水平考试必考内容，对于选修的内容不屑一顾。社会上流行一句"学好数理化，走遍天下都不怕"，现实中的学校教育也一样。一些学校存在较严重的"重文轻理"倾向，"数理化挂帅"其他都是副品，再加上文理分科后，理科生对政治课的学习会变得少之又少，这样造成了课程之间的断层现象，整合力度不大。高中开设的每一门课都对学生成长有很大的帮助，而且课程之间存在紧密的联系，教师的关键作用就是要建立起各课程之间的联系。因此，教师要加强各学科之间的交流，多维度地进行学科交叉，整合课程，把每

一堂课都当作"思想政治"课来上，以陶冶人文情操。

校本德育课程本是根据本校的德育实施状况，利用校本资源，进行研究并开设相应的课程，加强学生德育品质的教育，提高学校整体办学的德育水平并促进教师群体专业成长，进一步提升学生的思想道德素质。由于高中学业任务重，时间有限，部分学校校本德育研修课程存在严重的滞后性，光发展智育忘记了教育的使命——促进人的思想道德发展。不注重中学生品德修养的教育，出现一些乱象，盲目自大等一些心理促使学生道德品质出现滑坡现象，甚至有些学生已经颠覆善恶美丑形象，这也使核心素养培育显得更加微不足道。校本德育课程研修跟不上学校教育的发展，是不可能促进教育教学的进步与提高的。

以上问题都是中学政治课在核心素养培育方面存在的实际问题，有问题不可怕，可怕的是不敢面对问题，对于新理念下的政治教师，要勇于发现问题、分析问题存在的原因，寻找应对问题的解决方案。

六、探究式教学培育核心素养德育课程问题

（一）探究式教学的具体操作存在误区

新课改以来，探究式教学在很大程度上提高了中学思想政治课的实际教学成效，基于此，很多中学思想政治教师青睐于使用探究式教学法。但是在四大必修模块的探究式教学具体方法的使用上并没有做到区别对待；在探究内容的难易程度上不能合理把握，探究内容过于简单激发不了学生探究问题的兴趣，削弱他们探究问题的积极性，探究内容过难导致学生找不到问题探究的切入点，打击了学生探究问题的信心；在课堂教学实践中，有的教师简单地认为探究式教学就是学生讨论问题，而教师只要倾听学生讨论问题、表达意见、最后总结评价学生的讨论成果，在这一讨论问题的过程中，学生虽然有足够时间来讨论问题，但是由于缺乏教师必要的引导和知识铺垫，学生的问题讨论很容易偏离目标，最终达不到预期的教学效果，很显然，把传统的课堂讨论当作探究式教学，认为学生参与问题讨论就是探究式教学的观点是不科学的。

（二）探究式教学偏离核心素养培育的目标

当前，中学思想政治课探究式教学在一定程度上偏离了核心素养培育的目标。中学思想政治课探究式教学活动的设计与开展要符合党立德树人和核心素养培育的教育方针要求。然而，部分教师对中学思想政治学科核心素养理解和

把握不到位，导致其探究式教学活动的设计没有立足于核心素养的培育，与国家立德树人，培育人的核心素养背道而驰，探究式教学工作往往偏离于核心素养培育的目标，在中学思想政治课堂上培育学生的核心素养工作难以落实到位。新课改背景下如何将"政治认同、科学精神、法治意识、公共参与"等核心素养融入中学思想政治课探究式教学中，如何通过切实有效的探究式教学培育学生的核心素养成为当下中学思想政治教师的使命。

（三）学生主体参与度不够

调查显示，多数教师不重视学生主体作用的发挥。基于核心素养培育的中学思想政治课教学情况是复杂的，教师所面对的学生主体是个性的、有差异的。在探究式课堂教学实践中，学生的主观发展愿望和知识储备基础都会直接影响到学生的主体参与意愿和参与能力。在这种情况下，教师如果对以什么样的方式进行探究式教学、探究过程中可能会遇到的问题、要达到什么样的探究目的等没有明确的预见和规划，就不能调动绝大部分学生积极参与到探究式教学过程中，不能将探究的内容升华为情感态度价值观从而内化为学生的核心素养，那么这样的探究式教学就算不上是真正的探究式教学。在我们平时的探究式教学过程中，经常会出现学生对教师精心设置的探究问题只是形式上的泛泛讨论甚至是聊一些与主题无关的话题，对问题没有深层次的思考和共鸣；对于某些探究问题只有班里较少的优质生参与了探究，而成绩中下等或者性格内向的学生，因为基础弱及性格内向，他们参与探究的积极性不高，参与探究发言的信心不足，与核心素养培育的初衷也是相背道而驰的。

（四）探究式课堂流于形式，效果达成欠佳

中学思想政治课基于核心素养培育的探究式教学要求在有限的时空里，高效率地完成核心素养培育的任务。然而，很多教师花费了大量的时间和精力在课堂上按部就班地按照探究式教学的相关程序展开课堂教学，最后看到的是学生表面讨论激烈，实际上并没有更进一步地针对问题思考其产生的深层次原因，没有收集相关资料对问题仔细论证推敲并寻找正确方法解决问题，在讨论结束后各持己见众说纷纭，达不成一致的问题结果，问题讨论不能取得实质性有效的效果，不仅不能达到核心素养培育的目标，而且浪费了课堂宝贵的学习时间。

第二节 中学政治课核心素养培育存在问题的成因

现实教育带有一定的功利性，注重实用主义，追求高效速成，只要学生考出高分，考上好大学，找好工作就是对的，便高枕无忧。其不然，其忽视了学生道德信仰的培育，尽管培养出的学生已经是"成品"，却不是真正的"精品"。

一、教育本身的问题

教育本是架起个人与社会之间的桥梁，是个人步入社会的一扇门。但教育本身却存在诸多问题。第一，教育价值取向的扭曲。教育过度地偏向工具价值，忽视人文精神和素养，忽略人的道德价值培育，注重知识的固化，忘却了知识的创新。中国自古以来就是文明古国，教育大国，从农耕文明到工业文明，技术革新迅速，只重视教育的实用主义，却忽视了情感陶冶，没有搭建好从"工具人"到理性"社会人"的桥梁。第二，素质教育、减压、个人发展之间的关系不谐调。素质教育本是促进个人发展，体现教育内涵和魅力的，因为没有处理好减压和素质教育这对矛盾，使教育的发展滞后于社会和个体发展的需要。那什么才是好的教育呢？不是美国模式，也不是欧洲模式，而是独具特色的正在进行全面深化改革的、培养具有中国心的能促进人的德、智、体、美、劳全面发展的中国教育模式。

二、家长的观念

首先，家长存在误导性的观念。自古以来父母都认为学习好就是好学生，以成绩优劣来评判学生道德观念的好坏，这种片面的观念导致了错误的价值判断。有的家长对子女教育太过于利益化，只重视孩子学习成绩和分数，不重视思想品德的教育和良好习惯的培养，只能是把提高人文素养的德性教育转变为高分低能的文化教育。育分不育人，升学而不升高审美情趣。其次，家长对政治课本身价值认识的偏差。当前，我国正处于全面深化改革的关键期，市场经济发展凸显多元化趋势，国家高度重视对教育资源的投资力度，社会上各种各样的辅导机构兴起。生活中不是缺少美而是缺少发现美的眼睛。留心观察生活，补数理化和英语的学生蜂拥而至，补政治的却是少之又少几乎没有。在一些家长眼里，学习政治课没有什么技巧性，主要是死记硬背，因此也没有辅导的必要，他们觉得，政治除了应付考试之外并没有什么其他用处。家长这种片面的观点，既让教师处于尴尬的境地，也使学生对这门课程的学习渐渐失去兴趣。其实，政治课的学习最能锻炼人的思维意识，一个学过政治和从来不接触政治的人是有本质上的差别的。最后，家庭教育的不重视，有些父母放任自流。孩子是父母的复制品，有什么样的父母就会培养出什么样的孩子，在中国父母是唯一一个不需要持证上岗的人。有些父母，文化程度低，自身素质不高，对孩子家庭教育不重视，有时候重视也只是关心成绩，对孩子的品德修养不闻不问，造成德育和智育是"两张皮"，不能很好地融为一个整体，也使核心素养教育举步维艰。

三、学校教育存在缺陷

好的学校教育应该把立德树人作为教育的真谛，培养出一批有文化、有理想、有道德、有思想、有高尚人格并富有"爱岗、敬业、诚信、友善"道德情操的有志青年。但是，当下的学校教育也存在一些缺陷。首先，"升学主义"盛行的风气下，影响学校教育向前发展。"升学主义"盛行导致评价上的偏差。尤其是评价一所学校的好坏多以学生的高考上线率作为衡量标准，这种观念正在一步步地误导学校办真正的教育。其次，学校教育只注重"知识"灌输，轻视"能力"培养，知识在学生头脑中不断深化，能力和素养在学生日常行为中不断弱化。人与人的差别往往来自教育的不同，由于过分追捧"高分"教育，使学校教育变为"分数"的加工厂。另外，学校不关心学生实际参与操作的能力，不注重开设活动型课程，沉重的学业负担，学生更不会有参加社会实践活动的机会，只能在密闭的容器中创造出想象的智慧。实质上，中学政治课是一门很智慧很具有实践意义的课程，学校没有足够的重视，渐渐地让它变得无人问津，学生学的也不再津津乐道。最后，管理体制过于严谨，不敢松懈。"升学主义"的倡导下，学校、教师和学生绝大部分的时间和精力都在为考试做准备。个别学校都是统一教学进度、考试、命题，教师也只是作为一个命令的执行者，不敢越雷池一步，不能有丝毫的创新和改变，到头来育人的本质也被忘却。

核心素养培育理念下的中学政治课课堂教学就是要把无味的、苦涩难懂的理论知识变成让学生一辈子都能用得着的能力和素养品质，让他们的生活过得更有意义，更加精彩。整个教育系统，特别是学校教育，要从根本上转变观念，教育的出发点和归宿都是人，而教师每天面对的也是一群很有灵性的学生。伟大的教育家陶行知先生说："教育就是教人做人，教人做好人，做好国民的意思。"由此可见，学生的德育意识、做人意识都比知识更重要。实践出真知，再好的教育理念，再先进的思想，少了实践探索和研究，也只能是纸上谈兵。通过笔者不断研究核心素养，领会其中的精神实质，再加上课堂的不断探索，对当下中学政治课教学改革有了新的认识和看法。我国的基础教育已经从知识本位上升到核心素养时代，这也是全球共识。课堂教学也要从以前的以知识为主流，只见树木不见森林提升为看课程品质，看学生学习兴趣和行为变化；课堂教学要注重培养学生的能力、体现价值观教育，弥补三维目标之间具有割裂性的缺陷。

四、探究式教学培育核心素养思想政治课程问题的成因

（一）探究式教学对党"立德树人，培育学生核心素养"的教育方针贯彻落实不到位

通过调查发现，在中学思想政治课堂上教师也经常会采用探究式教学，但是由于主客观因素的影响，政治课堂上的探究式教学还存在诸多问题，探究式教学对学生的主体积极性调动不足，课堂探究过程模式化不够灵活甚至流于形式，探究式教学存在最主要的问题，即对党"立德树人，培育学生核心素养"的教育方针贯彻落实不到位，有很多学生根本不知道核心素养为何物，大部分学生对核心素养的了解仅停留在知道层面。中学思想政治课探究式教学一定要明确目标、方向，明确核心素养的培育与探究式教学之间是目标与路径的关系。

（二）教师传统的教育观念和教学方法阻碍了探究式教学的实施

随着新课改的不断推进，各种新型教学方法被广泛应用到中学思想政治课教学中，也取得了不错的教学效果。但是由于各种因素的影响，探究式教学在中学思想政治课教学中的应用效果有待于进一步提高。究其原因有如下两点：首先教师对探究式教学法的认识不够科学，在问题设计上脱离教材和课程标准，脱离学生的生活实际，探究式教学达不到核心素养培育的效果，也失去了探究式教学本身的意义价值；其次教师的教学观念没有改变，认为教师就是传道、授业、解惑的讲授者，学生是知识的被动接受者；此外一些教师虽然采取了探究式教学法，但因课堂四十分时间的限制，留给学生探究的时间太少，探究活动因浅尝辄止而达不到实际效果，更不利于学生探究能力的培育；教师未能创设平等、民主、和谐的探究氛围，教师仍然是知识的传授者而未转变为学生发展的引导者和促进者。

（三）现有的评价体制和社会环境限制了探究式教学的有效实施

当前中学思想政治课教学成果仍以考试评价为主，学生的成绩是衡量教学成绩的重要指标。大的社会环境过于浮躁导致人们对教育也是急功近利，社会和家长都把学生的卷面成绩、高考成绩作为衡量教学效果的唯一指标，很多家长希望学校的教育效果是立竿见影，而不考虑教师的教学方法是否科学合理、是否符合学生身心发展规律；在高考指挥棒和社会、家长的期待下，很多教师把绝大部分精力放在能短期内大幅度提高学生成绩的传统教学法上而搁置更符合教学规律的探究式教学法，传统教学法以学生被动学习、机械记忆为特点，压抑了学生学习的积极主动性，不利于学生自主创新能力的提高和核心素养的培育。

（四）学生的主体能动性没有得到充分尊重和调动

探究式教学过程应该是大部分课堂时间用于师生共同探究解决问题的，但是当前的探究式教学实践存在着较大的误区。部分教师把课堂讨论或小组合作学习简单等同于探究式教学，没有抓住探究式教学的核心与本质，过于注重探究式教学的程序和环节，而不能真正通过问题情境的设置、教学案例的创设来充分调动学生的积极主动性参与探究式教学，激发学生学习政治的兴趣。新课程标准规定，中学思想政治课在课程实施上要充分尊重和调动学生的主体能动性从而达到核心素养培育的目标。这也要求广大思想政治教师要实施以学生为主体的探究式教学策略。

第五章　学科核心素养背景下的中学思想政治教学

第一节　教学模式的研究与发展趋势

一、教学模式的内涵

乔伊斯和韦尔在《教学模式》一书中认为"教学模式是构成课程和作业、选择教材、提示教师活动的一种范式或计划"。"模式"一词被引入教学理论中，是想以此来说明在一定的教学思想或教学理论指导下建立起来的各种类型的教学活动的基本结构或框架，表现教学过程的策略体系。

二、教学模式的研究

（一）国外教学模式的研究

1. 程序教学模式

程序教学模式的代表人物是美国心理学家斯金纳。程序教学的基本程序是依靠程序编制者对学习过程的设想，把教材分解成许多小项目，按一定顺序加以排列，对每个项目提出问题，通过教学机器或程序教材呈现，要求学生做出反应，然后给予正确的答案以便核对。

该教学模式的优点是可以使学习内容化难为易，易于学生掌握和巩固，及时反馈和强化，有利于调动学生的学习积极性。还可以根据各人的情况，自定步调，确定学习进度，有利于因材施教。其不足是只能显示教学结果，不能体现教学过程，对学习者的心理活动无法控制，削弱了教师对学生的随机指导和教师本人人格的影响，也割断了学习者间的相互影响。知识被分成一个个小项目来学习，影响了学习者对知识整体的把握。

2. 概念获得教学模式

概念获得教学模式也称发现学习教学模式，是由乔伊斯和韦尔在布鲁纳等人的研究的基础上建立起来的。该教学模式是以布鲁纳认知心理学学习理论为基础的，要求学生在教师指导下，能像科学家那样，通过自己的探索和学习，发现事物变化的因果关系及其内在联系，形成概念，获得原理。该模式的基本程序是：识别概念—形成概念—验证概念—分析思维方法。

该教学模式的优点是可以引起学生主动探究，使他们产生内在的学习动机，有利于迁移能力的形成并可培养学生的创造性。其不足是所追求的"发现"较为费时，难以全面推广，一般较适用于逻辑系统严密的数理学科，而以情感为基础的艺术学科则不太适用。另外，它需要有一定的知识和经验的储备，要求学生有相当的思考能力，对于能力较弱的学生采用该模式比较困难。

3. 掌握学习教学模式

掌握学习教学模式是美国当代著名心理学家、教育家布鲁姆创立的。掌握学习就是在"所有学生都能学好"的思想指导下，以集体教学为基础，辅之以经常、及时的反馈，为学生提供所需的个别化帮助以及所需的额外学习时间，从而使大多数学生达到课程目标所规定的掌握标准。其基本程序是：诊断性评价—团体教学—单元形成性测验—已掌握者进行巩固性、扩展性学习或帮助未掌握者（或未掌握者接受矫正—再次测验，予以认可）—进入下一单元的循环。

该教学模式的优点是强调因材施教，使教学适应学生的心理特点和个别差异，从而使大多数学生达到课程目标所规定的掌握标准，达到大面积提高教学质量的教学目标。其不足是要求教师上课前要做大量准备工作，课堂上要运用多种教学手段和方法，增加教师的负担。一般来讲，该模式对于成绩较差和一般的学生比较适合，对于优等生则不太适合。

4. 非指导性教学模式

非指导性教学模式要求教师不是直接地教学生，而是促进他们学习。这种教学活动把学生放在居中的位置上，让学生以"自我为中心"，以此来设计教学行为，教师的任务是促使学生形成自我主导意识。该模式是以人本主义学习理论为基础，其倡导者是美国心理学家罗杰斯。该模式的基本程序是：创设情境—开放性探索—个人或小组鉴别。

该教学模式的优点是教学中可以培养师生间和生生间的情感，建立新型师生关系，还可以充分激发学生自身的潜力，促进学习者自我完善。其不足是过分强调以学习者为中心，必然会削弱教师在教学中应起的作用。同时它完全放弃课程内容对学生的教育作用，对教学也是不利的。

（二）国内教学模式的研究

1.传统接受教学模式

传统接受教学模式以传授系统知识、培养基本技能为目标，其着眼点在于充分挖掘人的记忆力、推理能力及间接经验，使学生比较快速有效地掌握更多的信息量。该模式源于赫尔巴特及其弟子戚勒提出的"五段教学"，后经过凯洛夫等人改造并传入我国。它强调教师的指导作用，非常注重教师的权威性。这种教学模式被我国中小学普遍采用，是我国基本的教学模式。其基本程序是：激发学习动机—复习旧课—讲授新知识—巩固运用—检查评价。

该教学模式的优点是一方面能使学生迅速有效地获得更多的知识信息，突出地体现了教学作为一种简约的认识过程的特性，是人类传播系统知识经验最经济的模式之一。另一方面能有效地发挥教师的主导作用，易于达到预期的教学目标。该模式主要适用于学科课程的书本知识的教学，适用于加强基础知识和基本技能的训练，适用于班级授课制的课程教学。其不足是在教学活动中学生处于被动地位，不利于学生学习主动性的充分发挥。

2.自学指导教学模式

自学指导教学模式是指教学活动以学生自学为主，教师的指导贯穿于学生自学始终的教学模式。其基本程序是：提出要求—学生自学—讨论、启发—练习运用—评价总结。该模式在我国中学教学中有所体现，并得到推广。

该教学模式的优点是可以提高学生学习的主动性和主体意识，有利于学生自学能力和学习习惯的培养，加速创造性思维能力的发展，有利于适应学生的个体差异，更好地解决集体教学中如何因材施教的问题。其不足是采用该模式对教师的主导作用方面要求更高了，如果教师的能力不足，这种教学模式的优点就难以体现。

3.引导发现教学模式

引导发现教学模式又称引导探究模式，是一种以问题解决为中心，注重学生独立活动，着眼于创造性思维能力和意志力培养的教学模式。我国诸如小学数学尝试教学法、小学数学引导法、中学引导发现法、中学物理研究教学法等皆属于此列。该模式的理论基础是杜威的"五步教学法"。其基本程序是：提出问题—建立假设—拟订计划—验证假设—总结提高。

该教学模式的优点在于使学生学会如何学习，如何发现问题，怎样加工信息，提出假设后如何推理、论证等，因而有利于培养学生科学的学习态度和探索能力。其不足是一般适用于成绩较好的学生，学生要有一定的知识面才能从问题中找到解决问题的线索。

4. 情境陶冶教学模式

情境陶冶教学模式是指在教学活动中创设一种情感和认知相结合的教学环境，让学生在轻松愉快的教学气氛中有效地获得知识和陶冶情感。教学中的"情境教学""愉快教学""成功教育""快乐教学""情知教学"等皆属此列。其基本程序是：创设情境—情境体验—总结转化。

该教学模式的优点在于通过设计某种与现实生活同类的意境，对学生进行个性的优化和人格的培养，让学生从中领悟到怎样对待生活、认识自己和对待他人，提高学生的自主精神和合作精神。其不足是该教学模式中教师是学生情感的激发者和维持者。因此要求教师具备多种能力，如表演能力、语言表达能力等，同时对教师的综合素质要求比较高。

5. 示范模仿教学模式

这种模式是历史上最古老的模式之一，也是教学模式中最基本的模式之一。它是指教师有目的地把示范技能作为有效的刺激，以引起学生相应的行动，使学生通过模仿有效地掌握技能的一种教学模式。其基本程序是：定向—参与性练习—自主练习—迁移。前三个阶段是示范模式本身涉及的，而迁移是对模仿的更高要求，是模仿的进一步深化。

该教学模式的优点是运用范围广，适宜很多学科的教学。当代许多国家所采用的模拟教学模式，是该种模式与现代化手段相结合的产物，从而提高了学习效率。其不足是容易忽视学生在教学中的创造性和积极性。

三、教学模式的发展趋势

（一）由单一教学模式向多样化教学模式发展

在古代社会和近代社会，在学校的教学过程中占统治地位的教学模式非常单一，主要是讲授—接受式教学模式。德国著名教育家赫尔巴特在《普通教育学》一书中提出了明了—联合—系统—方法的教学模式。他强调系统知识的传授，课堂教学的作用，十分重视教材的重要性和教师的权威性，是比较典型的以知识和经验的传授为主要目标的教学模式。以美国著名教育家杜威为代表的现代教育理论派，针对传统教学模式单纯以知识的授受为主要目标，忽视和压抑学生主动性、积极性及动手能力培养等弊端，提出了"儿童中心"（学生中心）、"活动中心""经验中心"的新三中心论，以"从做中学"为主要形式来安排学校的教学活动，对 20 世纪以来的美国教育理论和教育实践产生了极大的影响，而且也影响了不少国家的教育发展。至此，教学模式的发展进入了传统和现代两大教学模式同时并存、相互对峙、彼此冲突和对立的时期，这种状况一直持续到 20 世纪 50 年代。此后，由于新的教学思想层出不穷，再加上新的科学技术革命使教学产生了很大的变化，教学模式出现了"百花齐放、百家争鸣"的繁荣局面。

（二）由被动性向主动性转变

传统教学模式主要是以知识的传授和接受为基本形式的。这种教学模式的优点是重视教师在教学过程中的主导作用，强调教学的科学性、系统性、巩固性和直观性等，能使学生在较短的时间里比较迅速地掌握人类长期以来积累的大量的系统的科学文化知识和技能，有利于系统的科学文化知识的传递和学习。从知识授受的角度来讲，它是一种比较经济、高效的教学模式。但这种教学模式的一个突出的缺点是在教学过程中学生往往处于一种被动接受知识的状态。现代教学理论则十分关注学生的主体性发展，强调尊重学生作为人的价值和尊严。现代教学理论主张教师在教学过程中要发扬教学民主，建立一种平等、民主、和谐的师生关系。因此，主体性是现代教学理论的一个核心特征，也是现代教学理论发展的一个总趋势。我国新课程改革的主要任务之一是改变课程实施过于强调接受学习、死记硬背、机械训练的现状，倡导学生主动参与、乐于探究、勤于动手，培养学生搜集和处理信息的能力、获取新知识的能力、分析和解决问题的能力以及交流与合作的能力，充分发挥学生的主动性、能动性和创造性。

（三）由归纳模式向演绎模式发展，再到两者并重

教学模式形成的途径主要有两个方面，即归纳式和演绎式。归纳和演绎是人类认识最早、运用最为广泛的思维方法。它所涉及的是个别与一般的关系，是事物和概念之间的外部关系。所谓归纳模式，是指从许多个别的事物中概括出一般性概念、原则或结论的思维方法。它具有很强的可操作性，但也带有浓厚的主观经验的色彩，其科学性也有待在教学实践过程中加以检验。所谓演绎模式，是指从普遍性的理论知识出发，去认识个别的、特殊的现象。它的起点是科学的理论假设，形成的思维方式是演绎法。在古代社会和近代社会，由于

当时人们对教学过程的本质和规律缺乏认识，教学理论的抽象和概括的程度不高，教学理论本身的发展水平也很低。因此，这时候的教学模式基本上都属于归纳式的教学模式。到了近现代社会，随着对教学过程的本质和规律认识的逐渐深化，教学理论抽象和概括的层次不断提高，在这种背景下，教学模式主要是通过演绎的方式来形成的。如布鲁纳的发现教学模式、布卢姆的掌握学习模式、罗杰斯的非指导性教学模式等。由于归纳式教学模式和演绎式教学模式各有其价值和优势，在当前，教学模式发展的一个明显趋势是两种教学模式同时并存。它们相互联系、相互补充，进一步完善和优化教学模式。

第二节　教学策略的研究与发展趋势

一、教学策略的内涵

目前，教学策略一词已频繁出现于教育文献中，但从使用情况来看，人们对教学策略含义的理解多种多样，总体有两种观点，一是把教学策略理解为教学方法、教学技术的总和；二是把教学策略理解为教学实施的总体方案或对教学活动的系统决策。《简明国际教育百科全书》对教学策略做了比较全面的定义："策略是为达到某种目的使用的手段或方法。在教育学中，这个词一直是与方法、步骤同义。策略还用来指教学活动的顺序排列和师生间连续的有实在内容的交流。"

（一）教学策略的界定

1. 教学策略的含义

关于教学策略的含义，中外学者提出了很多不同的认识。从国外来看，20世纪60年代以后，国外教育理论界开始对"教学策略"予以关注和研究。例如，以美国匹兹堡大学罗伯特·格拉泽教授为带头人的一批认知心理学家开始使用"教学策略"一词。较早研究课堂教学策略的美国学者埃金等人认为，教学策略就是"根据教学任务的特点，选择适当的方法"。埃金对教学策略的界定突出了教学策略的两个特点：任务的要求和方法的选择。埃金的《课堂教学策略》一书对各种教学模式的特点和具体操作程序做了详细的介绍，体现出了教学策略的选择性和方法性特点。

在我国，自20世纪80年代以来，教学策略一直是教学研究的一大热点问题，频繁出现于教育教学著作当中，不论是对教学理论研究的深化，还是对教学实践的指导都有重要价值。很多学者也对教学策略进行了不同的界定。归纳起来大致有以下几种说法。一是"系统"说，认为教学策略是一种为完成特定的教学目标而对教学系统的各个要素进行总体规划。如顾明远在《教育大词典》中对教学策略的定义是：教师在教学过程中为达到某一特定教学目标而采用的相对系统的行为，包括事先有意识地确定的一些教学方法。郑杰斌在《有效掌握教学的策略》一书中提出，教学策略是指在教学过程中，为完成特定的目标，依据教学的主客观条件，特别是学生的实际，对所选用的教学顺序、教学活动程序、教学组织形式、教学方法和教学媒体的总的考虑。关松林在《教学策略导航》一书中提出，教学策略是对为完成特定教学目标而采取的教学活动程序、方法、形式和媒体等因素的总体考虑。周军在《教学策略》中提出，教学策略是教师为了实现教学目标，根据教学情境的特点，对教学实施过程进行的系统决策活动。二是"方案"说，把教学策略看作形成教学方案的原理、原则、方法，如李志厚在《新课程教学方略》一书中提出，教学策略是指在课程与教学目标确定之后，依据学生的学习规律和特定的教学条件，灵活机动地选择与组合相关的内容、媒体、评价技术、组织形式、方法和各种手段等，以便形成具有效率意义的特定教学方案的原理、原则和方法。三是"方法"说，把教学策略看作一种方法，如皮连生在《智育心理学》中把教学策略定义为：教师采取的有效达到教学目标的行动，也可以称为广义的教学方法。四是"措施"说，把教学策略看作实现教学最优化的一种重要措施，如张大均在《教学心理学》一书中提出，教学策略是教学设计的有机组成部分，是在特定教学情境中为完成教学目标和适应学生认知需要而制定的教学程序计划和采取的教学实施措施。

尽管不同学者基于不同角度对教学策略有不同的界定，但对教学策略的理解，有以下几点是需要共同注意的。

第一，教学策略要基于一定的教育教学理论。教学策略是一种理论应用活动，必须在一定的教育理论、教学理论、学习理论等指导下进行，是对教育理论、教学理论、学习理论等的综合运用，不同的理论指导会形成不同的教学策略。

第二，教学策略不同于一般的教学方法。策略性行为对于方法的实行是在明确的教学目标和教育理念支配和监控下完成的，这就使方法带上了计谋的色彩。教学策略是将教学方法的选择置于广阔的教学情境及教学方法选用的各种变量及变量之间的关系中，将教学方法提高到一般策略性行为的新水平。

第三，教学策略的运用是一个动态的过程。教学策略不是固定不变的，必须因地制宜、因人而异。由于具体的教学情境是复杂的，教学策略的建构和使用，往往要经历两个过程；一是对教学方法的选择和使用过程，二是对教学活动的调控过程。而且这两个过程又常常随着情境的变化而变化，处在不断的运动与变化之中。

当然，要真正理解教学策略的含义还必须正确理解教学策略与相关概念的关系。

2. 教学策略与相关概念的关系

（1）教学策略与教学设计

"教学设计是对整个教学系统的规划，是教师教学准备工作的组成部分，是在分析学生的特点、教学目标、学习内容、学习条件以及教学系统组成部分特点的基础上统筹全局，提出教学具体方案，包括一节课进行过程中的教学结构、教学方式、教学方法、活动形式、知识来源、板书设计等。"可见，教学设计是教师开展教学活动之前对整个教学活动的计划与安排，教学设计的结果或教学设计的文字表达形式是教学活动方案。教学策略是教学设计的有机组成部分。教学策略与教学设计是部分与整体的关系，国内有的学者将教学策略的选择和制定视为教学设计的四大领域之一，即确定教学目标、了解学生的起始特征、教学策略的选择和制定、教学评价的设计与执行。教学设计涉及的范围比较广，它可以是对整节课或整个单元的设计，也可以是对整个科目的设计。教学策略的运用范围较窄，一般主要集中在某一课时、某一内容的范围内，并且具有较强的灵活性。教学策略与教学设计各有自身的内涵，在具体内容或环节上有交叉、重叠部分，因此，在进行教学设计时要考虑教学策略的制定、选择与运用，在选择与运用教学策略时，也要通盘考虑教学的整个设计。

（2）教学策略与教学思想

有人把教学策略看成一种教学思想。的确，教学策略与教学思想之间有着密切的联系，任何教学策略的选择和运用都不是盲目或随意的，都要受到一定教学思想的制约或指导。但教学策略与教学思想之间并不具有一一对应的关系。教学思想位于较高层次，属于理论、观念形态；教学策略也包含一定的教学理论成分和思想成分，这是教学策略的核心和灵魂，但本质上教学策略是属于操作形态的东西，具有一定的可操作倾向，它是指向教学实践的，是教学思想观念的具体化。在同一种思想指导下，结合不同的背景、条件，由不同的人来开发，就会形成不同的教学策略。同一种教学策略，可以源于一种教学思想，也可以源于多种教学思想。

（3）教学策略与教学模式

"教学模式是能用于构成课程和课业、选择教材、提示教师在课堂或其他场合教学的一种计划或范型。"它具有简约化、概括化、理论性和相对稳定性的特点。教学模式与教学策略都具有可操作性，因此，国外有学者把教学策略看成教学模式。但单从这一点并不能认为这两者是等同的。一般而言，实现从教学理论到教学实践的转化，其过程首先是由教学理论到教学模式，再到教学策略、教学方法、教学实践。教学策略是教学模式的进一步具体化，教学模式包含着教学策略、规定着教学策略，属于较高层次；教学策略比教学模式更详细、更具体，受到教学模式的制约。从教学研究的发展来看，先有教学模式的研究，然后才有教学策略的研究，这也反映出了两者的区别与联系。

（4）教学策略与教学方法

在已有研究中，不少学者把教学策略等同于教学方法，这种认识是不妥的。"策略"一词与"方法"有联系，但又有区别。"教学方法是为完成教学任务，教师的教和学生的学相互作用所采取的方式、手段和途径。"教学策略的含义比教学方法要宽，层次也比教学方法更高。教学策略不仅包括对教学方法的选择，还包括对教学媒体和教学形式的选择等，而且在具体的教学方法及其组合上也存在着策略问题。在教学活动中，教学方法为教学策略服务。在教学方法的使用过程中，包含和体现着教学策略的意图，教学策略又通过各种教学方法的运用而得到实现。但教学策略不是教学方法的简单堆积或串联，而是比教学方法更高级，对教学方法具有统摄、控制和调节作用的教学决策活动。教学方法是具体的、可操作的，教学策略则包含有监控、反馈内容，在外延上要大于教学方法。

3.教学策略的结构

任何教学策略都有其内在的结构，教学策略的结构是由它所包含的诸要素有规律地构成的系统，一般包括指导思想、教学目标、实施程序、操作技术等。

（1）指导思想

指导思想是某一教学策略所依据的理论基础，它能对具体的教学策略做出理论的解释，是教学策略的灵魂。任何一种教学策略的背后都有一定的教学思想观念、教学理论做支撑。在教学策略的制定和实施过程中，教师拥有不同的教学思想、教学观念，对教学的进程和要素有不同的认识，就会导致不同的教学策略出台。比如，同样是讲"生活与消费"，有的教师视学生为学习的主体，通过联系实际、列举案例等方式鼓励学生，激发学生的兴趣，调动学生的学习积极性，让学生愉快主动地学习；有的教师视学生为被动的"容器"，教学中反复强调的是抽象的概念、原理，要求学生对诸如商品、货币、外汇、汇率等相关概念死记硬背，不关注学生的学习主体性。两种不同的教学思想观念，必然产生两种不同的教学策略。每一位教师的知识背景、教学经历并不相同，即使接受同样的教师教育，教授同样的学科，他们对教学的环节，对学生的认识，对教学的手段、媒体的使用以及不同的时间和场所，都会显出各自的特点，都会在教学中表现出来。明确这一点，有助于教师有目的、有意识地贯彻教学理论，更好地发挥理论的价值。

（2）教学目标

任何一种教学策略都是指向一定的教学目标，为完成一定的教学任务而创立的，目标是教学策略的核心要素，对其他要素起制约作用。也就是说，一定的教学策略总是针对一定的教学目标的，并且总是尽力满足教学目标所提出的要求。教学策略的运用，无论是活动内容，还是活动细节、活动方式，或者是活动的程序及其各个环节，都是指向教学目标的，为达成教学目标而存在。比如知识目标的讲授策略，其目标是通过教师对学生难以理解的教学内容进行分析、讲解，通过语言的表达，使教学内容简化成易理解、易接受的内容，达到被学生理解、把握和运用的目的。又如课堂讨论策略，其目标是充分调动学生积极主动参与课堂教学，体现学生的主体性地位。教师通过创设一定的情境、提出一定的问题，让学生在课堂讨论中相互交流、积极探讨、发现问题、解决问题，从而提升学生主动参与、自主学习等方面的能力。每一种教学策略都有一定的教学目标，但教学策略与教学目标又不是一对一的关系。一种教学策略可以有多种目标，其中又有主次之分。主要目标是区别不同策略的特点，也是运用教学策略的重要依据。

（3）实施程序

实施程序即教学策略按时间展开的逻辑活动步骤以及每一步骤的主要做法等。教学策略是针对一定教学目标组织起来的程序化设计，因此有其自身的操作序列，它指出教师在采取一定的教学策略时先做什么、后做什么、再做什么。如杜威的"中学教学策略的程序"是创设情境、明确问题、提出假设、执行计划、检验假设。教学策略的实施程序是基本的和相对稳定的，但由于教学活动的复杂性和特殊性，教学策略的实施程序不可能是僵化的和一成不变的。也就是说，教学策略的实施程序有一定的先后顺序，但没有定式，可以随着教学条件的变化以及教学的进程及时调整和变换。如黎世法的"六阶段教学策略"，虽然按"自学、启发、复习、作业、改错、小结"六个步骤依次递进，但其中某些步骤可以根据教学实际情况进行压缩、省略和叠合，生成多种变式，而每一环节又可作为单一策略来实施。如作业策略，可以是教师先布置具有代表性的作业，然后再指导，指出完成作业时应注意的问题，学生独立完成作业，教师巡回指导，力求使技能综合化。又如小结的策略，首先由教师布置小结提纲并进行指导，然后由学生根据提纲独立小结。进行小结时，先由学生宣讲小结，再由教师加以评论，总结全部内容，最后对学生还存有的疑问进行解答。由此可见，教学策略虽然有一定的程序，但无定式，教师应对其灵活运用。

（4）操作技术

操作技术即教师运用教学策略的方法和技巧。要保证教学策略实施的有效和可靠，就必须提出一整套明确易行的行为技术和操作要领，如布鲁纳的发现教学策略曾规定，矫正学生的学习结果，或者对学生提供其他帮助，必须是在学生得到实验结果并拿它跟希望获得的结果进行比较的时候进行。若过早，学生不理解；若过迟，则无法对下一步活动起到指导作用。所以，教学策略必须有具体的操作方法和技术，这其中涉及教师在教学策略中的角色作用、教师对教学内容的处理、对教学方法的灵活掌握、对教学手段的使用等。

了解了教学策略的基本结构，就掌握了教学策略构建的要领，抓住了它的实质，这不仅有助于学习和借鉴有效的教学策略，而且有助于总结和构建自己的教学策略，知道从哪些方面去总结归纳教学策略。

（二）课堂教学策略的含义与特征

1.课堂教学策略的含义

课堂教学策略是教学策略在课堂中的应用，是指教师为实现教学目标或意图（指难以明确或无须明确的目标）所采用的一系列问题解决行为。它有广义和狭义之分，广义的课堂教学策略是指总体方案，包括方法、步骤、媒体、组织形式等教学措施；狭义的课堂教学策略仅指为完成教学目标而采取的最佳方法、技巧。

本书中所探讨的课堂教学策略，仅指课堂教学中所采取的方法、技巧。

2.课堂教学策略的特征

（1）综合性

应当看到，在教学实践中每个教师都在自觉或不自觉地运用或执行着某种教学策略，我们的教学理论也或多或少地涉及与教学策略相关的问题。但教学理论是从静态的、单一因素的角度分别研究诸如教学方法、教学手段、教学组织形式等构成教学策略的要素。而教学策略则从动态的角度对教学的诸要素进行整体把握，将教学形式和方法、媒体等的选择置于一个更广阔的、复杂多变的教学情境中进行考察，在对影响教学过程的各种变量及变量的关系进行综合分析的基础上，对教学内容、教学方法、教学手段、教学过程、教学对象、教学组织形式等要素加以综合考虑，进行明智选择，形成切合实际的最佳的教学实施方案，使各要素相互交叉地共同发挥作用。

（2）灵活性

教学策略与所要解决的教学问题之间的关系不是一一对应的，要根据不同的教学目标、教学内容等方面的要求，参照学生的初始状态，将最适宜的教学方法、教学组织形式、教学手段等要素组合起来，并随着教学情境的变化而做相应的设计与调整，以便实现特定的教学目标、完成特定的教学任务。可见，教学策略的运行始终都伴随着问题情境、教学目标、教学内容和教学对象等方面的变化而变化。同一种教学策略在不同的课堂情境中会产生不同的教学效果，并且，许多具体的课堂教学策略，会随着教师的知识水平、教学观念、情绪情感、教学风格以及个性特点等而有不同的变化。因此，如果教学中的任何一个要素发生了变化，课堂教学策略也会相应地发生变化，这都充分说明了教学策略具有灵活性的特征。

（3）调控性

课堂教学策略含有的元认知监控成分，使教师在运用教学策略时，能够保持一种自我警觉状态，对自身认知活动进行自觉的调节，时时反馈自己对教学策略的操作是否符合教学理念，并进行及时的调控、修补，根据课堂活动的要求，选择适当的解决问题的方法。课堂教学策略的运用受师生关系以及教学目标、内容、环境等各方面的影响，因而教师应该对教学活动有一个整体的把握和了解，洞察教学的进程，及时对教学策略的运用做出适时、适当、适度的调整和修改，以完成教学任务。调控性表现了教师对教学活动的及时把握和调整，表明教学活动的动态性。当教师能够自觉认识和调节教学的进程时，教师对教学策略的运用就达到了较高的水平，教师的教学水平就达到了较高的境界。

（4）操作性

教学策略与教学理论的一个重大区别就是操作性特征，没有可操作性的教学策略是没有任何存在价值的，也不能被称为教学策略。教学策略既不是一项抽象的教学原则，也不是在某种教学思想指导下构筑起来的教学模式，而是可供教师和学生在教学中参照执行或操作的具体方案。它有着明确具体的内容和实施方式、步骤，是教学活动具体展开的基本依据。教学目标解决的是教师要"教什么"的问题，教学策略解决的则是"如何教"的问题。教学策略的最终落脚点是完成教学目标，提供的是教师如何才能教好学生的实用技巧与方法，通过培训易为教师所理解、掌握，也能物化到教师的教学实践中。因此，教学策略具有可操作性和实用性。

（三）课堂教学策略的影响因素

从可操作的层面来说，教学策略包括对教学过程、教学内容的安排和对教学方法、步骤、组织形式的选择。由于这些要素的组合方式多种多样，随之带来教学策略的复杂多样。教学目标、教学对象、授课教师是影响和制约课堂教学策略的主要因素。

1. 教学目标是影响课堂教学策略的关键性因素

课堂教学的灵魂是教学目标，制定合理的教学目标是课堂教学的核心环节和关键因素。课堂教学策略的开发或选择基于一定的教学目标。教学目标不同，所需采取的教学策略也不同，即使同一学科的教学也是如此。如政治学科，其前期的教学目标是提高学生对政治学科的兴趣和信心，然后才是促进学生掌握具体的知识、发展智能的终极目标。针对不同的教学目标，教师应采取不同的教学策略。如对于上述的前期目标，可选择对了解本学科的最新发展动态、与社会生活紧密联系、对学生自身发展的重要作用等方面都有促进作用的教学策略，进而达到提高学生的兴趣、保持学生的积极性的目标；而对于上述的终极目标，则应根据知识技能内在的逻辑关系、知识技能的掌握对学生认知结构形成的促进作用、知识与技能迁移的规律、学生的主观状态等进行综合考虑，然后制定或选择相应有效的教学策略。因此，每一个教学策略的实施指向都应该是教学目标。教学策略在实施过程中的"有效性"主要体现在教学策略围绕教学目标而展开，而对教学目标的分析，是制定有效教学策略的关键。

2. 教学对象的起始状态是制定课堂教学策略的重要基础

教学对象，即学生的起始状态，主要指学生现有的知识技能水平、学习情况、心理发展水平和学习心理准备水平等。实践证明，如果仅根据教学目标制定教学策略，无视学生的起始状态，那么所制定的教学策略就会因缺乏针对性而失效。因为学生的起始状态决定着教学的起点，教学策略的制定必须从该起点出发，进行具体分析。有效的课堂教学策略的制定一定要结合学生的学习和生活实际。从学生的学习和生活实际出发才能做到具体问题具体分析，才能落实"贴近学生""贴近生活""贴近实际"的"三贴近"原则。只有把学生的学习和生活实际作为制定教学策略的依据，才能开发出体现学生主体性的有效课堂教学策略，制定出与学生知识水平、学习情况、心理发展水平相一致的课堂教学策略。如果说对教学目标的分析是制定教学策略的关键，那么对学生的起始状态的分析则是制定有效教学策略的基础。

3. 授课教师自身的特征是构建课堂教学策略的主观条件

教师是课堂教学策略的制定者和执行者，教师自身所具有的特征是影响课堂教学策略制定的主观因素。在教学过程中，教师一般都倾向于选择与其教学思想、知识经验、教学风格、心理素质相一致的教学策略。例如，教师对新课改的教学思想有着深刻的理解和把握，在课堂教学中，就会更多地采用合作探究等方面的教学策略，注重激发和调动学生学习的能动性、自主性和创造性，注重培养学生的探究能力，充分发挥学生的主体地位和在学习中的主体作用，促进学生全面发展。教师的知识经验也是影响教学策略制定的重要因素，知识经验丰富的教师能够根据具体的教学情境、学生的实际需要、授课的教学环境等各方面的因素灵活选择相应的教学策略。每个教师的知识储备不同，教学风格各有特点，心理素质存在差别，这些都在一定程度上影响着教学策略的制定。因此，教师在制定教学策略时，不仅应重视教学目标和学生起始状态的分析，还应努力发挥主观能动性，充分挖掘自身特征中的积极因素在制定有效教学策略中的作用。

（四）课堂教学策略运用应坚持的原则

课堂教学策略具有明确的指向性和操作程序，但由于具体的教学活动过程中存在着许多变数，课堂教学策略的运用并不是机械地照抄照搬，而是要在运用中灵活掌握，有所变化，有所创造。在教学实践中正确地运用教学策略，应该坚持四个重要的原则：教学思想现代化、教学过程最优化、教学方法多样化、教学成效最大化。

1. 教学思想现代化

教学策略总是受一定教学思想、教学观念的支配和规范。教学策略的运用能否达到预期效果，关键在于是否有正确的思想指导。在制定课堂教学策略时，教师必须树立现代化的教学思想。首先，要树立与新课程改革要求相一致的学生观。明确学生是学习的主人，教师的教是为了学生的学，为了学生学会学习。教学的根本目的在于使学生学会做学习的主人，能自觉主动地学习，成为自我发展的主体。教师要面向全体学生，相信所有的学生都有上进心、自尊心、求知欲，都有对独立自主的渴望。因此，教师应该为所有的学生创造条件，充分发挥他们的主观能动性。其次，要树立新的课堂教学质量观。对课堂教学质量的评价，不能仅以成绩作为唯一的标准，学生自主学习、协作学习、探究学习、创新能力等方面也应成为评价课堂教学质量的重要标准。课堂教学策略的运用应以此为根本指导思想，通过采用各种有效的形式去调动学生学习的积极性、主动性和独立性，引导学生通过自己积极的智力活动去掌握知识、发展能力、完善人格。

2. 教学过程最优化

教学最优化理论最早是由苏联教育学家巴班斯基提出的。他认为在课堂教学过程中，教学有着共同的原则、规律和方法，这是千百年来教学智慧的结晶，但这些原则、规律和方法毕竟只是总体的、一般意义上的概括，在实际教学中，需要把这些共性要求与具体的教学结合起来，进行创造性运用，从而实现教学过程的最优化。实现最优化并非指开发出特别的教学方法或教学手段，而是在教学规律和原则基础上，教师用辩证系统的方法，把教学过程置于系统的形式中加以考察，从整体与部分、部分与部分、整体与外部环境之间的相互关系中综合地研究对象，以期最优地处理教学过程中遇到的问题，即在规定时间内以较少的精力取得当时条件下尽可能大的效果。事实上，在教学中面对多样的教学内容、复杂的教学对象，教师不可能用固定的公式去解决教学中的各种问题。这就要求教师在教学过程中，突破固有的模式，不墨守成规，通过对教学系统的分析和综合，通过对最优教学方案的安排，有效调控课堂教学过程，争取在现有条件下用最少的时间和精力，去获得最大的效果。

3. 教学方法多样化

每一种教学方法都有其各自的功能、特点及应用范围和具体条件，而且又有各自的局限性。在课堂教学过程中，为了更好地完成教学任务、达成教学目标，不可能一种方法从头用到尾，而是要坚持教学方法多样化的原则，根据不同的教学目标、不同的教学情况、不同的教学环节采用不同的教学方法。例如，就教学内容方面而言，对于深奥的、难以理解的知识点，教师可以更多地使用讲授、探究等方法；对于学生有困惑、意见存在分歧的教学内容，教师采用小组讨论等方法则可能更为合适。就学生方面而言，教师可以根据学生在学习准备、认知风格、学习进度、学习技能等方面的个别差异来选择相应的教学方法，做出相应的变化和调整，以满足在班级教学中对学生进行个别指导的需要，给每个学生提供尽可能多的参与教学活动的机会。因此，教师要根据教学的实际情况创造性地组织教学，融会贯通地理解和运用多样化的教学方法。

4. 教学成效最大化

我们制定与选择课堂教学策略，是为教学实施服务的，最终的目的是提高教学效果。因而，课堂教学策略的运用，要保证课堂教学有序、高效地进行，不能过于追求形式，追求教学中的热闹场面，而要强调教学成效的最大概述化。教学策略的运用，要符合学生的特点，讲求实效。学生是学习的主体，教学策略的运用要建立在对学生充分了解的基础上，不但要静态地了解学生的一般知识基础、年龄特点、心理特点、思想特点，而且要动态地把握学生的发展变化，如学习进退的变化、思想认识的变化、行为习惯的变化等，这样才能在教学中充分调动学生学习的积极性和主动性，使学生学有所得、学有所思、学有所感、学有所用。教学不仅使学生掌握科学知识，锻炼各方面能力，而且促使学生有良好的、积极的情感体验，产生进一步学习的强烈需求，使不同的学生在原有基础上都有所提高。因此，课堂教学策略要充分重视对学生认知水平、情感态度、行为习惯等方面的了解，有的放矢地运用，使学生真正有所收获，从而实现教学成效的最大化。

二、教学策略的研究

（一）国外教学策略的研究

国外教学策略的研究始于 20 世纪后半叶，比较早地将"策略"一词引入教学领域，并进行研究的有美国的史密斯、邓金和比德尔等人。教学策略的研究是开创性的，在理论上开辟了新的研究领域，引导人们树立科学的教育观、师生观；在实践中发现了教学策略是影响学生学习成绩的重要因素之一，并对此进行了一系列富有成效的研究。这里主要介绍以下几种。

1. 史密斯的内容限制性策略与非内容限制性策略

20 世纪 70 年代，一些研究人员在研究教学策略时，把研究重点放在了教学行为上，这方面的研究被认为是把教学行为与学习成绩联系起来的研究。1976 年，美国教育家史密斯提出了以经验为基础的两种教学策略，即内容限制性策略和非内容限制性策略。内容限制性策略经过早期教学策略的实验研究，重点分析师生的语言行为，注重师生与教学内容的关系。非内容限制性策略包括课堂教学策略、课堂管理策略，以及师生间和学生间的合作策略，强调师生之间的关系。史密斯认为，这两种教学策略在教学过程中都十分重要。

2. 加涅的九种基本教学策略

继史密斯等人对教学策略进行了开创性研究之后，美国著名的教育心理学家加涅也对教学策略进行了研究。加涅于 1968 年开始综合各种微观教学策略的共同特点，进而提出了对有效开展教学至关重要的九种教学活动策略。一是利用改变刺激的方法引起学生的注意；二是告诉学生学习目标，以帮助他们认清教学的重要性和相关性；三是刺激回忆前提性知识，使学生能把它们同新的知识结合起来；四是以适当的方式向学生呈现刺激材料；五是根据所学知识的复杂程度和难易水平，以及学生的智慧水平，提供学习指导；六是引出表示所期望的学习的行为；七是对学生的行为进行反馈，强化正确的行为，抑制不正确的行为；八是评价行为以便评价学习；九是通过提供检索线索和检索策略来增强记忆，促进迁移。加涅关于教学策略的研究是富有成效的，他的实证研究成果表明教学策略对教学效果、对学生的学习有重要意义。

3. 盖奇的七种基本教学策略

盖奇于 1978 年针对 20 世纪 70 年代初以来大量的有关教师行为与学习成绩的相关研究，按被试者的年龄进行了分类，从中发现了充分提高 8 岁学生阅读水平和算术成绩的七种教学策略，称为"教师七要"。一是教师要制定一整套规则，使学生不需征求教师的意见就知道做什么，满足自己的需求；二是教师要在教室中经常走动，在解答学生问题的同时检查课堂作业，并注意学生的学习要求，让学生知道教师在注意他们的课堂表现；三是让学生独立完成的作业要有趣、有意义，难度掌握在学生都能完成作业的标准上；四是教师要尽量减少把学生集中在一起进行教诲这样一类的做法；五是提问学生时，教师要先叫学生的名字，然后提出问题，要使所有学生回答问题的次数相同；六是教师应该不断地启发学习落后的学生回答问题；七是在阅读小组教学中，教师要尽可能提供大量的简短的反馈，并使教学活动的节奏像"操练"一样快。

（二）国内教学策略的研究

"教学策略"一词在我国教育文献中出现于 20 世纪 80 年代以后，而且这一术语是伴随"教学模式""教学设计"等概念而出现的。随着教学改革的不断深入，国内的一些学者也逐渐重视并开展了对教学策略的研究。但一般来说，绝大多数的研究都是针对某一具体学科的教学策略，对教学策略较为完整、系统的研究相对较少，这里不详细列举了，国内较有影响的教学策略研究主要有以下几种。

1. 李伯黍、燕国材的研究

李伯黍、燕国材把教学策略作为"教学心理"的内容来进行研究，提出了实现教学目标的两种教学策略，即指导的教学策略和发现的教学策略。所谓指导的教学策略，就是教师按教学要求事先制定教学程序，学生在教师的系统讲授和直接指导下学习。所谓发现的教学策略，就是让学生自己去观察、操作、比较有关的学习材料，自己去发现知识，获得概念、公式和原理。他们虽然没有直接给教学策略下定义，但在对教学策略进行分类时，间接认定了教学策略是教学方法与技术的总和。

2. 顾泠沅对教学策略的研究

顾泠沅提出要重视学科教育策略研究，他从认知过程的四个要素的角度探讨了教学策略的问题。一是激起认知动因的策略。这种策略一方面要求教师组织和指导学生的学习活动，使学生真正参与到教学过程中来，另一方面教师要以实际行动关心全体学生的成长，使他们"亲其师，信其道"。二是组织认知内容的策略。根据学生的年龄特征和不同发展阶段的特点，有步骤地提高所呈示的知识和经验的结构化程度，组织最佳的有序累积过程，并注重知识的问题化。三是安排认知方法的策略。最有效的学习方法应是让学生在体验和创造中学习，实现最佳教学过程的关键是接受式与活动式相互补充、合理结合。四是利用认知结果的策略。及时了解教学效果，随时调整教学步骤，改善控制机制。

3. 施良方、崔允漷对教学策略的研究

施良方、崔允漷的研究根据课堂教学过程而展开，将课堂教学策略分为五个方面。一是课堂教学准备策略，这里的教学准备策略涵盖了课堂教学的基本要素，即教学的目标、内容、行为和组织形式。二是主要教学行为策略，包括呈示、对话和指导三种。三是辅助教学行为策略，主要包括学习动机的培养和激发、有效的课堂交流、课堂强化技术和积极的教师期望。四是课堂管理行为策略，主要包括行为管理和时间管理。五是课堂教学评价策略，主要包括学生学业成就的评定、教师教学工作业绩的考评和家庭作业的布置。

4. 李晓文、王莹对教学策略的研究

李晓文、王莹把教学策略分为五类。一是源于教学理论的探讨，包括教学目标的决策、教学模式的选择性决策、课堂教学的指导性决策。二是来自认知心理学的研究结构，包括形成认知结构的策略和促进信息加工的教学策略。三是来自心理学对人格的研究，主要指促进自我发展的教学策略。四是源于心理

学对学习风格的研究，主要是因材施教策略。五是源于行为管理方面的研究，主要是课堂教学的管理性策略。

三、教学策略的发展趋势

（一）重视活动教学

活动教学是指在教学过程中构建具有教育性、创造性、实践性和操作性的学生主体活动，鼓励学生主动参与、主动探索、主动思考、主动实践，以实现学生多方面能力综合发展为核心，以促进学生整体素质全面提高为目标的一种新型教学观和教学形式。

活动教学是在教师的指导下，以学生为中心的教学方法。其重点是让学生自主活动和思索去获得知识。要求教师根据教学要求和学生获取知识的能力为学生提供适当的教学情境，让学生凭借自己的知识和能力，通过参与阅读、讨论、游戏等教学活动去掌握知识。教学活动以认知活动为突破口，创设良好的课堂气氛，注重外显行为活动与思维内化活动的结合，重视认知活动与情意活动、教师主导活动与学生主体活动、学生个体活动与群体活动的协调，旨在改变过去一贯让学生只是被动参与的心态、"接受者"的角色，促使学生由消极被动的学习向积极主动的学习转化，使认知和情感得到发展。

（二）重视集体参与，合作学习

合作学习是目前世界上许多国家都普遍采用的一种富有创意和实效的教学理论与策略体系。它在改善课堂上的教学心理气氛、大面积提高学生的学业成绩、促进学生形成良好的心理品质等方面实效显著，被人们誉为是近10年来最重要和最成功的教学改革。

合作学习是以小组为基本组织形式，以团体成绩为评价标准，通过教学动态因素之间的互动，共同达成教学目标的学习形式。教学活动常常以小组合作的形式开展，即分组实践和调查，分组讨论、争论和综合意见。一方面要求教师在教学过程中诚心诚意地把学生当作主人，使他们切实感受到成为学习主人的乐趣和与教师、同学共同探求知识的幸福。另一方面要求每个学生积极参与到教学活动的过程中，教师应该给每个学生提供参与学习的机会，并根据学生现有的能力水平和性格特点，制订出合适的教学活动和计划。合作学习让学生彼此懂得尊重、理解和宽容，学会表达自己的思想，倾听他人的意见和说服他人，增强了学生的合作意识和团队意识。

（三）教学研究与心理学理论相结合

20世纪70年代以来，心理学原理与教学研究相结合已成为教学理论发展的客观需要和必然趋势。许多著名心理学家开始关注教学问题的研究。心理学家冲破了学科壁垒，运用现代心理学理论，研究复杂的教学问题，并取得了新的进展。如皮亚杰学派的理论、维果茨基学派的理论及现代认知心理学的理论等，对教学理论研究都产生了重要影响。受当代认知心理学的影响，当代教学理论更注重对学生认知结构、认知加工学习和学习策略的研究，把学习看成一个积极主动的信息加工过程。同样，认知心理学理论认为教师的教学也是一个认知过程。再如现代心理学和思维科学对人脑活动机制的揭示，发生认识论对个体认识过程的概括，认知心理学对教学实践的影响等理论，都给教学模式提出了许多新的课题。

第三节　教学策略与教学模式运用带来的教学改变

教学模式是一种比较定型的教学范式，一经确定就相对稳定。具体的教学模式一般包括理论依据、教学目标、操作程序和操作策略四部分。教学策略是比较灵活的调控技能，随对象、目标的变化而调整，强调变通性、灵活性。教学策略对教学活动的反映主要是调控，比教学模式对教学活动的反映更具体和详细，因而内涵更丰富。在某些特定条件下，教学策略也包括对教学模式的选择。实际上，有效的教学策略需要打破教学模式的束缚，根据教学活动的具体情况不断补充和调整。因此，教学模式影响着教学策略的选择，而教学策略的构建和使用有助于教学模式的优化。教学策略与教学模式的相互作用，对教学产生的变化主要表现在以下几个方面。

一、重视双主体型教学方式

传统的教学方式过分强调接受和掌握，忽略了学生的主观能动性，学生的学习成了被动接受、记忆的过程。这就压抑了学生的兴趣和热情，影响了学生思维和智力的发展。新课改的主要目的就是促使学生得到主动的、生动活泼的发展，对传统的教学方式提出了严峻的挑战。为了适应这种教育目的的变化，教学改革需要实现新的突破。新的教学理念一致认为，必须改革"以教师为中心"的专制型课堂，让学生也成为主动者，在教学过程中努力构建教师和学生双向互动式的教学方式。但双主体型教学方式不完全是以教师为中心，也不完全是以学生为中心，而是既发挥教师的主导作用又充分体现学生的认识主体作用，即把"教师中心"和"学生中心"两者的长处吸收过来，同时避免两者的消极因素，既在必要时充分发挥教师的主导作用，以有利于教师对教学的组织以及对学生加强品德、人格和情感的教育，又要让学生在教师的帮助下进行主动思考与探索，有效感知和理解知识，获得情感体验，掌握解决问题的方法。

二、重视探究教学，培养学生能力

探究教学是 20 世纪中期美国施瓦布教授在学科结构研究的基础上所提出的一种教学策略。探究教学就是把科学探究的思路和方法引入课堂教学，让学生在教师的有效指导和学生之间相互有效启发下，以学生为主体，让学生积极参与教学，通过学生参与活动完成学习任务的学习方式。在探究教学中，教师是学生的示范者，教师凭借自身的经验和形象思维，激发学生的探究心理，指明探究目的，讲解教学重难点，解答疑难问题。教师还要掌控好课堂教学的主导方向，把握好其进度，以赞美和鼓励为主的方式评价学生在活动中的表现，逐步提高学生的创造力和探究力。学生是学习的主体，学生在教师的指导和启发下，通过自主、独立的探究活动，接受教师传授的知识并以自己的方式理解，最终将教学知识融入自己的知识体系，同时也提高了自己学习知识的能力以及运用知识解决问题的能力。

三、与现代科技紧密相连

在传统的班级教学过程中，教师和学生之间的信息传递主要靠语言讲授和文字教材来进行。随着社会的发展、科技的创新，幻灯、录像、影视、计算机等现代技术被广泛地应用于教学。传统的依靠语言讲授和文字表达的教学模式逐渐发展成为课堂多媒体教学模式。现代教学策略越来越重视引进现代科学技术的新理论、新成果，特别是与多媒体技术的应用紧密相连。多媒体技术的迅速发展为教学形式、教学手段、教学方法以及教学思想的改变提供了更多的可能性，教学条件的科学含量越来越高，充分利用其提供的教学条件设计教学策略和教学模式可提高课堂教学水平。

第六章　学科核心素养背景下中学思想政治教学新方法

第一节　议题中心教学

一、议题中心教学法范式与实例

议题中心教学法是美国中学社会科常用教学方法。20 世纪早期，美国进步主义教育观认为教育应密切联系社会，社会经验应成为学生学习的素材与资源。在此背景下，以真实社会情境为议题，通过社会公共议题引领学生去真实广泛深入地触摸社会、了解社会、参与社会的议题中心教学法出现在美国社会科教学中。它以争议性议题为起点，直面社会冲突情境，采取合作探究学习方式，进行思维辨析，化被动学习为主动学习，化知识记忆为能力培养，化"灌输填鸭式"理论教学为"思辨探究式"活动教学。辩证地学习和借鉴美国社会科所采用的议题中心教学法，将其应用到中学思想政治课教学，有利于学生达成政治认同，养成法治意识，形成科学精神，践行公共参与。

（一）议题中心教学法的定义

议题中心教学法（亦称议题为本方法或议题导向方法），是指以争论性议题为教学中心，教师综合相关学科知识，采取多种教学方法，将议题的正反不同观点呈现给学生的一种教学法。

议题中心教学法是基于议题和自主合作探究学习的一种教学策略。议题中心教学引入社会真实议题，将学生以公民身份置身于真实社会情境中。议题是教学组织的中心，教师利用议题持续激发学生探究兴趣，引领学生直面各种矛盾和争议，为合理解决问题而持续深入理性地思考及分析，努力寻求多种解决办法。议题涉及的大多知识是跨学科的、已知或未知的、颇具挑战性的。学生必须综合社会、历史、经济、政治、地理等多学科、宽领域、深层次的知识去探究，充分权衡各方利益后提出解决方案。议题中心教学法在安全的教室环境里让学生真实体验、理性面对和理智处理社会生活冲突情境，承担公民责任。这既是学生自主构建知识培养能力的过程，又是核心素养得以培育的历程。

（二）议题中心教学法的支架及实例示范

议题中心教学法支架包括"议题呈现—情境经历—自主探究—议题讨论—理性选择（或立场互换）—展示交流—反思践行"七步。支架图见图 6-1 所示。

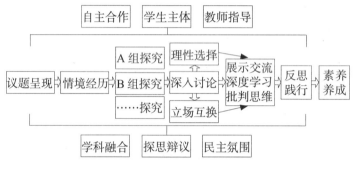

图 6-1　议题中心教学法支架图

下面以"网络是否需要实行实名制"议题为例，具体阐述议题中心教学法的实施。

1. 议题呈现

议题是议题中心教学法的起点，是连接社会生活与学生学习的桥梁。议题来源于真实生活，服务于学科核心素养教学。当前社会对于"网络是否需要实行实名制"存在两种截然不同的意见，教师可把此作为议题来培育学生的科学精神和法治意识等学科核心素养。通过教学，学生正确认识和理性思考网络实行实名制的意义，懂得在遵守国家法律与维护他人合法权利的前提下正确行使权利，树立法治意识，养成科学精神。涉及的知识点主要有"政治与法治"模块的"公民的政治权利和义务""政府的职能""依法治国"，"哲学与文化"模块的"在文化生活中选择"，"哲学与生活"模块的"坚持两点论和重点论的统一"等知识点。为更好地进行深度学习和高效探究，教师应协助学生了解此议题的背景，提出学习的任务和要求，列明评价的内容和标准。

2. 情境经历

情境是知识和能力的载体，它把枯燥理论还原为生动生活，把抽象素养转化为具体行动。只有在情境中学习与探究，在情境中思考与行动，才能真正激发学生的积极性和主动性，才能真正实现为生活而学；在生活中学，学生才有代入感和参与感，才有获得感和沉浸感。在此环节中，教师引导学生置身于议题冲突情境，逐一呈现各种不同观点，帮助学生了解议题争论点，使学生经历"认知失衡、观点重建、价值判断、决策选择"过程。在本例中，教师把全班学生以前后左右座位的4人为单位分为若干组（A、B、C、D等），每组学生自由选择"网络需要实名制"或者"网络不需要实名制"。

3. 自主探究

自主探究是议题中心教学法的重要环节，是学生进行深度学习、培育高阶思维能力的重要过程。各小组内部正反双方各自经历资料搜索、甄别、筛选、加工、运用等过程，对议题进行深入分析、研究、论证。论据要求真实翔实，论证要求科学严密。在本例中，正方可以通过文献研究、调查问卷、个别访谈、实地调研等方法，收集大量论据和实例，从安全和个人义务等角度论证网络需要实名制；反方可以从自由和个人权利等角度论证网络不需要实名制。

4. 议题讨论

在自主探究的基础上，各小组内部进行深入议题的讨论和辩论。各小组正反双方分别阐述自己的观点、论证的依据、论证的逻辑，接受对方质询，与对方进行辩论。教师请学生持续地挖掘与澄清各自观点，强调问题解决过程的理性思考和科学论证，学会倾听他人观点，理解他人行为，体验他人情感。在本例中，持"网络需要实名制"的一方可以分别从实名制有利于维护网络安全、个人安全、社会安全、国家安全等角度论证，从理论、实例两方面阐述己方观点。持"网络不需要实名制"的一方可以从实名制不利于网民真实表达己方观点和容易遭受网络暴力、泄露个人隐私等角度论证。双方唇枪舌剑，或讨论或辩论，让观点越辩越清晰、视野越辩越广阔、思维越辩越深邃。

5. 理性选择（或立场互换）

学生经过小组内议题讨论后，运用认知经验及系统思考对争议议题再进一步理性思考，从而做出最终价值判断。此环节有两种教学策略可供选择。一是双方立场达成一致，做出最佳选择，提出最优方案，掌握系统优化方法。如本例中，小组可以提出"网络需要实名制，但也要保护好公民隐私，预防网络暴力"等观点。二是各小组内正反双方立场互换，再重新论证互换了的立场，培养辩证思维能力。如本例中，原来论证"网络需要实名制"的正方学生立场换为论证"网络不需要实名制"的反方立场。而反方学生立场换为正方学生。这样每一个学生对同一议题都有正反两面的深入分析和论证，可形成关于这一议题的完整的准确认识。

6. 展示交流

展示交流环节既是全班学生一起分享研究成果和心得的过程，又是思想交流碰撞的地方，更是对学生参与自主合作探究的鼓励。在这一环节中，首先，各个小组以 PPT 或者海报等方式展示小组的最终立场观点和方案建议，接受其他小组学生的质询。其次，全班学生民主选出本班最佳方案和最佳小组。最后，教师进行活动总结和点评，对学生的精彩探究和讨论进行表扬，提出若干改进建议。在这一环节中，教师、学生对个体在活动中的表现进行了过程性评价和成果性评价。

7. 反思践行

以上六个环节是构建知识和提升能力的过程性活动，而要真正内化为素养，还需要经历反思凝练和实践践行，即反思践行。它既包括对议题本身的反思凝练以提出更加合理的方案建议，又包括对活动过程中自我表现的反思凝练以不断提升自身素养。知识和能力只有外化为行动，才能内化为素养。在本例中，每个人既要在网络生活中遵守实名制的规定，又要为完善网络实名制提供更多建设性的建议。

此外，议题中心教学具有学科融合特征，议题探究跨越诸多领域，问题蕴含诸多层面，学生学习必须打破单学科思考的线性思维，具备跨领域无学科综合思考的全面思维。议题中心教学需要开放且具支持性的民主教学氛围和讨论环境，教师应鼓励并尊重学生发表自己真实意见及想法；学生必须有容忍异己的雅量、接受不同见解的海量，以及接纳其他观点的肚量。

（三）议题中心教学法与学科讲授式教学法对比

当前，我国课堂教学模式主要是学科讲授式教学法。这种模式基于已知知识学习，强调概念、原理，常以脱离真实情境、远离生活的抽象方式灌输知识、价值、观念，采用接受式学习，着力于学生记忆，在一定程度上桎梏了学生思想，僵化了学生能力，抑制了学生创新。学生常常一知半解、知而不信、知而不行，难以养成核心素养。

议题中心教学法以议题为话题，通过议题导入，基于已知知识探究未知知识，强调探究、合作、主动、混合、深度学习，强调学生应对的是错综复杂的事物和真实社会情境，要求学生积极参与社会行动和建设，着力于学生素养。议题中心教学法与学科讲授式教学法的比较见表6-1。

表6-1 议题中心教学法与学科讲授式教学法的比较

项目	议题中心教学法	学科讲授式教学法
教学目标	侧重育人，进行素养教育、公民教育，培养有责任感、有行动力的社会公民。 ①了解各种观点与多元价值观； ②理解知识构建的过程及知识背后的价值导向，培养学会学习素养； ③培养学生交流沟通的能力和理性思考、辩证分析、公共参与的素养	侧重育知，进行单学科知识教育，意图培养掌握系统学科知识的"学科专家"。 ①了解学科知识概念、原理、体系； ②掌握前人所界定的知识与价值观； ③培养识记知识、运用知识的能力
学习模式	属于多元动态教学、生成性学习。 ①跨学科混合学习，强调学科间的交融、统整性，不人为地把知识割裂为各个学科； ②以议题为学习组织要素； ③注重深度，属于深度学习，强调素养层次；又涉及广度，强调素养层次； ④学生主动、合作、探究、参与式学习； ⑤是一种"既见树木又见森林"的学习	属于单一固态教学、既定知识目标学习、接受式学习。 ①单科学习，学科以相对独立的方式呈现； ②以概念、原理为学习组织要素； ③注重广度，属于粗浅学习，强调认知层次； ④学生被动、灌输式学习； ⑤是一种"只见树木不见森林"的学习
教学支架	围绕社会争议议题展开，与社会生活密切相关	围绕知识概念、原理和体系展开，与社会生活关系不大
教学活动	建构式的教学。 ①教学环绕议题开展； ②学生经历自主探究、小组讨论的过程，辨析正反双方的观点，并对各种理由、证据进行审慎评估，做出自我判断	结构式的教学。 ①教学依学科知识结构展开； ②主要是对知识概念、原理和体系的学习，较少涉及价值判断问题

续表

项目	议题中心教学法	学科讲授式教学法
评价方式	①教师以学生知识的掌握、能力的提升、思维的进步、素养的形成为评量的标准； ②答案是开放的、灵动的、多样的；有纸笔测试、过程评价、发展评价；教师评价、同伴评价、社会评价多元评量方式	①答案是封闭的、固化的、唯一的，以考试评测学生的学习成效； ②多以纸笔测验的形式进行；一般只有结果评价教师评价
教学效果	①培育学生素养； ②学生积极参与社会活动； ③适应未来社会发展需要	①拓展学生知识面； ②学生远离社会； ③不适合未来社会发展需要

二、议题中心教学法类型与实例

议题中心教学法的主要模式有决策制定模式、法理探究模式、反思探究模式三种。

（一）决策制定模式

决策制定模式要求学生正确界定社会问题（议题）后，通过各种途径获得充分的信息资源，对涉及议题的各种价值观的观点、前设、后果进行对比与反思，提出多样解决方案并逐一论证，从中做出最佳选择。理智判断、审慎抉择、制定方案是这一模式的主要特征。其重点在于做出明确选择。教学过程包括以下三个阶段。

1. 引导教学阶段

这一阶段包括以下步骤：①教师精选并提出可以引发学生学习兴趣、激发学生思考甚至产生争议的议题及相关资料；②学生个体分析资料，从中选择一个感兴趣的子问题深入探究；③教师设置阶梯问题，引导学生对问题做全面而深入的分析；④学生界定定义、寻求证据（直接或间接、实践或者书本或者他人；需论证论据真实、观点可靠）；⑤运用大量信息与数据作为论据进行推论、阐述问题实质、追寻价值；⑥在该议题上，澄清自己的价值取向、价值立场、价值选择；⑦探讨议题决策，考虑可行的解决方案。

2. 讨论议题阶段

这一阶段包括以下步骤：①各小组成员把本组主要论点列在小组海报上，

向全班发表，接受质询，进行答辩；②全体学生讨论、比较各种决策方案，做出明确决定，形成一致的行动方案，解释放弃其他方案的缘由。

3. 补充教学阶段

这一阶段包括以下步骤：①教师进行讲评，挑战学生的立场，以刺激学生再思考，并补充或澄清相关概念；②学生将最终行动方案提交有关部门，跟进反馈情况；③师生对整个探究过程中的得失进行反思、总结。

例如，在学习"围绕主题抓住主线"一课时，以"经济社会发展和生态文明之间是否存在必然对立"为议题，师生选用学校所在地"经济社会发展过程和环境保护之间"两难抉择的实例，探究两者关系，提出合理方案。教学步骤具体如下。

①教师选择 2～3 个学校所在地为了经济社会发展而导致生态环境破坏的典型事例，提出"经济社会发展和生态文明之间是否必然对立"的议题，设置三个子议题：物质文明是基础，为了经济发展，一时的生态破坏是必然和应该的；物质文明发展的最终目的是人类幸福，生态文明是幸福的重要因素，发展要以生态文明为本；物质文明和生态文明建设可以并处，要求学生在充分论证和实地调研的基础上提出两者并处方案。

②学生对居民、企业主、政府有关人员、专家进行调研，了解其对经济社会发展与生态文明建设关系的看法；搜集正反双方事例，撰写调研报告，提出具体方案。

③各组学生在课堂上就各自观点、方案等开展讨论、交流，达成"经济社会和生态环境和谐发展"的共识，提出有数据分析、科学依据、针对性措施的详细方案。

④以班级的名义将最终达成一致的详细方案递交至相关部门。

⑤师生对整个活动过程如调查、分析、论证、提出解决方案等环节进行反思。决策制定模式促使"经济社会与生态环境和谐发展"的方案更加全面、科学、合理，实现决策最优化。

决策制定模式适用于需要达成共识的议题。其关键特征是评估提出的各种方案，寻找最佳解决方案；师生达成共识，形成一致的价值导向，做出最佳决策。活动需要学生做出一个明确结论及解决方案，并且递交至有关部门，属于社会行动参与派。决策制定模式教学的根本目标是让学生熟悉决策过程，学会从公共利益最大化角度做出最佳选择，侧重理性决策，培育理性思维。

（二）法理探究模式

在处理社会争议议题时，法理探究模式与决策制定模式同样认可"不同观点间需充分对话和讨论，通过协商获得最佳结果"。但法理探究模式关注的是学生"如何参与讨论"而非"讨论的结果"，即学生如何参与公共议题的议论、议论的程序是否正当。其重点在于学生讨论技巧和能力的培养。

法理探究模式教学过程包括：①在法理探究程序上，学生能设定讨论范围、确定讨论焦点、明确讨论次序、探究讨论观点；②教师让持相同观点的学生进行充分讨论、寻找论据、论证观点、提出方案；③教师让持不同观点的学生之间对话、交锋、辩论；④双方在适当时候对调观点，再进行讨论、论证、寻求方案；⑤学生反思讨论过程。

结构性争议模式是法理探究模式的常见模式。其具体教学步骤为以下三个阶段。

1. 引导教学阶段

这一阶段包括以下步骤：①师生共同选择一个重要的争议性议题；②按四人一组把全班分为若干组，每小组内部两人选择并且论证赞成观点，其余两人选择并论证反对观点；③教师提供相关参考书目，指导学生阅读相关资料，提供有关实例，学生在教师指引下论证所持的观点。

2. 讨论议题阶段

这一阶段包括以下步骤。①赞成方阐述观点及论据，反对方聆听、提问、反驳；反对方阐述观点及论据，赞成方聆听、提问、反驳。双方进行第一次交锋辩论。②双方互换立场，重复引导教学阶段第③及本阶段第①步骤。双方进行第二次交锋辩论。③小组成员暂时摒弃立场，努力形成共识，或提出第三种观点。④各小组把本组主要论点列在小组海报上，向全班发表，接受质询并做出答辩。

3. 补充教学阶段

教师进行讲评，挑战学生的立场，以刺激学生再思考，并补充或澄清相关概念。

结构性争议主要有三大特征。一是立场互换。通过互换立场，让学生深入思考同一议题的正反两面观点，可更充分、更全面、更深入地认识和理解不同观点的理据，了解议题立论观点的强弱，培养学生换位思考和辩证思考的能力，培养科学精神。二是小组协商。通过小组协商，达成对议题的共识，让学生体会冲突与争议的产生，懂得如何通过民主程序达成共识，是一种体验式的民主学习过程，有利于培养学生的规则意识和法治意识。三是结构反思。教师引领学生反思讨论的程序及技巧，把培养学生参与议题探究讨论的能力与素养作为教学目标。

例如，以"大城市是否应该限制外地车进入"为议题进行结构性争议模式教学。教学步骤具体如下。

①教师把全班分为若干个四人小组。

②小组内两人持"大城市应该限制外地车进入"的观点，另两人持"大城市不应该限制外地车进入"的观点，各自通过实地调研或用文献法等收集己方资料、论证己方观点，并准备批判对方观点的素材。正方从限制外地车进入大城市有利于解决交通拥堵、大气污染、人口拥挤等方面论证。反方从限制外地车进入大城市不利于经济发展、人文交流、易造成区域对立、不利于发挥大城市带动区域发展、有悖开放包容精神等方面论证。

③各小组内进行各自观点阐述、质询，进行第一次交锋辩论。

④小组内双方互换立场，再收集资料、论证阐述，进行第二次交锋辩论。

⑤各小组努力形成共识，或提出第三种观点。

⑥各小组代表在全班阐述本组主要观点。经过结构性争议模式教学，每个学生对"大城市是否应该限制外地车进入"这一议题的正反角度都深思熟虑，对议题的理解就会更加全面深入和客观理性，在解决问题的时候就能从单一的措施治理向综合的系统治理转变，就能从单纯的措施思考向多维的措施背后人文价值的追寻发展。当前，"王者荣耀"等网络游戏引发的"如何对待网络游戏"等争议性议题，也适用于此教学模式。

法理探究模式适用于冲突性较高的议题。其关键特征是设置立场互换步骤，让每个学生都能思考同一议题正反两面观点，通过小组追问与协商，达成共识。活动不追求达成一个明确的结论，只强调对讨论过程做出检讨，考虑如何让讨论内容更丰富与深入，属于社会程序促进派。法理探究模式教学的根本目标是让学生熟悉讨论的程序，提高讨论的技巧与能力，侧重程序正当、辩证思考，培养辩证思维和法治意识。

（三）反思探究模式

支持反思探究模式教学的学者认为，社会文化是丰富多彩、不断发展的，学生应当成为社会变革的能动者；课堂是学生反思、解决社会问题、推进社会发展的场所，是社会文化构建和创新的地方。反思探究模式从"社会文化构建"

视角对当前社会议题进行探究，反思探究的重点是对当代重要价值与社会常规做批判审视，以期引导学生参与社会文化的反思与重构，推进文化发展，其重点在于推动社会的发展。

教学过程包含以下步骤：①陈述议题；②依据问题特点提出若干假设；③界定有关概念、术语、假设的内涵和外延，确保讨论聚焦；④以各假设为引导，搜集资料、探索假设；⑤评估、验证各假设；⑥对各假设表示赞成或拒绝；⑦形成结论，提出解决问题的方案。

反思探究模式适用于冲突性较弱的议题。其关键特征是针对探究议题提出若干假设，追寻问题解决的各种方法，不断总结、评估、验证各种假设，不求共识，只求更新。活动结果是通过验证假设，最后得出一般原则，侧重理论建构，属于社会文化建制派。反思探究模式教学的根本目标是聚焦不同观点背后的基本立场、假设及价值观，探究新原则、新方法、新理论，侧重构建社会文化，培养求异创新思维。

（四）议题中心教学法主要类型的对比

以下我们通过表格的方式来说明议题中心教学法的三种不同类型（见表 6-2）。

表 6-2　议题中心教学法主要类型的对比

项目	决策制定模式	法理探究模式	反思探究模式
根本目标	①让学生熟悉决策过程，学会从公共利益最大化角度做出最佳选择；②侧重理性决策，培养理性思维和公共参与素养	①培养学生熟悉讨论的程序、提高讨论的技巧与能力，培育科学精神；②侧重程序正当、辩证思考，培养辩证思维和法治意识	①聚焦不同观点背后的基本立场、假设及价值观，探究新原则、新方法、新理论；②侧重构建社会文化，培养求异创新思维
活动结果	①学生需做出一个明确结论及解决方案，并且递交至有关部门；②属于社会行动参与派	①不追求达成一个明确结论，只强调对讨论过程做出检讨，更多考虑如何让讨论更丰富与深入；②属于社会程序促进派	①通过验证假设，最后得出一般原则，侧重理论建构；②属于社会文化建制派

项目	决策制定模式	法理探究模式	反思探究模式
关键特征	①评估提出的各种方案，对议题寻找最佳解决方案；②师生最终达成共识，形成一致的价值导向，做出最佳决策	①设置立场互换的步骤，让每个学生都能思考同一议题正反两面观点；②通过小组追问与协商，达成共识	①针对探究议题提出若干假设，追寻问题解决的各种方法；②不断总结、评估、验证各种假设，不求共识，只求更新
强调重点	做出共同价值选择，着重在"分享立场""产生解决方案并排序""达成共识方案"	经历小组内的"互换正反角色"与"观点抉择取替"，着重"理性思维"培育	以"形成假设"作为连接点，对假设进行论证，不断提出各种可能方案，促进社会文化发展
适用范围	需要达成共识的议题	冲突性较高的议题	冲突性较弱的议题
社会取向	从社会适应视角培养学生参与民主社会的核心素养		从社会重建视角培养学生参与民主社会的核心素养
示例	"雾霾治理与经济建设""城市交通拥堵治理"等议题	"同性婚姻问题""征收房产税"等议题	"青年学生先创业还是先就业"等议题
共同点	①学生都要面对争议议题，经历冲突情境；②注重学生在探究中深度学习、高阶分析、理性思考；③学生自主合作探究参与和教师高质量指引		

第二节　深度学习

一、基于深度学习的学科核心素养教学

要将核心素养的研究落到实处，课程是前提，评价是关键，教学是中心环节。无论课程如何变，评价如何变，如果教学不从根本上改变，那么本次教育改革必然事倍功半。当前中学政治教学大多都是基于认知目标的浅层教学。从教学目标上看，主要是培养学生的知识认知；从教学方法上看，主要是用讲授法演绎教材知识；从教学逻辑上看，是基于知识逻辑展开教学；从教学素材上看，主要是基于教材或者简单举例推进教学；从教学效果上看，难以满足学生

素养发展的深度学习需求。真正的学科核心素养教学应该是建立在学生深度学习上的教学。

（一）深度学习的定义

所谓"深度学习"，就是指在真实复杂的情境中，学生运用所学的学科知识和跨学科知识，运用常规思维和非常规思维，将所学的知识和技能用于解决实际问题，以发展学生的批判性思维、创新能力、合作精神和交往技能的认知策略，深度学习的过程是一个不断掌握知识、获得能力、培养素养的过程。

（二）深度学习的特征

"深度学习"与注重外部灌输、被动接受、知识认知的"浅层学习"相比具有明显特征。

1. 从学习目标上看，深度学习是基于素养的学习，是全面的学习

不同于以知识为唯一或主要目标的浅层学习，深度学习以情感态度价值观、能力、知识三位一体的素养培养为目标。从情感态度价值观角度看，深度学习把情感态度价值观放在学习任务的第一位，培养学生的政治认同情感、科学精神素养、法治精神态度、公共参与愿望等态度情感价值观，以确保学生扣好人生第一粒扣子，树立正确的世界观、人生观、价值观；从能力角度看，培养学生的学习力、思辨力、创新力、行动力；从知识角度看，丰富学生面向生活、问题、项目、实际的、有价值、有生命力的综合系统的知识。

2. 从学习方式上看，深度学习是基于主动合作探究的学习，是主动的学习

深度学习是一种强化情感驱动的"非认知学习"，具有自我管理、时间管理等特征，具有明显的自主性、自控性、适应性、效能性。它从被动学习向主动学习转变，从接受式学习向探究学习转变，从单个学习向协同合作学习转变，从行为主义学习方式向建构主义学习方式转变，从线性学习向混合式学习转变，从线下学习向线上学习转变。

3. 从学习资源上看，深度学习是基于真实生活情境的学习，是真实的学习

没有知识就没有素养，但只有知识也不是素养。只有将知识与技能用于解决复杂问题和处理不可预测情境所形成的能力和品质才是核心素养。深度学习强调让学生在真实情境里，通过自主与合作学习，迁移所学知识，解决实际问

题，从而实现从课本学习向社会学习转变，从理论学习向社会参与学习转变，从忠于教材学习向基于真实情境学习转变。

4. 从学习效果上看，深度学习是培养关键能力的学习，是高效的学习

"问题解决、批判性思维、开放性视野和创新能力"被国际公认为21世纪的高阶思维能力。深度学习是适应知识经济、终身学习、信息社会和全球化时代需要的学习方式。注重培养支撑终身发展、适应时代要求的关键能力。在培养学生基础知识和基本技能的过程中，强化学生关键能力的培养。一是培养认知能力，引导学生具备独立思考、逻辑推理、信息加工、学会学习、语言表达和文字写作的素养，形成终身学习的意识。二是培养合作能力，引导学生学会自我管理，学会与他人合作，学会过集体生活，学会处理好个人与社会的关系，遵守、履行道德准则和行为规范。三是培养创新能力，激发学生好奇心、想象力和创新思维，养成创新人格，鼓励学生勇于探索、大胆尝试、创新创造。四是培养职业能力，引导学生适应社会需求，树立爱岗敬业、精益求精的职业精神，践行知行合一，积极动手实践和解决实际问题。

5. 从学习内容上看，深度学习是一种学科融合学习

不同于当前分科学习和分科研究，现实生活和问题本来就是综合多变、复杂开放的，单靠某一方面或某一学科的知识已难以胜任解决问题的重任，而需要调动多角度、多维度、系统性、综合性的知识和多方面的能力。因此，需要基于学科内和学科间的课程整合进行跨学科融合学习。

6. 从学习的思维看，深度学习基于高阶思维的学习

它是一种开放的、批判的、创新的、综合的、发散的思维学习，其突出了深度思辨的思维指向。相对于知识层面来讲，假设、推断、思辨、想象、联想这些思维特质更为重要，正如爱因斯坦所讲"想象力比知识更重要"。通过思辨培养学生敢于实践、勇于探究的科学精神和追求真理、敢于质疑的批判性思维；关注人与自我、人与他人、人与自然、人与社会的关系，思考人类的幸福和未来的系统思维；通过思辨引导学生根据具体问题，独立思考、自主判断，比较和辨析不同观点，去发现新问题、提出新观点、探寻新规律的创新思维。

（三）基于深度学习的学科核心素养教学策略

深度学习具有区别于传统学习的上述显著特征，使得基于核心素养的教学方式发生变革，必然以引导学生走向深度学习为导向。基于核心素养的深度教学应该是基于四位一体目标的学科核心素养教学、基于真实情境的主题式教学、基于高阶思维的思辨教学、基于参与体验的活动教学、基于微课题探究的研究性教学的"五基教学"。

1. 基于四位一体目标的学科核心素养教学

教学目标是指教学活动实施的方向和预期达成的结果，是一切教学活动的出发点和最终目的。深度学习一定是基于知识，又高于知识；基于能力，又高于能力；基于情感态度价值观，又高于情感态度价值观；是在基于真实生活情境中，学习知识、培养能力、孕育情感态度、形成价值、培育学科核心素养的学习。学科核心素养和知识、能力、情感态度价值观之间并非是并列递进的关系，学科核心素养是融入三维目标之中的，三维目标体现学科核心素养。例如，政治认同，即包括政治认同知识、政治认同能力、政治认同情感等。因此，在教学目标的制定上，应该仔细分析本课可实现哪些或者哪个核心素养，每个核心素养都是融知识、能力、情感态度价值观为一体的，而不再单独列"知识目标、能力目标、情感态度价值观目标"。例子见表 6-3 所示。

表 6-3　"市场配置资源"的学科核心素养教学目标

课题	学科核心素养教学目标
市场配置资源	了解市场经济的形成与发展，明白市场经济的定义，理解市场配置资源的机制和优点，坚持市场在资源配置中起决定作用。坚持走中国特色社会主义市场经济发展道路，要展现道路自信以培育政治认同
	解析市场经济的优势和局限性，理性看待市场经济对我国经济发展的影响，辨析政府和市场的关系，培育科学精神；对于市场调节的负面影响，要综合运用经济、法律、行政等宏观调控手段以培育法治精神

每一框题教学目标都要基于学科核心素养，但不拘泥于学科核心素养，应该是核心素养基础上全面素养的培养。如果只有学科核心素养，那么不利于学生全面发展；但如果没有学科核心素养，那么不利于学生培养关键能力和必备学科品质。可以说，学科核心素养是骨架，全面发展是肌肤。只有两者具备才不会顾此失彼。

2. 基于真实情境的主题式教学

"无情境，不教学"，情境认知是深度学习发生的重要条件。知识根植于特定的情境之中，脱离了特定的情境，知识就只是符号形式。这意味着，脱离特定情境和特定情境中的实践，就难以理解和构建知识所蕴含的深层意义。只有基于真实复杂的情境，把知识运用于解决实际问题，在解决实际问题中形成的关键能力才是核心素养，脱离真实情境获得的浅层知识只是认知，形不成能力，养不成素养。

教师必须以鲜活的真实情境而非陈旧的真空理论为起点，点燃学生想学、好学的热情。要解决未来的社会问题和实现社会价值更加具有复杂性和不确定性，需要调动多方面的知识、能力和方法才能解决和实现。基于真实情境而非简单化、纯净化的情境，开展学科内的整合性教学和跨学科的主题学习，是培养学生的综合思维能力、知识迁移能力、跨学科解决复杂情境问题的能力的重要途径。

主题式学习是指学生围绕一个或多个经过结构化的主题进行学习的一种学习方式。主题式学习以自主探究学习和协作探究学习为主，是一种过程性的学习。在这种学习方式中，"主题"成为学习的核心，而围绕该主题的结构化内容成了学习的主要对象。主题式学习打破了学科之间、学科内部的割裂状态，实现了学习内容的综合化，使得学生在不同的学习内容之间建立有意义的连接，强化学生对学习内容的理解，有助于学生获得整体、全面的知识，调动了学生的学习兴趣和参与学习的积极性，培养了学习者的问题意识和问题解决能力，培养了学生的批判思维能力、创新思维能力、反思思维能力，培养了学生的自主探究的能力。

在"经济与社会"模块，我们可以就国家食品药品监管总局在 2017 年 12 月 6 日发布的一则通知（见图 6-2）进行围绕企业的主题学习。学习内容包括：企业的责任、企业的经营、国家的宏观调控、市场秩序等。

总局关于莎普爱思滴眼液有关事宜的通知

食药监药化管函〔2017〕181号

2017年12月06日 发布

浙江省食品药品监督管理局：

鉴于医务界部分医生对浙江莎普爱思药业股份有限公司生产的苄达赖氨酸滴眼液（商品名：莎普爱思）疗效提出质疑，请你局按照《中华人民共和国药品管理法》及仿制药质量和疗效一致性评价的有关规定，督促企业尽快启动临床有效性试验，并于三年内将评价结果报国家食品药品监督管理总局药品审评中心。为防止误导消费者，该药品批准广告应严格按照说明书适应症中规定的文字表述，不得有超出说明书适应症的文字内容。

食品药品监管总局
2017年12月6日

图 6-2　总局关于莎普爱思滴眼液有关事宜的通知

在"政治与法治"模块的教学中，我们可以就国务院网站上开设的"我向总理说句话"（见图6-3）情境，开展"走进我国政府"的主题式学习。学习内容包括：我国政府的性质、组成、宗旨、职能、作用，公民如何进行民主决策等。

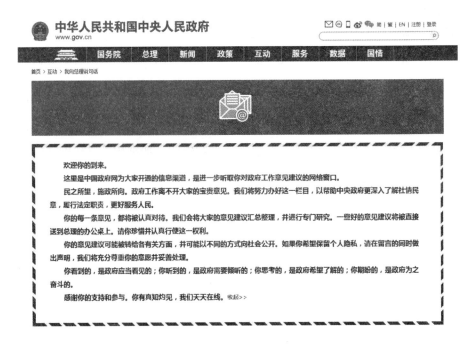

图6-3　国务院网址上开设的"我向总理说句话"

3. 基于高阶思维的思辨教学

"没问题，无深度"，布鲁纳认为"教学过程是一种提出问题、解决问题的持续不断的过程"。问题设计既成为连接情境与教材的桥梁，又成为培养学生的科学精神、开放性意识、批判性思维和创新能力的催化剂和助推器。无论是学习还是教学，有思辨才有深度，要有深度必须有思辨。通过具有高阶思维导向的问题设计，经历分析、综合、评价、创新、元认知、批判性思维等高阶思维能力的发展，才能促成深度学习。

基于核心素养的教学应该是基于问题的探究性教学，教学的中心是问题的发现、提出和解决。而问题教学的最高境界是引导、鼓励学生提出高质量的问题。当前，大多教师已经具备了一定的问题教学意识，但问题教学的主动性不高、质量较低、效能不好，影响了问题教学的开展，从而在课堂上"满堂灌"

的讲授法，把互动教学变为单人授课。即使有些教师尝试采用问题教学，但设问的质量不高，水平有待加强。为此，我们的问题预设应该是基于情境、融入情境，从简单的"是或者不是、对或者不对、好或者不好"浅层思维走向高阶思维，从"画书、背书、记知识概念等"知识的记忆巩固走向问题探究，从单一问题走向综合，从封闭问题走向开放问题，尤其要改变"唯标准答案的倾向"，从"基于答案"走向"通过答案"，培养学生的怀疑精神、批判性思维和创新能力。

4. 基于参与体验的活动教学

基于核心素养培养的教学不仅是传授知识、培养技能，更重要的是帮助学生养成良好的学习习惯，启发学生独立思考。素养的形成，主要阵地在课堂教学，这种课堂不是单纯的师讲生听的传统讲授型课堂，而是一种彰显学生主体地位的、学生深入参与的新型教学活动。深度学习不该只是记忆与理解，更应是感悟、思维、运用；它是日积月累的、自己体验思考的经验积累、能力汇聚。基于核心素养的教学要求教师要抓住知识的本质，创设合适的教学情境，巧设优质高效的设问，启发学生思考，让学生在掌握所学知识技能的同时，感悟知识的本质，积累思维和实践的经验，培养关键能力，发展核心素养。

参与体验式活动教学，一是课堂的参与体验，包括课堂情境的参与、沉浸，如角色扮演、情境模拟；包括问题的参与，如师生、生生之间就问题进行研讨交流辩论；包括语言、行动、思维的参与等。只有参与才有体验，只有体验才有收获。要把教学活动化，让活动教学化。二是课外的参与体验，如开展政治类课堂的调查研究、社会实践、服务学习、参观访问、公共参与等。要把课程活动化，让活动课程化。

5. 基于微课题探究的研究性教学

深度学习要求学生不但要学习，更要学会学习，掌握学习的方法，初步具备开展科学研究的方法和技能，在现实问题解决中做到实践参与学习。在中学阶段，教师可以开展研究性教学，基于学生特点，结合教学内容，将学科内容转化为探究课题，把探究课题与真实生活情境联系起来，以小组合作或个体独立的形式，开展微课题探究的研究性教学，让学生把学习和研究融为一体，形成对学科内容和生活主题的深度学习，发展学科素养，使学生掌握开展科学研究的方法和技能，增强学生的探究意识、创新精神和实践能力。例如，开展"共享经济的发展与趋势探讨——以共享单车为例""学生公共参与度的调查"等。

二、基于真实情境的深度学习——以"政治与法治"模块的政治部分为例

恩格斯曾经说过"社会一旦有技术上的需要,则这种需要就会比十所大学更能把科学推向前进"。真实生活中发生的各种政治现象和事件能激发学生学习的好奇心和求知欲,而学以致用、学有所为的真实情境学习更能满足学生的成就感。一个个社会政治热点,即"政治与法治"模块的"政治生活"深度学习的好契机、好抓手。

(一)真实政治生活情境的内涵和外延

政治现象,属于社会现象的一个领域,是上层建筑的范围,是人们在国内政治生活和国际政治关系等方面的种种活动表现。如个人、社团、党派、政府、国家的政治活动,都属于真实政治情境的领域。而政治生活情境就是政治现象在生活中的具体化、丰富化、现实化。

真实政治生活情境在我国主要表现为公民的政治权利与义务,公民的民主选举、民主决策、民主管理、民主监督等政治参与,公民与国家、党派、政府的互动;政府的职能和职责、决策与行为;人大和人大代表的选举、职能的行使;政协与政协委员的活动;中国共产党的领导、执政、建设;民主党派的参政议政;国家机关及其工作人员、国家领导人的活动;宗教、民族政策与事件;国际关系、国际会议、国际组织、国际形势等。一个个政治热点、一次次政治参与、一件件政治事件、一条条政治新闻,构成了真实的政治生活,是深度学习的好契机,及时抓住这一契机,在真实生活中创造情境学习机会,实现高效与科学的深度学习。

(二)"政治生活"深度学习的内涵和要求

"政治生活"深度学习,就是指通过各种方式和途径向学生提供丰富的政治生活学习内容、学习方式、学习实践,做到学有所用、学以致用。深度学习能让学生阅读、理解、解读、分析、评价生活政治现象与事件,能指引其更好地适应政治生活、积极回应政治诉求、有序参与政治、建设政治文明,实现知、信、行的统一,目的是培育其成为一个具有政治认同、科学精神、法治意识、公共参与四个学科核心素养的社会合格公民。例如,能真正看懂新闻联播、读懂报刊社论、分析新闻事件;知道怎样和国家有关部门良性互动;懂得如何行使政治权利、履行政治义务;知道公民的自由是相对的、懂得依法办事;等等。

（三）基于真实政治生活情境的深度学习路径

区别于浅层学习的讲授式教学，深度学习的达成必须基于鲜活真实政治生活，关注生活实践与体验，创新学习方式，在生活中学习。

1. 在学习进度上大胆创新，一切基于"生活政治热点"

当前"政治与法治"模块的学习进程是基于知识逻辑进行的，依"国家—公民—政府—人大—政党—民族—宗教—国际"而展开的，按此进程学习，必然存在与现时政治生活结合程度较差的困境。我国真实政治生活既有时序也无时序，全国人大、政协会议，中共中央委员会全体会议召开的时间是有时序可循的，其他的政治事件的发生大多是无时序可依的。这就需要在学习进度上大胆创新，敢于打破传统依据教材进度安排的学习计划，并基于"生活政治热点"进行安排，以最真实最鲜活的政治生活情境给学生创造深度学习且无边界学习环境。在"政治生活"学习中，我们可以做到如下几点。

①在"全国人大和政协会议"中听"两会"。每年的全国人民代表大会和全国人民政治协商会议都是学习"政治与法治"的"人民代表大会"和"中国特色的政党制度"的最佳时机。根据有关惯例，我国每年的全国人大召开时间都在 3 月 5 日左右，全国政协会议在 3 月 3 日左右召开。

②在"中共中央政治局会议"中知"中共"。中共中央委员会全体会议历届全会都是我国重大政治活动，全会通过的有关决议都是政治生活的纲领性文件，也是我们了解中共在我国政治生活中地位、作用的重要素材。中共中央委员会全体会议召开时间一般在每年 10 月，"政治与法治"模块的开设一般放在下学期（即当年的 3—6 月），因此，召开中共中央委员会全体会议的时候与学习"中国共产党"相关知识在教学时间上不存在重合的可能性。

③跟着"中纪委"看党建。反腐倡廉、打"老虎"拍"苍蝇""双规"、政治规矩、"八项规定""反四风"等都是当前政治生活热词。每隔一段时间中纪委网站都会公布有关反腐倡廉、打"老虎"拍"苍蝇"的消息。就此我们可以进行"政治与法治"的"中国共产党执政：历史和人民的选择"。以"为什么要反腐？为了什么而反腐？为什么能反腐？怎样反腐？"等一系列问题进行中国共产党的地位、性质、宗旨、理论体系、执政方式等方面的讨论。

④在选举中知权利，在民主参与中懂途径。大到人大代表的选举、小到村委会居委会代表的选举，都是进行"公民的政治权利、民主选举"的好节点；每次听证会、征询意见都是进行民主决策学习的好时机。

⑤跟着主席学政治。近20年来，我国的国家主席，既是国家元首又是中共中央总书记、中央军委主席，他既要参与国内重大政治活动，又经常参与重大国际活动，我们可以跟着主席的步伐全面了解我国的国体、政体、政党制度，我国的外交政策，我国与出访国的关系等。

⑥跟着总理看政府。电视新闻中，我们可以以总理出境的每一个时刻、国务院常务会会议的每一次召开作为学习"为人民服务的政府"的契机，由此系统、全面、深入地了解有关政府的知识。

⑦随着国际情势观世界。当前，和平与发展是时代的主题，但影响国际和平与发展的各种因素依然长期存在，国际关系纷繁复杂。在国际政治生态中，我们可以通过诸如"叙利亚危机、朝核问题、国际反恐"等问题解读国际关系、分析国际政治生活、树立国际视野。

生活时刻有热点，学习处处是契机，我们要有一颗炽热好学的心，一双善于发现的眼，在国事、天下事中读书，在读书中参与国事、天下事。

2. 学习内容上细心巧设、一切基于生活政治需要

当前，由于各种原因，以应试为目的的课堂学习并不能达成培养学生"阅读生活、参与生活"能力的目标。大量"脱离生活、空洞无用的理论说教"必然让学生抗拒学习、拒绝接受教育，使教育效果事与愿违、适得其反。学生在学习"政治与法治"后，大多数并不了解我国到底有哪些国家机关，政府包括哪些部门，中共、民主党派的组织架构如何，人大、政协如何运行，法院、检察院、公安机关之间分工如何等，更不清楚该通过什么途径找哪些国家部门办事，诸如此类，这是我们当前过分强调分数的应试教育现状的悲哀。如果，我们学习的内容仅仅盯着考试的那几点，而忽视了让学生获得基于生活的、有助于学生终身成长和发展的知识能力和素养，我们培养的孩子就只能是目光短浅、死记硬背、墨守成规、毫无作为的考试机器。因此，在学习内容上，我们必须基于教材，更应该高于教材、关注学生关切点、着力学生成长点、挖掘学生参与点，引领学生多学习些"学生热切渴望、现在与未来社会需要、有助于学生终身成长的内容"。

例如，在学习公民权利和义务的时候，要让学生清楚地知道自己所拥有的政治权利和义务，更要让他们知道如何行使和维护自己的合法权利，还要让他们树立法律意识，在法律的允许范围内运用法律。在学习政府相关知识的时候，应该让学生知道政府由哪些部门构成、懂得寻求政府帮助和服务的渠道、参与政府民主决策的途径等。在学习"两会"的时候，可以让学生根据"两会"各

自议程，了解"两会"的性质、地位、职能、架构；根据"两会"的名称了解全国人大和全国人大常委会的关系、全国人大常委会的性质、全国人大代表的产生方法；全国政协委员的产生方法。在"两会"期间，了解"两会"的关系，知道我国重大决策的出台程序；懂得我国的政体和政党制度。在学习中国共产党相关知识的时候，我们要帮助学生了解中共的组织架构；通过翔实的事理分析、历史条件对比、国情对比让学生认同党的领导，而非简单粗暴的理论灌输，要教会学生用辩证、发展的眼光看待当前一些社会消极面。政治认同的达成只有在分析、对比、辩证、发展的思维中才能实现，任何灌输硬塞的粗暴做法只能事与愿违。在学习我国对外政策和国际关系的时候，能深入理解、支持我国应对国际问题的态度和政策，不肤浅、不片面、不极端、不意气用事；能认清错综复杂的国际形势，比较完整地了解国际事件的前因后果，树立国际视野。

一切来源于生活政治、基于政治生活需要、关注学生实践能力、着眼学生终身发展、回应学生学习欲望和兴趣的内容，都应该是深度学习的内容。

3. 教学方法上创新实践，一切基于以学生为主体的合作探究实践

区别于当前常用的"以教师为主、以知识为中心、以应试为目的"的讲授式教学法，受学生喜欢的深度学习亟须大胆创新"以学生为主体、以生活为起点、以能力为中心、以立德树人为根本任务"的教学方法。

①在学习方式上，进行合作探究体验式学习。做到"以学生为中心，强调互动和行动，探究与解决源于真实世界的问题"。基于现象的学习、基于情境的学习、基于项目的学习、基于议题的学习、基于问题的学习、基于研究的学习都属于深入学习。

②在教学方式上，采用"以学为主"教学法。教师从"知识的搬运工"转变为学生学习的"启发者、引领者、帮助者、合作者"。现象教学法、项目教学法、议题教学法、抛锚式教学法、支架教学法都是深度学习的常用教学方法。

③在学习形式上，倡导混合式学习。混合式学习是指"在线学习、课堂教学、课外实践"相结合的生态立体学习方式，学习者在学习时间、空间、途径方面有更多的体验。混合学习模式更加支持个性化的学习，有利于培养更加积极、自主的学生。

④在学习生态上，创造实景学习微环境。实景学习是基于现时真实生活的学习，学生面对的是现时真实世界的情境和难题，强调的是元认知、反思与自我意识。教师可以通过建立学校、社区、当地国家机关或组织之间真实生活

微环境，跨越书本知识与实践应用之间的鸿沟，帮助学生建构起对真实世界的认知。

4. 在"生活政治参与"中悟"政治生活"

王夫之曾说"知者非真知也，力行而后知之真"，深度学习既是基于真实生活学习，又是基于生活参与、回归生活实践。在"做中学、做中悟、学中做"，做到"学以致用、用之所学"。教师可通过以下两种途径让"学习融入生活，生活推动学习"。

①在调查研究中思考。唯有走近政治生活，才能走进生活政治。通过学生带着主题，有任务地进行涉及公民政治生活、公共参与、政府决策、民主管理的社会调查研究，真实触摸、感知我国的政治制度、政治机构、政治生活的社会调查与研究，学生才能获得对政治常识的最切身的感悟、最真实的体验、最深刻的思考。

调查研究主要包括访谈录、实地观察法、主题调研法等。学生采访国家机关的工作人员、人大代表、政协委员等，撰写访谈录；实地走访国家有关部门、居委会、村委会，撰写感悟总结，对有关部门的工作提出改进建议；进行有关诸如基层自治组织选举、公民法治意识、公民权利义务意识等主题的社会调查，撰写调查报告，提出合理建议。例如，广东中山纪念中学的学生针对大型公共聚会存在踩踏事故等安全隐患问题，撰写有关调查报告，提交给政府有关部门，积极以自己的实际行动参与调查研究，为政府出谋划策。诸如此类的社会调查研究让学生深入了解社会，培养了学生的主人翁意识，锻炼了学生参与政治生活的能力。

②在真实参与中力行。"纸上得来终觉浅，绝知此事要躬行。"从书本上得来的知识，毕竟是不够完善的。要深入理解其中的道理，必须要亲自实践才行。当前，我国公民享有的政治权利不但广泛而且真实，国家有关部门为公民的政治参与提供了便捷的渠道，既有网络参与、电话、信函方式，又有直接亲为的方式。

学生可以通过网络参与民主决策、民主监督、办理各种证件、咨询各种服务、查询各种文件等，如国务院开设有意见征询专栏，一些国家重大的行政决策都会在这里征询意见，中纪委网站开通了公民举报渠道，公民可以通过网络、手机等工具举报贪污受贿情况和违反"八项规定""四风"问题。

学生可以通过电话、信函等方式参与政治，如学生可以就学校的补课、作业过重、乱收费、交通拥挤、市政设施问题（如路灯、沙井盖、电线）、治安问题、环境污染、贪污腐败等问题向有关部门进行电话或者书信反馈、举报，提出建议和意见。

学生的政治参与更需要身体力行，如主动申请参加听证会、旁听法院审理、到居委会或村委会实习、到政府有关部门办理身份证等行为。例如，2016 年 1 月 29 日，深圳市政协六届二次会议开幕会场上，初二学生柳博作为深圳市青少年代表列席政协会议。值得一提的是，此前举行与人大代表、政协委员座谈会上，他提出了"革除应试教育的弊端，更多注重能力和素养培养，增加创新创客课程，通过社会实践活动来培养学生的创新能力"的建言，在"两会"中发出了自己所代表群体的声音。

（四）正确认识基于"真实政治生活"深度学习的五对关系

1. 真实政治生活与知、信、行的关系

思想政治理论观点的教育、价值原则的认同和践行，在很大程度上不是知与不知的问题，而是信与不信、行与不行的问题。真实的政治生活是包罗万象、生动、具体的，人们既可以感知到我国政治文明发展所取得的巨大成就，又可以感觉到我们仍需要不断建设和努力的地方。进行政治理论观点的教育不能也不应回避现实生活而空谈观点，不能只解决"知"的问题而一味灌输，而更应着眼"信、行"。只有立足于真实政治生活，通过"辨析式"学习路径，在范例分析中展示观点、在价值冲突中识别观点、在价值判断中选择观点、在比较鉴别中确认观点、在探究活动中引申观点，才能引领学生相信、信服、确信、坚信、践行政治教育的理论观点。正是基于真实政治生活，通过学生的自主辨析、深度学习，才能实现知、信、行的统一。

2. 实践逻辑与知识逻辑的关系

基于"生活政治热点"的学习进度安排能提供最鲜活、最真实的学习素材和学习情境，但由于生活现象瞬间万变，生活政治热点和知识逻辑之间往往存在不一致的地方，为此，我们还必须在实践逻辑学习的基础上按知识逻辑进行系统构建，形成深度学习网络体系。

3. 深度学习与过度学习的关系

过度学习指的是学习的内容和难度已经超过学生当时的学习能力。例如，高中阶段学习大学课程、16 岁的学生学习 20 岁时期的学习内容、本来只需掌握简单的计算能力却被要求学微积分等。深度学习主要立足点是"学生需要、学生意愿、生活需要、实践需要"，以培养能力、掌握学习为目标，而不是以

掌握深奥知识为目标，一切脱离学生需要、学生意愿、生活需要、实践需要的学习才是过度学习。

4. 深度学习与考试评价的关系

大量实验证明，深度学习由于重视学生能力和素养的培养，更有利于学生考试成绩的提高。而当前的浅层学习反而和日渐注重能力考核的高考评价日行渐远。从长期看，深度学习无论对学生的创造力还是学习力、思考力、行动力，都远远高于浅层学习，更利于学生成长和成才，更能适应当前和未来社会对人才的需要。

5. 深度学习与学习时间的关系

深度学习并非要求学生非常系统深入地研究有关知识，而是让学生会知、知会、知用、会用。因为它改变的是应试教育、浅层学习无效的、重复的机械学习，是在同样的时间内发挥学生的主观能动性，让学生更主动、更高效、更有趣、更真实、更鲜活的学习，所以在时间上并不存在必然冲突。

基于真实政治生活情境的深度学习，是培育创新人才的高效学习方式，是提高教育教学质量的重要途径，是革新教学技术的时代要求，更是未来教育的发展趋势。唯有在实践中不断探索、完善、发展，方能焕发教育的新生命，发出时代教育最强音。

第三节　活动型政治课

一、活动型思想政治课教学实施路径——以"市场配置资源"和"效率与公平"为例

教育部高中思想政治课程标准修订组组长朱明光老师提出，"塑造活动型学科课程是此次修订思想政治课程标准的最显著亮点，也是思想政治课程聚焦核心素养的关键抓手"。作为一种创新型学科课程，活动型思想政治课在教学实践中如何操作，尚无具体理论指导，亦无典型先例可循，仍需进行探讨和摸索。深入探讨教学实施的基本环节和路径，对广大中学思想政治课教师实施素养教学具有非凡意义。

活动型政治课教学实施路径主要包括"精研课程标准，细化素养目标""精选真实议题，活化素养载体""优化活动设计，巧化素养培育"三个环节。以

下笔者以"经济与社会"模块中的"市场配置资源"和"收入分配与社会公平"两课为例，探讨活动型政治课教学实施路径。

（一）精研课程标准，细化素养目标

教学目标既是具体教学行为的任务和指引，又是教学效果评价的依据和指标。培育学科核心素养是活动型政治课的出发点和落脚点，教师应精研课程标准，细化素养目标，从以往的知识、能力、情感态度价值观三维目标发展为素养、情感态度价值观、能力、知识四维目标，从知识教学转为素养教学（见表6-4）。

表6-4　活动型政治课学科核心素养教学目标（以"市场配置资源"为例）

课题	市场配置资源
内容标准	简述市场经济的形成和发展，解析其优势和局限性；辨析政府和市场的关系
学科核心素养教学目标	①了解市场经济的形成与发展，明白市场经济的定义，理解市场配置资源的机制和优点，坚持市场在资源配置中起决定作用；坚持走中国特色社会主义市场经济发展道路，展现道路自信，培育政治认同素养； ②解析市场经济的优势和局限性，理性看待市场经济对我国经济发展的影响，辨析政府和市场的关系，培育科学精神素养；对于市场调节的负面影响，要综合运用经济、法律、行政等宏观调控手段，培育法治精神素养

注：①课题。填写教学涉及课框的标题，可单就某课一个框进行教学，也可进行一课多框教学；可采用相同模块不同框，也可采用不同模块不同框。课题选择依活动探究需要。例如，围绕中学生购买手机的议题，涉及"影响价格的因素""消费及其类型""树立正确的消费观""发展生产满足消费""企业的经营"等内容，具体选择依据师生实际进行。

②内容标准。即把课程标准有关本主题的内容清晰呈现，改变以往教学设计只列框题的粗放情况，让教学更聚焦、更精细。

③素养教学目标填写格式为"知识目标＋能力目标＋情感态度价值观目标＋素养目标"的有机融合。但并非每节课都涉及全部学科核心素养。

（二）精选真实议题，活化素养载体

议题即活动围绕的主题、合作探究的课题、展示交流的话题、评价测量的命题，是活动型政治课教学的起点和基点。议题的选择和设计必须符合下列特征。

1.基于精细主题

不同于一般活动课或单纯研究性活动的学习内容较为笼统、知识要求比较模糊，也不同于讲授式议题远离生活、忽视活动、学习枯燥乏味。活动型政治课的议题既包含学科具体内容以实现学科教学的知识议题，又是展示价值判断和价值选择基本观点以实现价值澄清的价值议题，还是注重师生互动贴近学生活动的生活议题。没有精细主题、远离学科内容、淡化价值引领的议题只能算活动主题，不能作为学科型课程议题，达不到学科核心素养教学目的；单有知识议题却不能巧化为活动议题，只能算学科教学，也不能称之为活动型政治课教学的议题。

2. 基于真实生活

学科知识是前人经验的总结、抽象、概括、凝练，既来源于生活又远离生活。脱离具体场景的学科知识概念、原理、观点、理论难免让学习少了点生动多了份干涩，少了些形象多了些许抽象。基于理论和知识灌输的效果只能是知而不信、知而不行，而不能内化为品质、外化为行动。活动型政治课教学要以真实生活场景为起点，立足于学生现实生活经验，把学科知识还原于具体的生活场景和真实生活中，实现学科知识与生活现象的有机结合，注重学生兴趣，激发学生主动性，让学生想学、能学、爱学。为此，议题必须关注生活、回应现实。例如，政治认同是在现实生活议题的感悟辨析中确信的，科学精神是在当前政策议题的探究思辨中发展的。

3. 基于效果达成

议题作为活动型政治课教学的载体，必须服务于教学目标的实现及教学效果的达成。议题必须具有开放性、引领性和有效性。开放性是议题为可议之题，具备讨论的可能性和现实性，答案具有开放性和生成性，不做结果已经封闭化、定论化的"无议之题"。引领性是议题为有价之题，具有探讨的价值性和有效性，不做"无用之议"。议题要体现教学重点，针对学习难点，关注学生的兴奋点，着力学生学习的生成点，实现"有的之议、高效之议、优质之议"，具备效果高、效率高、效益高、质量优的"三高一优"特征。

作为经济与社会重点和难点的"市场配置资源"一课，如果只有照本宣科式的理论分析，学习效果肯定欠佳。若补充逻辑推进和事例论证环节，效果虽有提升但学生较难真正理解。只有把"市场配置资源"这一学习主题寓于真实生活议题中，在生活议题中探寻市场魅力，才能达到效果高、效率高、效益高、质量优的"三高一优"。在2012年全国思想政治课优质课评比大赛中，北京唐敏老师以"从大白菜的家庭故事看市场经济的时代历程"为议题开展活动型政治课教学，在自主合作探究活动中，让学生理解市场在资源配置中起决定作用，培育学生剖析生活中的经济现象及思辨生活中的经济规律的科学精神，坚信走中国特色社会主义市场经济道路的政治认同，通过法律等手段加强宏观调控的法治意识（见表6-5）。

表6-5　活动型政治课议题的选择和解析（以"市场配置资源"为例）

议题	市场配置资源	解析
主议题	从大白菜的家庭故事看市场经济的时代历程	①大白菜的家庭故事是每个学生可观、可感、可思、可议的真实生活议题。这个故事蕴含了社会主义市场经济发展的时代历程；②议题被分解为四个生活小议题，分别探讨计划配置资源的局限，市场配置资源的优点和缺点，辨析政府和市场的关系，坚持走中国特色社会主义市场经济发展道路
议题1	计划经济时代下的当家菜	
议题2	计划经济结束后的家常菜	
议题3	市场自发调节的伤心菜	
议题4	宏观调控下的舒心菜	

（三）优化活动设计，巧化素养培育

精选议题是优质高效实施活动型政治课教学的前提，围绕议题优化活动设计则是素养培育的关键环节。优化活动设计应该做到精准、精细、精巧。

1.所谓的精准，就是目标精准、对象精准、主体精准

目标精准，即活动设计应符合学科核心素养教学目标要求，不能偏离、虚化、背离目标；要做到每一个活动都有的放矢，都有清晰的设计意图，不能为了活动而活动。对象精准，即活动设计应基于学生当前素养，了解学生对议题的认识状况及原有经验，以提高教学活动的适切性；又要着眼于学生发展素养，以实现教学活动的引领性。主体精准，即活动参与主体和设计主体要精准，活动参与要凸显学生主体地位，教师不能越俎代庖，弱化学生的主体地位；教师是活动设计的主体，是教学的主导，教师的作用不能缺位错位，不能虚化弱化，不能放羊式活动，在某个时期的某个场合，学生可以成为自我活动设计的主体。

2.所谓精细，就是要细化活动目标、路径、方法、参考、过程

细化目标，即活动设计应有明确的目标指引和达成要求，把宏观的素养目标分解为具体的素养小目标，让每个小目标都有对应的活动载体。例如，要培育学生科学精神，可以把科学精神分解为批判性思维、整体思维、辩证思维、客观性思维等素养小目标；学生辩证思维的培养则可以通过设计辩论活动或角色互换活动来实现。细化路径，即活动设计应有清晰的思维路径和活动路径，活动型政治课教学推进的总体思路要清晰具体，每个活动环节开展的路径要细化和可操作。细化方法，即要熟练掌握各种活动型政治课教学方法，如体验式

教学法、案例教学法、议题中心教学法、游戏教学法等。细化参考，即教师应教会学生查找资料、选择素材、运用资料的方法。细化过程，即教师应细化整个活动流程，让每个环节都清晰、每个活动都可行、每个行动都有效、每个学生都参与、每个目标都实现（见表6-6）。

表6-6 活动型政治课教学活动设计简表（以"市场配置资源"为例）

活动形式：探究、讨论、情境游戏体验				
活动过程	活动内容	设计意图	学生活动	评价维度
视频观看及探究	观看"计划经济时代回忆"视频，探寻大白菜成为那个时代当家菜的原因	明白资源配置的原因和手段	自主探究、小组合作讨论、观点展示	态度：积极参与、主动承担、积极分享；过程：与小组同学相互配合，资料收集、分析的方法科学、精准、充分；成果丰富、效果明显
资料阅读及探究	观看大白菜成为家常菜的图片和资料，思考市场调节优点	懂得市场配置资源的优点，认同走中国特色社会主义市场经济道路，培育政治认同素养	同上	
模拟游戏及对话	学生模拟菜农和教师模拟种子店老板围绕是否购买大白菜种子展开对话，探讨市场如何配置资源	理解市场配置资源的机制	同上	
模拟决策及反思	学生根据不同市场信息模拟何时决定购买白菜种子来种植；教师对决策失误学生进行淘汰	懂得市场调节的不足，辨析政府和市场的关系，培育科学精神和法治意识	同上	

3.所谓的精巧，就是要基于生活设计情境、基于整体设计环节、基于逻辑设计路径、基于发展设计问题

（1）基于生活的活动情境设计

不同于基于知识逻辑的讲授式教学，活动型政治课的活动环节设计和教学路径推进要基于生活情境，遵照实践逻辑。以北京唐敏老师执教的"市场配置资源"为例，分析对比讲授式政治课与活动型政治课的差异（见表6-7）。

表 6-7　讲授式政治课与活动型政治课对比（以"市场配置资源"为例）

环节	讲授式政治课	活动型政治课
课堂推进模式	①知识观点 1—示例论证—习题巩固。 ②知识观点 2—示例论证—习题巩固。 ……	①生活情境活动 1—体验、探究、思辨、展示—素养目标达成。 ②生活情境活动 2—体验、探究、思辨、展示—素养目标达成。 ……
1	一、资源配置的原因及手段＋例子＋练习 ①为什么要进行资源配置； ②资源配置的手段主要有哪些	一、当家菜：计划经济时代下（生活） 政府对白菜限量供应，每人限购 30 斤。（情境）在计划经济时代下，资源配置有什么优缺点（议题＋合作探究＋展示交流活动）
2	二、市场配置资源的途径＋例子＋练习 ①市场如何进行资源配置； ②举例说明； ③练习巩固	二、家常菜：大白菜结束了计划时代（生活） 1992 年，党的十四大提出建立社会主义市场经济体制（情境）。什么是市场经济；在市场经济条件下我们应该种什么，为谁种（基于生活情境的议题探究）
3	三、市场配置资源的优缺点＋例子＋练习 ①市场配置资源的优点有哪些？ ②市场配置资源的缺点有哪些？ ③举例＋练习	三、伤心菜：大白菜没有销路（生活） 种植大户伤心地说："一斤白菜两分钱还卖不出去。"（情境）什么原因导致大白菜滞销（议题探究）
4	四、国家宏观调控＋例子＋练习 ①为什么要进行宏观调控？ ②如何进行宏观调控？	四、舒心菜：大白菜重新走向市场 由于市场调节存在弱点，大白菜出现滞销的局面，国家可以采取什么措施改变这一局面，让大白菜成为老百姓的"舒心菜"

环节	讲授式政治课	活动型政治课
对比分析	①教学以知识为起点，基于知识也止于知识。实例只是例证知识，非生活场景。教学目标大多止于知识掌握运用。②结构化知识在基于学科逻辑的教学路径中推进，学习过程枯燥乏味。③学生没有经历知识自主构建和思辨过程，属于接受式掌握型被动学习。学生主体地位被忽视。④依据行为主义学习理论，认为学习就是刺激和行为的联系，在教学上通过直观刺激、强化练习来达成学习效果。⑤常见教学模式：诱导学习动机—领会新知—巩固新知—运用新知—检查；组织教学—导入新课—讲授新课—巩固新课—布置作业	①教学以生活为起点，基于真实生活场景，在生活议题的探究中掌握知识，锻炼能力，培育素养。在大白菜历史变迁的议题中认同了走中国特色社会主义市场经济的道路，辨析政府和市场的关系。教学目标着眼于素养的养成。②结构化知识在基于实践逻辑的探究学习路径中推进，学习过程洋溢着生活气息，充满探究乐趣。③学生基于议题，经历自主合作探究及思辨活动，属于自主建构式发现型主动学习。凸显学生主体地位。④依据建构主义学习理论。强调发挥学生主观能动性，学习过程是情境下意义的自我建构，要求学生能够用探究、讨论等方法主动建构知识，培养学生分析、解决问题的能力和创造性思维。⑤常见的教学方法：随机通达教学、抛锚式教学、支架式教学

（2）基于整体的活动环节设计

围绕议题的活动环节设置要从整体着眼系统把握，符合情境导入、感悟、辨析、解决的认知规律。上文例子中，唐敏老师以大白菜在生活中的角色（当家菜、家常菜、伤心菜、舒心菜）变迁为场景，讲述"市场配置资源"的故事，探究计划经济、市场经济、宏观调控对生活的影响，让政治课富有历史变迁感、镜头真实感、生活现场感。再如，有教师在执教"经济与社会"模块中的"收入分配与社会公平"时，以"如何正确处理公平与效率的关系"作为议题，设计了"拼字家族，感悟公平"—"直面效率，思辨公平"—"共商良方，促进公平"—"点亮梦想，畅想公平"—"寄语学生，践行公平"五个活动环节（见图6-4）。

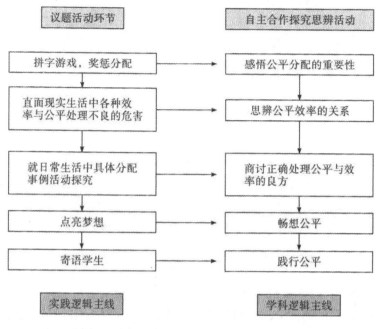

图 6-4 "收入分配与社会公平"逻辑主线图示

（3）基于逻辑的活动路径设计

活动型思想政治课不同于一般社会调查、研究型学习等活动课，活动型政治课是一种活化的学科课程，其活动要承载结构化学科内容而非碎片化的知识体验。各个活动的推进路径要有逻辑性和层次感，既要遵照实践逻辑，又要切合认知逻辑和学科逻辑，不能杂乱无章毫无头绪。实践逻辑立足点在生活，是感性经验的总结再现。学科逻辑立足点在学科知识，是从认知规律、理论建构方面进行演绎的。实现学科逻辑与实践逻辑的有机结合，必须基于生活现象，遵循实践逻辑，把学科知识和学科逻辑融入生活教学，立足于学生已知的生活经验，把生活经验和理论认知有机融合（见图 6-5）。

以"收入分配与社会公平"一课为例，"思辨公平效率的关系"活动有助于学生认同我国的分配政策和分配制度，实现政治认同；而思辨和讨论活动本身又有助于培育学生科学精神；"点亮梦想""畅想公平""寄语学生""践行公平"环节有助于培育学生的社会责任感和公共参与素养（见图 6-4）。

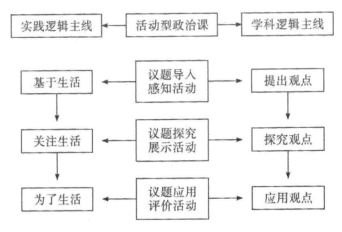

图 6-5 活动型政治课逻辑主线示意图

（4）基于发展的活动问题设计

活动型政治课的活动探究和思维辨析都是基于若干个设问进行的，设问是串起活动型政治课教学主线的支点，应具有整体性、层次性、可思性、发展性、情境性。

整体性就是要整体布局与系统考虑设问的数量内容形式；层次性就是设问要符合思维斜坡前行规律，由浅入深、层层递进，做到环环相扣；可思性就是设问要有一定的思维质量，非凭直觉即能回答；发展性即设问有利于引导学生进行各种探究思辨活动，提升学生认知水平和思维层次，引领素养发展；情境性就是设问要和情境相融合，避免干瘪的纯知识、纯理论性设问，而是把知识、能力、情感、素养融入生活化场景设问中，实现基于真实情境探究。

在现实生活中，部分人以各种现实原因主动或者被动地满足于应试教育的现实课堂，丧失理想课堂的追求，习惯以经验课堂抗拒理论课堂，以过去课堂教学模式教育当今学生去面对未来社会，显然不是课堂教学应有的健康生态。我们在教学实践中要不断完善、丰富、发展活动型政治课，推动思想政治课教学的发展，达成素养目标，实现立德树人的根本任务。路虽远，行则将至；事虽难，做则必成。

二、活动型思想政治课"活"在哪里

相对于讲授式教学的"死"（泛指教学目标、教学情境、教学方式、教学资源、教学时空、教学评价、教学内容等方面的单调、枯燥、乏味、呆板），活动型政治课巧在"活"，主要表现在以下八个方面。

一是目标。不同于讲授式教学以知识目标为教学出发点和落脚点，活动型思想政治课以素养达成为教学出发点和落脚点，教学任务从"为应试而教"活化为"为立德树人而教"，教学目标从"知识"真正活化为"素养、情感态度价值观、能力、知识"四位一体。

二是情境。讲授式教学缺乏情境、脱离社会、漠视生活，大多是从知识到知识、理论到理论进行演绎教学，课堂枯燥乏味、空洞说教。活动型思想政治课基于真实生活，直面各种现实问题，通过创设丰富多样的教学情境，引导学生面对生活世界的各种现实问题。例如，在模拟法庭比赛中，案件是根据某件真实的事例改编而成的，地点设在法院，法官是真正的法官，审判过程严格遵循法庭审理案件流程。

三是形式。区别于接受式课堂教学，活动型政治课主要包括"自主合作探究活动"和"社会活动"。其最基本形式是"议题合作探究＋展示交流＋评价检测"活动模式。围绕学习议题的自主合作探究活动是活动型政治课的必备形式和主要形式，也是最常用的活动形式。这种活动型政治课，在课堂或者课外围绕一个或者几个基于真实生活情境的议题，通过设置若干阶梯式问题，进行合作探究研究性学习，在课堂进行交流展示与评价反馈。其主要形式是社会活动教学模式，包括以公共政治参与、服务学习、职业体验、研学旅行、社会调查、专题访谈、参观访问、志愿者服务等社会活动形式开展的教学。

四是内容。讲授式教学法的中心是教材，教师教教材、学生背教材；教学目的是传授知识；教师主宰课堂，掌握教学的进度与尺度，操控教学的方法与方式，把持着话语权。对于活动型政治课来说，教学不再是教教材而是用教材，从"教材就是世界"活化为"世界都是教材"，教师带着学生走向生活，学生带着自信走向世界。教师成了学生学习活动的组织者、引导者。教师与学生之间相互反馈，教与学和谐共生，师与生教学相长。

五是时空。从空间来看，活动型政治课不局限于教室和课堂，而是走出教室，走到学校，走进社会、企业，走进政府、法院、检察院、人大、政协等机关，走进城市、农村等更广阔的世界；从时间来看，活动时间不只是一节课，可以是两节课、三节课，一周或几周，一个月或一个学期，甚至是整个中学阶段；从层次来看，既应该有浅层的现象认知，又应该有深层的本质思考。

六是对象。学生真正成为活动的主体，教师真正转为活动的主导。此外，同伴、家长、一切社会人员（如企业家、政府工作人员、专家学者等）都可以是活动参与人员，共同为教育贡献智慧。

七是成果。从成果上看，在活动型政治课上学生的真实成长（这种成长不止于知识，还有能力与情感态度价值观，是一种品质和素养的成长）能被感知，师生能共同成长。从成果形式上看，形式多种多样，包括调查报告、论文、反思性小论文、建议、方案等。同时，活动成果具有变现化，能实施、可行动、有效用，涉及有关部门的成果可递交其参考决策。例如，有关环境治理的调查报告可递交当地环保部门，有关公共参与的监督建议可以通过电子邮箱、电话、微信等方式递交有关部门等，让活动成果"活"起来。

八是评价。俗话说，有怎样的评价观就有怎样的教学观、学习观。此话看似略有偏颇，却具现实性。从宏观层次上看，再先进的素养教育理念、再科学的活动型政治课理念、再完美的活动型政治课设计，如果高考选拔的测试评价标准依旧注重知识、漠视能力、无视素养，那么一切素养教育、活动型政治课都永远只能是空想，即使有勇敢者先行探索，也只能昙花一现、好景不长。为此，基于素养与能力的高考选拔机制必须形成。从高考命题、自主招生、人才选拔等方面革新过往重知识轻能力、重结果轻过程、重应试轻素养的做法。从微观层次上看，日常教学应建立基于素养发展的量化与质化相结合的活动评价细则，既测评学生的学习效果，又评价学习过程。学习效果既包括知识、能力、情感态度价值观目标，又包括素养目标，学习过程主要看学生参与活动的态度、方法、行为、情感。素养测评从主体上看，以学生的自我记录、自我小结为主，同伴、教师、家长、其他相关人员共同参与。

表6-8 活动型思想政治课活动素养评价表

维度	描述	等级			
		自评	他评	师评	综合
活动成果类型及概况					
活动成果质量、数量					
积极参与、主动承担					
与小组同学相互配合					
资料收集、分析的方法科学、精准、充分					
活动的价值取向					
积极主动分享、反思					
活动收获（素养）					
其他					

注：①描述填写的内容为真实记录，包括文字、成果、视频、图片的佐证。

②等级包括卓越、优秀、良好、合格、基本合格、还需努力六个级别。

③活动成果包括探究结论、调查报告、反思等。

总之，再好的活动设计，如果只是纸上谈兵，素养就永远只是目标和理念，不能成为品质和品行。唯有围绕素养目标，巧设活动方案，活化探究实践，通过活动内容化、内容活动化，才能真正孕育素养品质。

三、活动型思想政治课活动教学探究——以"哲学与文化"模块的"文化"为例

习近平总书记在 2016 年 12 月召开的全国高校思想政治工作会议上指出，要更加注重以文化人以文育人，广泛开展文明校园创建，开展形式多样、健康向上、格调高雅的校园文化活动，广泛开展各类社会实践。在中学思想政治"哲学与文化"模块的"文化"教学中，不仅要重视文化知识的传递，而且要积极开展各种文化活动，做到以文化人以文育人。为了让学生更好地"品味文化、甄别文化、选择文化、建设文化、创新文化、发展文化"，发挥文化"引领风尚、教育人民、服务社会、推动发展"的作用，教师可以在教学中创设一系列生动有趣、寓教于乐、师生参与的基于"生活文化"的活动，来实施"文化"活动教学，激发学生的兴趣，在活动中"品"文化，在文化中"享"生活。

（一）"文化"活动教学内涵

"文化"活动教学立足于学生现实生活经验，以生活中的文化现象作为教学的情境和契机，把"文化"的理论、观点的阐述寓于生活中的文化和学生活动的主题之中，让学生在体验、参与生活中的文化活动及自身的感知、感悟、反思、思考等思维活动中理解文化的内涵、理论的旨趣、学习的价值、行动的力量，培育学生学科核心素养。

（二）"文化"活动教学策略

第一，生活是活动教学的起点，"文化"活动教学既要注重学生的兴趣，又要立足于学生现实的生活文化经验。

生活文化处处有，人的衣食住行、言行举止、礼尚往来皆文化。吃饭有饮食文化、喝茶有茶文化、饮酒有酒文化、穿衣有服饰文化、住房有建筑文化、交往有礼仪文化、过节有节日文化、祭拜有祭祀文化等。

兴趣是学生最好的导师，生活是学习最鲜活的源泉。脱离了具体情境的学科概念、原理、观点、理论，难免让学习少了点生动多了份枯燥、少了些形象多了些抽象。活动教学以生活为起点，立足于学生现实的生活文化经验，把学科知识还原于具体的生活文化场景和真实的生活文化中，注重了学生的兴趣，激发了学生的主动性，符合从感性认识到理性认识、从具体到抽象再到具体的学习认知规律，实现了学科知识与生活现象有机结合，让学生想学、能学、爱学。

如果说生活是活动教学的起点，那么姓名就是一个人文化的开始。中国人的姓名作为个人社会化的符号，不仅是个称谓，更有许多文化寓意和美好期待。（见活动一）。

活动一："我就是我，不一样的花朵"——从"说名解姓"开始

姓名是以血脉传承为根基的社会人文标识，姓名的寓意源远流长，是社会、时代人文的一种缩影，更寄托着长辈对下一代的人生期待。品味文化生活，了解中华文化隽永之美，就从自己最熟悉的名字开始，从"说名解姓"出发，开启一段文化之旅。

活动目的：①了解中国百家姓，知道自己姓氏的起源和历史；②知道自己名字的含义和父母的美好期待；③了解汉字丰富的内涵和寓意，从而理解中华文化魅力和丰富内涵，增强文化自信，树立文化自觉；④加深同学之间、父母子女之间、师生之间的沟通和理解；⑤以名励志。

活动内容：①每个同学通过查阅相关资料、和父母交流等方式，了解自己姓名的深刻含义、父母起名的美好寓意；②在班级和同学一起分享姓的由来、名的寓意，了解中国传统文化名字的特殊内涵、父母的美好祝福；③上网搜查和自己同名同姓的人，用其中的好人好事或名人事迹，以经历激励自己；④把父母的美好期待转为行动的目标和方向，不断激励自己。

活动时机：在"体味文化"时使用。

本活动立足于"文化"活动教学，点燃了学生学习的热情，从自我名字开始的"说名解姓"活动，让学生真切感受到了生活处处是文化，促使他们善用一双发现的眼睛去寻觅生活中的真、善、美。

第二，主题是活动教学的支撑点，"文化"活动教学需着眼于学生的发展需求，把理论观点的阐述寓于社会生活和学生活动的主题之中。

活动教学支撑点在主题，关注点在学生。在活动教学中，学生是教学的中心、主体，是一个不断成长的个体，教学必须着眼学生的动态发展需求。它既关注学生现时的成长，以适应当前社会发展的要求，又关注学生未来的发展，以适应将来社会发展的需求。因此，活动教学既重视知识的获得，注重能力的培养、情感态度价值观的形成,又关注学生核心素养的习得。主题是活动教学的支撑点,活动教学围绕教育目标和任务来展开。教师可巧设各种生动有趣、寓教于乐的主题活动,让学生在主题活动中亲身体验、深刻感悟、养成能力、习得素养。

　　基于生活中的文化,围绕教学目标与任务,师生可以共同开展一个个主题活动。在"文化生活"第一单元中,要感悟生活处处有文化,可以开展"寻找身边的文化"调查活动;围绕文化与经济、政治的关系,可以进行"从电影票房看文化的经济价值"研究性活动;要感受文化作用,可以举行共听一首歌(例如《义勇军进行曲》《马赛曲》《莉莉玛莲》)分享活动;要感受文化影响,可以通过共建"我的'书香门第'",营造文化之"家"参与活动(见活动二)。

　　活动二:"书香校园、文韵学堂"——我的"书香门第"

　　文化对人的影响是潜移默化、深远持久的,文化对人的影响主要通过文化环境和文化活动来实现。通过这一活动开展,为师生创建一种书香氛围,如读书活动、读书组织,实现文化育人功能。

　　活动目的:①创设书香环境,实现文化育人;②在活动中提高学生的文化选择能力,培养学生的自主意识。

　　活动内容:①书香校园建设。加强校园环境建设,突出校园文化氛围;创设校园阅读,开放学生阅览室,为学生提供良好的阅读环境;创设校园书架,进一步完善校内各场所的书架、读报栏,给学生创设宽松、愉悦的阅读环境。②文韵教室建设。每班集思广益,设计有班级特色的学习园地、黑板报、班刊、番号、班名等,要求主题鲜明、题材新颖、内容有创意;完善班级图书角。③书香方寸建设。每个学生的书桌要求有文化特色整齐干净美观、有文化底蕴。④营造书香班级氛围。通过召开主题班会、制定相应的制度、开展形式多样的活动,引导、督促、激励学生积极读书,培养学生良好的读书习惯。⑤开展阅读比赛活动。学生将读书活动中读到的精彩片段、好词好句、名言名句、心得体会等记录下来。⑥学期末进行"书香班级""书香少年""书香家庭"评选活动,并进行表彰。

　　活动时机:在"感受文化影响"中使用。

　　依托主题的活动教学,把理论观点阐述、能力培养、素养习得寓于社会生活和学生活动的主题之中,让活动有了目标、有了灵魂。各种主题的目标任务通过各种活动教学得以潜移默化、深远持久的实现。

　　第三,活动是活动教学的亮点和生成点,"文化"活动教学需关注学生的活动过程和结果,让学生在体验社会生活及自身的思维活动中理解知识的内涵、理论的旨趣、学习的价值、行动的力量。

正是因为活动，学生有了思考的自主、行动的自觉、探究的自发、参与的自为。活动既包括课堂的听、说、读、写、思、做等活动，又包括课外的思、探、行、写、做等活动；既有个体自我活动，又有师生互动、小组活动、班级活动等群体活动；既有学生体验参观访问、社会调查、社会服务、社会实践等社会活动，又有在社会活动基础上经历感知、感悟、感想、反思、辨析、质疑、推理、提炼、抽象、概况、总结等思维活动。活动教学既关注学生活动过程的参与，又关注活动结果的获得，让学生在各种社会活动和自身思维活动的统一中经历体验、探究、思考、践行等过程，从中理解知识的内涵、理论的旨趣、学习的价值、行动的力量，从而实现学科逻辑与实践逻辑的有机结合，达成知与行、学与用的辩证统一。

在第一单元中，通过"感动接力，向经典致敬"——我喜欢的（书、画、歌、作家等）（见活动三），引领学生经历"自读的感（读、写、思活动）—分享的悟（感悟、感想、感思活动）—推荐的理（阐述、分析、行动等活动）—成长的乐（思维成熟、素养习得）"四个活动环节。学生在读书、荐书、享书的行为活动和自身思维活动中感受文化魅力，共赏文化之美，培育文化素养，引领文化生活。

活动三："感动接力，向经典致敬"——我喜欢的（书、画、歌、作家等）

苏霍姆林斯基曾讲过，一个学校可以什么都没有，只要有了为教师和学生精神成长而提供的图书，那就是教育。一个人的精神发育史，就是一个人的阅读史，而一个民族的精神境界，很大程度上取决于这个民族的阅读水平。文化对人的影响潜移默化、深远持久，为了让学生更深入地了解文化对人影响的特点、文化塑造人生的作用，开展"感动接力，向经典致敬"活动。

活动目的：①通过阅读一本书、欣赏一幅画、品味一首歌，了解和理解其内涵，深入思考其为什么能成为经典；②感受文化的力量、欣赏文化的魅力，体味文化对人的作用。

活动内容：①感动接力。师生向大家推荐一本曾经感动过自己的书或一幅画，写上感动理由，推荐的意义，然后把这些书画捐给学校，学校做一个长廊来陈列这些书画，任何教师、学生都可以任意取架子上的书来阅读。②最佳推荐奖。根据推荐分享表现，评出最佳推荐奖。

活动时机：在"文化塑造人生"中使用。

本活动通过感动接力、文化分享，传递了文化价值，做到了学以致用，正是因为活动，让学习变得不再一样，让学生得以处处发亮。

第四，实践是活动教学的原点和终点，"文化"活动教学要在践行正确的价值观的过程中逐渐内化成为自觉的价值取向，从活动中习得素养，以素养指导活动，学以致用。

"文化"活动教学不是为了活动而活动，而是以生活为起点，以主题为支撑点，以活动为生成点，让学生在活动中理解文化内涵、习得文化素养、育得文化教养。最终目的是用习得的文化素养与教养来润泽生活、服务社会、建设国家、推动人类文明的发展。

例如，我们开展"'铭铭（座右铭、格言）我心，励我前行'——我的'座右铭'"活动教学（见活动四），其根本目的不只是感悟文化的力量，而是借助这一活动让学生在活动中储备文化能量，以铭励志，伴己前行。

活动四："铭铭（座右铭、格言）我心，励我前行"——我的"座右铭"

古今中外成功人士几乎都有自己的座右铭。例如，马克思的座右铭"思考一切"，数学家苏步青的座右铭是"今天能做的事，不要拖到明天去做"，等等。学生通过班级座右铭分享活动，在活动中感受文化对人的影响和作用。

活动目的：①感悟文化对人的影响；②通过座右铭激励自己成长。

活动内容：①选定。座右铭一般包括三种形式：自题、选择经典言论或名人格言。②分享。在课堂上和大家一起分享自己选定该座右铭的理由和期待达到的效果。③行动。座右铭多置于人们能常见的地方（如笔记本扉页上，或贴桌上，或贴在教室的公开栏中）以便激励自己；同时邀请同学、教师、家长监督自己。④感悟。一周后、一个月后、一个学期后进行总结。⑤评定。对激励效果明显的学生在班级公开表扬和鼓励，并且在班级进行分享。

活动时机：在"文化塑造人生"中使用。

教育的魅力不只在于让人知道得更多，更在于能让人生活得更美好，用所习得的文化引领实践，用所育得的素养润泽生活，这就是基于生活文化的活动教学最大的价值。

（三）"文化"活动教学主题

为了更好地在整个文化生活部门进行活动教学，本节整理了包括上述 4 个活动在内的共 14 个"文化"活动教学主题，可以围绕这些主题进行活动教学。以下是剩余的 10 个"文化"活动教学主题的内容。

活动五：七嘴八舌，千言万语——说说家乡话，讲讲世界语

语言是人类最重要的交际工具，是文化的重要组成部分，人们借助语言保存和传递人类文明的成果。在世界上，各国语言丰富多彩，各不相同。在同一个国家，由于各种因素的影响，各具方言；在同一个地区，也是"五里不同音，十里不同调"。方言是文化的"活化石"，是一种独特的民族文化，是民族文化的有机组成部分。通过语言的不同，我们可以感受世界文化的异彩纷呈。

活动目的：①感受中国语言的独特性，从家乡话感受区域文化的特色，了解影响语言的因素，了解说好普通话的重要性；②懂得一个区域既要说好家乡话，又要说好普通话；③培育开放意识，树立国际视野，讲好国际通用语言，用国际的视野叙述中国故事，让中国走向世界，让世界了解中国。

活动内容：①以学生的方言为依据分为若干个方言组，让每组在班级说一段有趣的故事，并且讲述本方言的特点，演变历史；②把班级全体学生按世界主要语言分类，从一句问候语、一个见面礼开始，学讲其他国家的语言。

活动时机：在"世界文化的多样性"中使用。

活动六：文化遗产，文明星空璀璨明珠——我和文化遗产的故事

文化遗产是一个国家和民族历史文化成就的重要标志。申报文化遗产，既有利于激发民族文化自豪感，更有利于有效地保护和传承这些文化遗产，申报的同时也是一种文化宣传和普及的过程。

活动目的：认识、了解、保护文化遗产，在活动中感受文化的魅力。

活动内容：①一场说走就走的旅行。假期外出旅游，介绍你旅游过的文化遗产。②申遗推荐书。通过调查研究、撰写拟申报文化遗产的材料。

活动时机：在"世界文化的多样性"中使用。

活动七："文化使者评选"——从这里了解世界

世界文化多姿多彩，我们既要有文化自信和文化自觉，又要有海纳百川的胸怀、熔铸百家的气魄，学习和借鉴其他民族的优秀文化成果。为了让学生更好地深入了解世界各种文明、优秀文化，我们设计了"'文化使者评选'——从这里了解世界"活动。

活动目的：了解世界文化的多样性，学习和借鉴世界一切优秀文明，当文化的使者，促进中外文化交流。

活动内容：①角色选定。全班学生通过自由选择或者抽签的方式决定自己担任哪国文化使者。②课题研究。文化使者在课堂介绍展示前，开展相关课题研究，要做好充分的资料收集、成果整理。③课堂展示。要以第一人称的身份介绍该国的文明、历史、文化、人文、与中国的关系。④反馈。师生共同评出最佳文明使者10位，授予"文化使者称号"。

活动时机：在"文化在交流中传播"中使用。

活动八：记住乡愁（传统文化的反思与传承）

当下，城市不断扩张，乡村日渐凋敝，一些传统文化正在逐渐被人们遗忘，许多人找不到"精神家园"，"乡愁"成为容易引人伤感怀念的情丝。每每岁末年初，古诗词热、家风、家训热，这些"热"的背后，正是当今人们通过诸如家风、家训等文化外在，寻找传统文化的基因。中华传统文化的传承需要润物细无声式的渗透，需要有诸如"家风、家训"的载体，需要一代代耳濡目染的传承。只有认真汲取中华优秀传统文化的精华和精髓，才能增强文化自信和推进社会主义核心价值观建设。

活动目的：①以弘扬中华优秀传统文化为宗旨，思考如何保护和传承优秀传统文化；②梳理优秀传统文化的发展脉络，聚焦海内外华人记忆中的乡愁，深入挖掘和阐述中华优秀传统文化的时代价值。

活动内容：①观看中央电视台100集纪录片《记住乡愁》。②社会调查。它主要包括失落的古村落（消失的古文明、没落的古文艺）、家训、家风调查。③撰写论文。④我行我动。学生向有关部门发出建议、反馈意见。

活动时机：在"传统文化的继承"中使用。

活动九："谁不说俺家乡好"——"一方水土，一方文化"，了解中国各具特色的区域文化

全国各地地理环境、自然条件不同，导致历史文化背景也不同，从而形成了明显与地理位置有关的文化特征，这种文化就是区域文化。区域文化的不同可以通过方言、因素、区域个性特征、习俗等表现出来。

活动目的：学生认识自己的家乡，了解其风土人情、历史渊源后，无论身在何处，都有桑梓之情、家国之志，热爱家乡，建设国家，树立爱国爱乡情怀，不忘根，不忘本。

活动内容：①了解自己的祖籍，查阅其风土人情、历史渊源，选取其中一个方面，如风景、人文、饮食、文化、文化名人等在班级介绍和分享。②感知"一方水土，一方文化"博大精深的中华文化。③主题是"守住家园，建设国家"。④教师可以把班级分为若干小组进行合作探究学习。分组可以按学生的籍贯来分，也可以按学生的兴趣分。

活动时机：在"我们的中华文化"中使用。

活动十：我是大评委、思想家、观察员——评电影、电视、综艺——模仿与创新、社会调查、反思

当前，我国文化市场繁荣兴旺，电影市场、电视节目、综艺节目都异常火爆。反思浮华背后，有些电影节目叫座不叫好、电视节目雷人、综艺节目多为模仿和引进，这些文化虚假繁荣现象都值得我们反思。"我是大评委"活动让学生在评析中理性思考，透视现状，探讨未来。

活动目的：思考如何创造人民群众喜欢的文化；如何进行文化创新，建设文化强国。

活动内容：①开展调查。就电影、电视剧、综艺等节目进行相关社会调查，开展相关分析。②撰写文章。根据调查，学生撰写有关文章，并思考如何做好文化创新，创造出人民大众所喜闻乐见的文化作品。

活动时机：在"文化创新的途径"中使用。

活动十一：文化"大扫除"——扫除一切"文化垃圾"，净化文化环境

文化对人具有潜移默化、深远持久的影响，当前，我国还存在色情、暴力、反动、封建迷信等腐朽、落后文化，这些严重影响了青少年的健康成长。为此，我们有必要通过"文化大扫除"活动，让学生能做出正确的文化甄别、选择。

活动目的：学生能辨识生活中常见的落后、腐朽文化，做出正确的文化选择。

活动内容：①找找看——正确辨识。列举生活中常见的落后、腐朽文化现象。例如，学生的粗口、不文明用语、不健康网站、书刊……②动起来——有效行动。例如，个人自身的选择与行动；向有关文化监管部门举报。

活动时机：在"在文化生活选择"中使用。

活动十二：超级星光大道——中华才艺（汉字、成语、诗词、舞蹈……）大赛，谱写中华文明新华章

学生不仅是文化的学习者、传承者，更是文化的建设者、创造者。源远流长、博大精深的中华文化只有在真实参与、亲身践行中才能感受其美、体味其韵、传承其魂。学校举办汉字书写、中华成语、中华诗词、中华舞蹈、中华书画、民歌、武术大赛等活动，以推动学生热爱和传承中华文化，树立文化自信和文化自觉，谱写中华文明新华章。

活动目的：学生从中体味中华文化的源远流长和博大精深，传承中华文化，树立文化自信和文化自觉。

活动内容：学校举办汉字书写、中华成语、中华诗词、中华舞蹈、中华书画、民歌、武术大赛等活动。

活动时机：在"我们的中华文化"或"建设社会主义文化强国"中使用。

活动十三：榜样的力量——感动校园，感动你我

社会学习理论代表人物班杜拉认为，"人类学习多数情况下是在社会交往中进行的，是通过对他人示范行为的观察、模仿进行的"。加强学生思想道德建设，提高其思想道德修养与科学文化修养，必须发挥身边模范人物的示范引领作用。

活动目的：发挥身边优秀同学的导向作用，用先进人物的先进事迹感动师生，用身边的榜样打动师生，引导广大师生从平凡的小事做起，学会关爱他人、关爱社会，增强社会责任感和使命感，努力营造良好的校风、学风，树立社会主义荣辱观。

活动内容：①评选类型。类型包括年度自强人物、年度好学人物、年度科技人物、年度阳光人物、年度责任人物、年度爱心人物、年度环保人物、年度艺术人物、年度体育人物等。②报名方式。由各班委、团支部向校团委、校学生会推荐，也可以由个人直接进行自荐，人物及事迹材料须真实，符合评选主题和要求。③评选程序。程序包括宣传报名阶段、首轮筛选、场外投票选举（通过校园设立选举箱投票、活动专题网上投票、手机短信投票等方式，对候选人进行评选）、评选颁奖晚会。④扩大活动影响。学校将最终评选出来的"感动校园"人物通过各大校园媒体做全方位宣传，号召广大学生以先进人物为榜样，努力学习。⑤奖项设置。本次活动设"感动校园"十大人物奖10名，提名奖20名，颁发获奖证书及奖品。

活动时机：在"加强思想道德建设"中使用。

活动十四：文明你我，你我文明——文明中国，中国文明

"有知识没文化，有文凭没文明，有教育没教养"是当前我国部分人的写照。生活中不文明的现象也存在，改正生活中的不文明行为是我们当前亟待解决的问题。文明中国、中国文明在于文明你我、你我文明，只有每一个公民都文明了，才有整个中国的文明。

活动目的：你我文明、校园文明、社会文明、中国文明。

活动内容：①曝光台。曝光班级、校园、社会常见的不文明现象（文字、图片、视频），以警示自己和他人。②承诺书。每个学生签订文明承诺书，并且张贴在班级张贴栏，激励自己，践行文明。③文明春风行。制作"微视频""微标语"，劝导不文明陋习；组建文明行动队，对班级、校园、家庭、社区、社会不文明的陋习进行劝阻；组织"文明你我"活动，在生活中，学生要争做一个文明的好公民。④班级（校园）文明之星评比。

活动时机：在"思想道德修养与科学文化修养"中使用。

最美的教育永远在路上，活动教学以学生感兴趣的活动为形式，以培养学生的核心素养为目标，以立德树人为根本任务，注重有趣的外显行为活动与高效的思维内化活动的结合，以体验认知活动为突破口，创设生动、开放、生机、鲜活的生成课堂，重视认知活动与情意活动、感性活动与思维活动、教师主导活动与学生主体活动、学生个体活动与群体活动的协调。活动教学把教授知识的课堂变成学生活动的乐园，通过巧设各种"基于生活文化、生动有意义"的参与活动，带领学生进行社会调查、社会参观、社会服务、社会实践，引导学生积极主动自愿地投入各种文化活动中，在活动中"品"文化，在文化中"享"生活。

第四节 社会活动教学

一、社会活动教学的概述

2016 年 9 月颁布的《中国学生发展核心素养》提出，"社会参与"是学生发展的重要核心素养。《普通高中思想政治课程标准（2017 年版）》把"公共参与"作为学生的四大学科核心素养之一，强调学生的活动体验是其思想政治素养发展的重要途径；在课程教学实施方面提出了"活动型学科课程的教学设计，……系列化社会活动的有效开展的途径"等建议。可见，社会活动教学必将成为中学思想政治学科核心素养教学的重要方法。

（一）社会活动教学的定义

所谓社会活动教学，是相对于传统学校课堂教学而言的，是在素养目标指引下，学生有目的、有计划、有主题、有收获地参与各种相关社会活动，历经社会活动设计、参与、记录、反思、总结、提升、交流、分享、沉淀、习得等环节，在社会活动参与中不断学习知识、提升能力、习得素养的活动化教学方式。

（二）社会活动教学的特点

不同于当前"为活动而活动或只有活动没有学习"的学生社会活动，社会活动教学基于"社会活动"和"教与学"两个基点，它既有社会活动的参与性、实践性、多样性、真实性、复杂性、趣味性等特点，又有传统教学的教师主导、学生主体等特征，是围绕教学的社会活动，是基于社会活动的教学。

1.社会活动教学的基点（载体）是"社会活动"

相对于传统课堂教学来讲，社会活动为教学提供了更广阔的空间、更丰富的资源、更真实的情境、更有趣的话题、更多样的形式，是在社会大课堂中实施的活动型教学。它具有以下五个特点。

（1）情境真实性

社会生活是丰富多彩、复杂多变、具体真实的，并非教材文字、教师语言可以全面、真实、准确、生动描述的。基于社会生活真实情境的学习，告别学校课堂温室般、真空化、虚拟性学习，可提升学习的信度和深度。理论是对复杂情境知识的高度概括和抽象，社会生活教学建构起理论与现实的桥梁，让理论原理回到真实社会情境，使理论因为生活而鲜活、原理因为活动而生动，让学生因为社会活动而感触理论的效度和温度。

（2）内容活动性

相对于课堂教学内容的系统性、理论性、抽象性、枯燥性。社会活动教学把教学内容寓于各种形式多样、趣味无穷的社会活动中，或游戏，或研学，或参观，或调研，或体验，在欢声笑语、寓教于乐的社会活动中，让知识更加生动、理论更富生机、学生更加乐学、目标更易达成，进而在社会活动中不断深化知识、锻炼能力、培育素养。

（3）学习主动性

区别于以往课堂教学的接受式被动学习，社会活动教学基于真实社会活动，面对复杂情境，遭遇各种问题，遇见更多未知，必然推动学生转变学习的态度和方法，使其变被动学习为主动学习、变浅层学习为深度学习、变单科学习为跨学科学习、变概念学习为项目式学习、变知识学习为素养能力学习。

（4）社会参与性

社会是最真实的教材和课堂，参与是最好的体验和学习，活动是最有效的形式和方法。纸上得来终觉浅，绝知此事要躬行。只有历经社会参与，才会有学习的感悟领悟，才会有知识的反思总结，才会有能力的提升内化，才会有实践的优化进化。

（5）素养全面性

社会实践既是知识的原点，又是知识的终点。经历社会活动教学，学生面对新情境、新问题产生新认知，获得新思想，得到新发展，掌握了知识，锻炼了能力，习得了素养，提升了学生参与社会生活、解决各种问题的能力，真正实现了从知识目标到能力目标、素养目标的飞跃。

2. 社会活动教学的原点（本质）是"教学活动"

相对于当前常见的学生社会活动或者综合实践活动，社会活动教学的本质是一项教学活动，而不是简单、粗放的参与体验活动。作为教学活动，其必然包含教师的教与学生的学两个基本要素，其具有以下四个主要特征。

（1）教师精细主导

社会活动教学比课堂教学更复杂、更多变，涉及学生的人身、财产安全，关乎学生的能力培养、价值形成、素养习得、人生体验、社会认知，从而更需要教师发挥高质量的主导作用，不能以"相信学生、锻炼学生、放手学也"为借口进行放羊式散养。教师的活动前备课（活动目标、活动要求、活动步骤、活动任务）要更加科学精细，活动中指导交流要愈加及时到位，活动后激励评价要越发即时高效。

（2）学生真实主体

学生真实主体是指在社会活动中，要正确处理好教师的主导和学生主体关系，教师不能以安全为借口越俎代庖、大包大揽、操控学生社会活动、抑制学生参与社会活动的能动性和主动性，只让学生当听众、观众、看客。要让学生参与、体验、感受、实践、行动，在确保安全前提下，就应该大胆地让学生真实参与、能动参与。

（3）教学项目引导

不同于传统课堂教学以知识逻辑单学科分模块分节次教学，社会活动教学是围绕社会政治经济文化生活现象、主题、议题、问题进行项目（现象）教学，是在实践逻辑的基础上兼顾知识逻辑、思维逻辑的跨学科、多模块深度教学，克服了知识逻辑教学的去生活化、实践逻辑教学的去知识化、思维逻辑教学的去生动化，实现了实践逻辑、知识逻辑、思维逻辑的有机统一。

（4）师生共同参与

在社会活动教学中，师生是社会活动教学共同体关系。教师既是教学活动设计者、教学过程指引者，又是社会活动参与者与学习者。在参与中，教师一方面提升本人的社会参与能力，另一方面不断完善自己的社会活动教学能力。在此教学过程中，学生既是社会活动参与的学习者，又是通过参与社会活动促进社会发展的建设者。

（5）习得优质高效

当前学生社会活动目标不清、计划不全、步骤不明、评价不准，导致学生习得效率低下，只能算社会活动，还不能称之为社会活动教学。社会活动教学从本质上来讲是一种教学活动，学生从身份来讲还是学生，社会活动只是教学活动的一个载体，在社会活动中优质高效地学习知识、锻炼能力、习得素养才是社会教学活动的原点。因此，社会活动教学既要重视学生的参与感，又要重视学生的获得感。学生的学习目标要清晰，学习态度要端正，学习过程要认真，学习效果要评价，学生收获要反思，学习成果要分享。

（三）社会活动教学的意义

正如中学的物理、化学、生物等理科需要进行实验教学，思想政治学科作为社会学科，开展社会活动教学是必然和应然，脱离社会生活、远离公共参与、缺失公民责任、空谈核心素养的一切纯理论唯知识教学都是虚伪教学。开展社会活动教学不但能培育学生核心素养，而且是培养学生的社会责任感、创新精神、社会实践能力的重要途径。

1. 有利于培育学生的核心素养，促进学生全面发展

政治认同、科学精神、法治意识、公共参与等核心素养的培育既需要理论知识的基础，又需要在社会活动中内生和外化。只有把理论观点的阐述寓于社会生活和学生活动的主题之中，才能让学生在参与社会生活中理解理论的旨趣，才能在践行价值观中内化为自觉的行动，真正实现知、信、行的统一。离开社会活动的素养教育永远只是认知教育，谈不上能力更不能称为素养教育。在各种社会活动中，学生面对各种活动主题和现实任务，获得参与各种社会政治、经济、文化等生活的积极体验，增加了政治认同感；面对大量的信息，学生在获取、甄别、整理、归纳信息中培育了科学精神；在遵守社会法律和活动规则中树立了法治意识；在参与各种社会活动，积极投身社会公共事务的建设中育得了公共参与素养。

2. 有利于创新人才的培养方式

当前，应试教育模式、传统的人才培养方式盛行"机械灌输""反复识记""低效的强度训练"，使学校教育与现实生活相差甚远，不仅扼杀了学生的创新精神，还致使许多学生在走向社会后缺乏可持续发展能力。社会活动教学有利于激发学生学习的积极性和主动性，促使学生关注社会、关心时政，将课堂从封闭的知识世界开放到真实的现实生活中，让学生通过项目研究、主题研究、问题研究、调研研究、课题研究等社会参与活动，思考并尝试解决社会生活问题，形成乐于合作的团队意识，培养严谨求实的科学态度、勇攀高峰的进取精神、百折不挠的意志品质，形成乐于求知、敢于质疑、善于探究、勤于动手的积极态度和正向情感，激发探索创新的欲望，养成主动探究的态度、理性批判的精神，是一种从内容到实践都具有开放性的人才培养模式。

3. 有利于增强学生的社会责任感

在公共参与、志愿服务、服务学习、社会调查、研学旅行、职业体验、项目学习、议案撰写等社会活动过程中，学生接触社会、走近群众、深入生活、

参与实践、进行调查、开展研究。社会活动教学更能激发学生的好学精神与爱国热情，进而学会关心社稷安宁、人民福祉、民族振兴、世界和平，让学生自觉把"个人梦"与"中国梦"紧密联系在一起，把人生理想融入国家富强、民族复兴的伟业之中，把国家的发展目标变成自己的自觉行动。

（四）社会活动教学的实施

社会活动教学的实施步骤包括以下步骤：教师研究课程标准相关内容和教学建议，精心设计有关社会参与活动；悉心指导学生科学进行有效的社会活动参与；学生全身投入相关社会活动（研究性学习、社会调查、社会服务）；学生收集、凝练社会活动成果；反思、内化、分享。

1. 精心策划，悉心指导

社会活动不是学生自由活动、散漫生长，而是高要求、精设计、巧激励、妙指引的高效优质学习活动，是教学活动的社会化，是社会活动的教学化。社会活动教学设计必须有详细的目标、缜密的计划、科学的指引、严格的要求；要制定详细的活动表格，提出清晰的任务要求，设计严谨的流程和时间计划，拟定科学评价标准；提出具体的格式、时间、内容、负责人、质量、安全要求；要做到系统精细设计（见表6-9）。

表6-9　社会活动教学设计

课题 （内容标准）		
活动目标	素养目标	可实现哪些素养目标
	各素养的三维目标	情感态度价值观目标： 能力目标： 知识目标：
活动主题 （内容）		
活动时间		

活动地点			
活动流程			
活动要求			
活动过程	学生社会活动	教师指导活动	活动评价
活动反思			
活动收获			

学生在社会活动教学实施前必须根据教师的教学计划，认真做好活动准备，包括知识储备、分工准备、明确各自的分工和任务，做到有的放矢。

2. 过程记录，事后反思

学生参与社会活动教学的过程要有详细的过程记录，对于数据、原始材料要及时、完整地收集和保存；事后要及时反思、总结，提出改进意见；记录的形式可以是文字、照片、视频、原始材料等。教师在活动中必须统领全局，及时跟踪指导，做好教学过程记录和学生参与态度能力评价，做好安全保障和协调工作（见表6-10）。

表 6-10 社会活动记录表

学校	班级	姓名
活动主题		
活动目标		
参与过程记录		
资料收集及分析		
活动成果		
活动反思		
活动收获		

3.成果凝练，素质升华

每次社会活动参与过后，教师要求学生利用科学的方法对资料进行分析，提出符合规范和格式、具有一定质量的活动成果（调查报告、研究性学习报告、论文、建言献策等），并且以此作为活动评价的主要依据（见表6-11）。

表6-11　社会活动成果表

学校		班级		姓名	
活动主题					
活动目标					
活动成果					
活动效果					

4.分享共勉，素养积淀

教师对每个学生的成果作品要进行及时评鉴，以促进其发展。每个学生的成果、心得、体会在班级内进行交流展示，班级对优秀成果进行表扬与鼓励，教师及时对学生分享交流的态度、能力进行评价。

（五）社会活动教学的类型

社会活动教学的类型包括以公共政治参与、服务学习、职业体验、社会调查、研学旅行、专题访谈、参观访问、志愿者服务等社会活动形式开展的教学。

1.公共政治参与

公共政治参与是指学生真实而非模拟参与国家政治生活中的民主管理、民主决策、民主监督、民主选举等活动。例如，在参与民主管理方面，学生可以就居委会的环境治理、治安管理、交通管理、文化教育、居民福利等其中某一项内容进行调研研究、献计献策。在参与民主决策方面，学生可以通过国家机关官网、政府12345热线、听证会等途径参与民主决策，提出合理化建议。在参与民主监督方面，学生可以通过网络、电话、微信公众号、微博等手段，对社会环境、治安、建设、交通、政风等进行实名举报。在参与民主选举的时候，如果符合法定选举年龄，学生就必须认真履行好选举权利，利用所学的政治知识积极参与社区代表、人大代表等选举；如果不符合法定选举年龄，学生可以积极协助有关部门做好选举的宣传后勤服务志愿工作。公共政治参与类社会活动教学可以应用于"政治与法治"模块的"公民的民主参与"中。

2. 服务学习

服务学习是一种基于实际问题的学习方式（教学方式），是美国当前社会科教学的主要形式，是一种将学校公民课程和社会服务相联系的必修课程。学生在服务社区的时候，又从服务中获得相关的知识技能素养，进而培养了学生的社会责任感。例如，学生到革命纪念馆进行服务学习，就必须首先了解革命纪念馆建立的背景和意义、革命事迹；参与书香社区建设服务学习的时候，就必须首先了解书香社区建设的意义、途径、方法，知道如何同政府有关文化部门沟通和联系等。

3. 职业体验

在 2018 年全国推行的高考改革对学生做好生涯发展规划、职业发展规划提出了新要求。为了更深入、更真实地了解社会各种职业，寻找自己的发展方向，学生可以在假期（如寒暑假、国庆或者五一假期）参与职业体验活动。在假期开始前，根据本地、本校、家长、学生实际，设定若干职业大类（国家机关、政府部门、事业单位、企业、工厂、商业、农业……），由校方、学生家长出面联系实践单位，学生自主报名、竞争上岗；每小队由 4 ～ 8 名队员组成，选举队长，每队配置一名带队教师或家长；活动前，学校召开带队教师、家长、学生会议，进行有关实践目的、内容及团队规章制度的培训；活动要有真实记录、反思、交流与分享。职业体验类社会活动教学可以用于"企业和劳动者""价值与人生价值"等内容。

4. 社会调查

社会调查是针对社会生活中的某个主题、问题、议题、事情，通过深入细致的调查研究，揭示事情的真相本质、前因后果，分析规律趋势，提供方法建议，递交调查报告的活动。调查的对象是人们关心的社会经济与发展问题，要求事例和数据真实、具体、典型，分析科学、准确、翔实，建议切实、可行。社会调查类社会活动教学可以用于任何模块的教学，如"影响价格的因素""价格变动的影响""国家财政""消费及其类型""民主决策：做出最佳选择"等内容。

5. 研学旅行

研学旅行是由教育部门和学校有计划地组织安排，以集体旅行、集中食宿方式开展的研究性学习和旅行体验相结合的校外教育活动，是教育教学的重要内容。

读万卷书不如行万里路，在研学旅行中，学生置身于祖国的大好河山、多彩民族，以及伟大的现代化建设中，从而激发学生的爱国、爱民之情，坚定立志成才、报效祖国、服务人民之志，实现生活经验与理论知识的深度融合。研学旅行是"研学"和"旅行"的统一体，是社会活动教学的一种形式，在实践中要避免"旅而不学"或"学而不旅"的情况。学校和教师要目的有纲、活动有趣、保障有力、学习有效、研学有果地精心设计活动课程和教学。例如，通过自然和文化遗产之旅进行祖国大好风光、民族悠久历史、文化习俗的研学；通过红色之旅进行理想信念教育、爱国主义教育、革命传统教育的研学；利用美丽乡村之旅进行经济发展方式的研学。研学旅行类社会活动教学可以用于"文化传承与创新"等内容。

6.志愿者活动

志愿者活动是一种基于项目（主题）的学习方式，思想政治志愿者活动教学是把思想政治课程教学和志愿活动结合起来的社会活动教学。例如，参加关爱老人或留守儿童或外来工子弟、情系农民工等志愿活动的时候，教师可以结合"国家财政""收入分配与社会公平""实现全面建成小康社会的目标""政府：国家行政机关""政治权利和义务：参与政治生活的基础"等内容进行项目式教学，让学生利用所学的知识，在参与志愿活动中进行调查研究，提出合理建议。

实践出真知，实践更育素养。一切认为社会活动教学不利于学生成长、不利于学生高考的命题都是杞人忧天的伪命题，都是不思进取、不负责任、不敢担当的教育。唯有根植于社会实践，通过社会活动教学，在真实的社会参与中，才能真正实现从知识教学向学科核心素养教学转变，实现为素养而教、为素养而学。唯有从教育的本义、本源、本质上寻找教学的方法，才能实现立德树人的根本任务。最美的教育始终在路上。

（六）社会活动教学的评价

1.以高考评价做宏观政策引领

毋庸置疑，高考评价一直在左右一线教师的具体教学，再有意义、有价值的教学方法如果不能对高考教学成绩有明显效果，教师也会主动或者被动地使用讲授式教学法。要发展学生核心素养，就必须发挥高考的实际引导功能。一方面，在大学人才选拔机制上，把过程性评价切实落到实处，把学生社会活动参与的态度、成果、效果作为重要的选拔依据；另一方面，在高考命题上，增加有关社会活动内容和题材的考核，把积极参与、高效参与社会活动的学生选拔出来。

2. 以日常评价做微观教学指引

社会活动教学的微观评价从目标看，包括学习内容效果的评价，学生在活动中所表现出来的素养、情感、态度、能力、行为的评价。从活动组织设计看，包括学习目标是否清晰、内容是否明确、安排是否合理、组织是否恰当、资源是否充分利用、学生的主体性和创造性是否得到充分发挥、学生的交往能力是否得到增强；从效果看，学生的能力是否得到锻炼、核心素养是否得到提升，是否在活动中有存在感、获得感、成就感；从主体看，以学生的自我记录、自我小结为主，由同学、教师、家长、其他相关人员共同参与；从形式看，既应有量化评价，又应有质化评价（见表6-12）。

表6-12　社会活动评价表

学校	班级	姓名	
维度	描述		等级
活动的价值取向			
积极参与、主动承担			
与小组同学相互配合			
资料收集，分析的方法科学、精准、充分			
活动成果丰富			
积极主动分享、反思			
活动效果明显			
其他			

注：①描述填写的内容为真实记录，包括文字、成果、视频、图片的佐证。
②等级包括卓越、优秀、良好、合格、基本合格、还需努力六个级别。

二、服务学习——社会活动教学新形式

服务学习源于体验学习、项目为本学习或实习，于19世纪末20世纪初在美国盛行。当前，服务学习在美国的中小学以及大学普遍开展起来。到2000——

2001 学年，1.3 亿美国学生的评估都涉及服务活动。服务学习作为一种把"公共服务"和"学习"综合起来的活动型课程，让学生"做中学""错中学""挫中学"，既有助于公民素养的培育，又有助于学科核心素养的习得。

（一）服务学习的定义及理论依据

1996 年，美国国家教育统计中心在"全国学生服务学习与社区服务之调查报告"中，将"服务学习"界定为：以课程为基础的社区服务，它整合了课堂教学与社区服务活动。这种服务必须做到以下几点：配合学科或课程而安排；有清晰的学习目标；在一段时间内持续地探讨社区的真正需要；有定期安排的经验报告、学习体会或批判分析等交流活动来帮助学生学习。

服务学习的理论渊源来自杜威的经验学习。杜威认为，学生的各种经验是教育的核心，学生既要从课程中学习，又要从活动中学习，他把后者称为"同时学习"。经验活动让学生学到了许多在课堂上没有获得的知识和技能，为学生提供了理论联系实际的机会。

（二）服务学习的意义

1.促进学生深度学习

服务学习作为公民教育的一种新形式，注重学生在实践中学习，在真实情境中学习，以获取直接经验。服务学习通过学生的积极参与、对话与合作，促进学生公民知识、技能的获得，提高与同伴和其他社会成员相互合作、共同分析、讨论及解决问题的能力，以培养学生的学习能力、创新能力、语言表达能力。

2.培育学科核心素养

服务学习既是一种社会实践活动，又是一个学习过程。在服务社会过程中，学生通过对社会的接触、感知、理解，提高了政治认同感，为了更好地服务社会，必然推动其理性思维、批判思维、辩证思维等科学精神的发展。服务社会的过程，就是一个尊重规律、尊重法治的过程，培育了学生的法治意识。学生在服务社区、服务他人的过程中形成了责任意识和主动精神，锻炼了社会参与、人际交往能力，提高了公共参与素养。

（三）志愿服务和服务学习的本质区别

志愿服务的核心是提供服务，而服务学习则将课程、服务和反思结合起来。服务学习不同于志愿服务的关键点在于：服务学习制定了具体的课程目标，将服务、课程和反思相结合，并通过系统的设计、规划、督导、反思和评价来实现预期的课程目标。

服务学习是一门课程，有具体学习目标，并能转化成学习单元，让学生课前准备和课后讨论，因此服务学习对服务主题比较挑剔，除了能让学生获得服务经验之外，还必须兼顾学习的意义。

（四）服务学习的建构

1. 服务学习关键特征

（1）课程融合

基于服务项目进行跨学科、多学科融合式教学，有利于学生克服学校分科教学只见树木不见森林的人为割裂知识联系的弊端，让学生系统地理解知识、把握现象、认识世界。例如，学生完成街道（社区）环境保护这一服务学习项目后，在思想政治课堂可以讨论公民责任、公民如何参与公共管理、公共决策、公民道德修养等；在地理课上可以讨论环境规划和治理问题；在生物、化学课上可以讨论环境清洁和治理的技术；在语文、美术课堂可以探讨环境保护的宣传、设计等；在课外实践课上，可以成立社区环境保护组，收集数据，确定城市中需要清除的地方，与当地的管理机构合作开始实施该项目。这种跨学科的方法不仅将课堂学习与真实世界联系起来，而且让学生提前了解、接触不同的职业，进行职业体验，做好生涯规划。

（2）系统反思

区别于志愿者服务只重体验、重服务，服务学习既重体验、重服务又重学习。服务学习要取得学习效果，需要优质高效的系统反思，没有反思就没有学习。服务前准备有关活动的计划、涉及的相关知识、服务中各种活动的统筹和技能、应急的反应等，服务后对本次活动的体验、活动的思考、感悟等，系统反思有利于高效学习，优质服务。

（3）多样体验

服务学习的内容涉及社会方方面面，可以为学生提供多样的学习体验。例如，为社区公共环境、卫生、交通、治安服务；为留守儿童、外来工子弟、孤寡老人、残障人士等有特殊需要的人提供服务；等等。服务学习也可以依托社区服务基地来开展各种各样的体验活动，学生从不同的活动中所得不同却能从同等重要的体验中受益。例如，在博物馆服务既可以帮助学生了解历史、地理、人文等知识，又能锻炼学生的表达、沟通、协调能力；在外来工子弟学校服务有利于学生更好地了解外来工子弟的生活、学会社会关爱、培育人文素养。

（4）多方协调

服务学习涉及学校、学生、社区、家长、有关管理部门以及公众，需要多方合作与协调。学生可以运用服务学习的策略来满足社区的需要，在服务当地社区的过程中显示自身价值。

2.服务学习三要素

①充分的准备，包括为要学习的技能确定目标或确定要考虑的问题，制订项目计划，在开展服务活动的同时促进学习。

②提供服务，要求为服务对象带来服务效果。

③讨论反思，即参与者通过讨论及反思分析经验，形成收获。

3.服务学习实施步骤

服务学习活动通常包括准备、合作、服务、反思、庆贺等环节（见图6-6）。

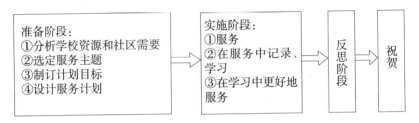

图6-6 服务学习实施过程

①准备。社区是学校进行服务学习的对象与场所，学生或者师生一起通过直接观察、问卷调查、社区重要人物访谈等方法评估社区的服务需求，确定服务学习的主题，制定适应社区需要的服务方案。方案通常包括服务主题、课程目标、服务参与者、服务时间及地点、学生学习活动方式、教师教学组织形式、设备、评价方案等。服务学习课程方案至少要回答四个问题：学生要学什么、为什么要学、如何学、如何评价学习成果。

②合作。学生与当地社区、学生之间形成伙伴关系，共同解决社区问题。

③服务。学生实施有助于社区的服务计划。

④课程统合。学生为解决社区问题而运用在学校里掌握的知识，并且不断地进行学习，掌握知识和技能。

⑤反思。反思是决定服务学习成效的关键环节，是学生对服务学习活动进行记录、思考、评价并接受反馈的过程，它是将服务活动与课业学习连接起来的桥梁，没有反思这个环节，服务学习就只是一般的志愿者活动，不能成为学习（见表6-13）。反思的形式可以多样化，既可以是个人反思，又可以是小组

反思；既可以是撰写反思日志，又可以是小组讨论、撰写研究报告等。

表6-13　学生反思

内容	问题	记录
事件	①本周你的服务工作是什么？ ②人们对你有何反应？ ③你遇到什么问题？你对问题有何反应？ ④你有何成功之经验？ ⑤下一周你有何计划？	
自我	①参与本周的服务活动，有何感觉？ ②你用什么技术协助别人？ ③服务活动中什么层面最有趣？ ④你觉得服务活动中什么层面最具挑战性？ ⑤有何额外的技术或知识可提升你的服务质量？	
他人	①你和谁一起工作？ ②他们所持的价值、信念、希望和梦想是什么？ ③他们有什么共同点？他们有什么不同？ ④他们如何觉察他们的需求和问题？ ⑤他们的工作对他们的生活有什么改变？	
服务	①你在协助他们时获得什么？ ②他人如何经由你的协助获益？ ③什么或谁让你变得不一样？ ④什么或谁让你难以接受？ ⑤你认为每个人应该帮助他们吗？ ⑥什么价值和信念在服务他人时最重要？	

　　高质量的反思应遵循的五个原则。①联结，反思应有助于建立学校与社会、学科知识与实践体验、情感与认知、现在与将来等多方面的联系。②持续，反思活动应该是持续的，其贯穿于整个服务学习活动始终。活动前侧重于反思自己对服务学习的看法、预期等；活动过程中侧重于反思感受、体验；活动后则侧重于总结、提炼服务学习活动的经验教训，并思考如何将获得的新知识应用于后续的服务活动中。③情境，反思应强调如何将所学的知识技能应用于真实的问题解决中，促使学生将课堂所学的知识运用到实践中。④挑战，真实情境中的服务学习活动往往会让学生产生认知冲突，通过反思，学生直面这种冲突、挑战，形成更为复杂、全面的认识，进而促进其心智的提高和社会性的进一步发展。⑤督导，学生的反思应该得到教师的反馈，尤其遇到挑战性问题时，教师应适时给予情感、认知等方面的支持和辅导，以引导学生更为积极、有建设性地投入服务学习活动中。

⑥庆贺。庆贺是一个评价进步、分享学习与成长、收获成果的过程，教师（包括社区成员）借此机会对学生的参与、奉献及成长予以认可和真诚的表扬、鼓励，以期提高学生参与服务学习的效能感、对班级的归属感以及持续投入服务学习的意愿。庆贺方式可以视学生的意愿与喜好而定。应充分发挥学生的创意，通过播放视频、音频素材，PPT 演示，创作诗歌、歌曲、舞蹈或小品等来回忆、再现服务学习中真实而深刻的体验。教师及相关部门也可以通过颁发证书、感谢信等方式来庆贺学生的成长及取得的成果。

（五）服务学习案例

具体的服务学习案例见表 6-14 所示。

表 6-14　关于学校门口交通灯设置的服务学习案例

项目	内容
教学目标	掌握参与民主决策的路径和方法；提升合作沟通能力、统筹协调能力、解决真实生活难题能力；积极参与社会公共服务，践行公益精神，增强社会责任感，培养为人民服务的公共参与意识
准备	学校门口有一个交通繁忙的十字路口，却没有交通信号灯，学生过马路非常危险，曾经发生过几次交通事故
合作	学生了解到学校、附近居民都认为安装交通信号灯非常有必要，社区也做过努力，却没有成功
服务	学校组织了一个服务学习活动，目标是在该路口装上交通信号灯以及学会与政府公共服务部门打交道。具体服务有：①学生分小组调查设置交通灯的必要性、重要性、措施和预算，形成建议书。②向公安机关交通管理部门提出建议书。在提出申请过程中，学生了解到看似简单的任务，实际上要涉及很多部门，如交通部门、规划部门、财政部门等。③学生向交通管理局递交了建议书，官方许诺会在一定期限内安装。然而，期限到了，交通信号灯却并没有如期安装。④学生又通过人大代表向政府有关部门递交了建议书，直到信号灯装上为止
课程统合	①《政治与法治》公民的政治权利、民主决策、政府的职能、宗旨和作用； ②地理：城市规划和道路交通； ③《经济与社会》财政的作用、价格； ④语文：调查报告的撰写

项目	内容
反思	①我在本次活动中, 有何收获? 学习到了哪些知识? 培养了哪些能力? ②公民如何和政府打交道? 如何参与民主管理、民主监督? ③如何撰写一份高质量的调查报告? ④有人说交通信号灯、路灯、下水道盖等属于公共物品, 只要不威胁自己的安全和利益, 没必要去管这些闲事。你认为这个观点对吗? 请说明理由
成果及进步	①成果: 成功在学校门口设置交通灯, 让同学们出行更安全。 ②进步: 在这个过程中, 学生了解了公共参与的途径, 提升了公共参与的意识和能力
庆祝	专门召开一次庆祝会, 表彰在活动中表现优异的同学; 播放本次活动从策划、行动到结束的记录视频; 优秀反思及心得分享
评价	①对参加态度、过程、效果进行评价。 ②评价主体应该包括学生自己、同伴、教师

类似的服务学习, 我们还可以通过开展环境卫生、社区交通、文化建设、治安、娱乐、和谐社区等进行服务学习, 既要有实际行动, 又要有方案建议、学习反思, 还能把所学知识和实际紧密联系起来。

第七章　学科核心素养背景下中学思想政治课程资源开发与利用

第一节　课程资源开发利用的原则

一、中学政治课程资源开发利用的原则

基于课程资源的特点和类型以及新课程改革的精神，我们认为，思想政治课程资源的开发与利用应遵循如下一些原则。

（一）坚持"贴近实际、贴近群众、贴近生活"的"三贴近原则"

"理论是灰色的，生活之树常青。"新课程最大的特点就是以生活为逻辑来构建知识体系。让学生从生活事例中感悟、领悟、理解、掌握有关的经济、政治、文化、哲学常识。所以，课程资源开发的首要原则就是要坚持"贴近实际、贴近群众、贴近生活"的"三贴近原则"，教师在进行资源开发的时候，应该开发利用最新的时政案例。最典型的事例、最常见的生活现象为素材，选择具有时代性、新颖性、可读性、适用性的内容。

（二）坚持"为教学教育服务"的原则

课程资源开发利用的目的和宗旨就是为教学教育服务，一种素材资源即使形式多漂亮，内容多丰富，但如果不能说明我们想要表达的主题，那么我们也必须大胆地舍去。我们始终明白"形式是为内容服务的"。在现实生活中，我们的课程资源开发既要追求形式美，更应该突出实效性。

（三）提倡"自主创新"原则

"创新"是民族进步的灵魂，自主创新是一个国家兴旺发达的保证。一个

不重视自主创新的国家是没有发展前途的；同样，课程资源的开发也必须强调自主创新，一个不会自主创新进行资源开发的教师，同样不可能成为一名优秀的教师。我们强调课程资源的自主创新不是强调一切素材和资源都必须自己原创，而是希望教师在开发资源的时候有更多的自我创意和思想；只有所有的教师在课程开发的时候，都能有所创新，那么我们的课程资源才能日益丰富，才能富有时代感和新颖感。当然，我们强调自主创新，并不是说要摒弃资源的交流、共享和借鉴。

（四）既要坚持交流与共享、学习与借鉴，又要坚持以我为主，为我所用的原则

当今时代，网络的发达、通信的便捷为我们的教学提供了丰富翔实可供开发的资源和素材。在这些资源中不乏优质资源，值得我们学习和借鉴，我们要虚心学习和借鉴他人已经开发的资源。同时，我们必须认识到，各地各校的实情不同，资源的适用性也不同；甚至在某些资源中存在粗制滥造，甚至是虚假错误的信息。所以，教师在开发利用这些资源的时候，必须"去粗取精、去伪存真"，坚持"以我为主、为我所用"的原则。我们必须对所收集到的课程资源结合本人实际、本校实情进行重新整合，二次开发，而不能照搬照抄。

（五）倡导多样化原则

课程资源的多样化既包括资源形式、内容的多样化，也包括课程资源开发的途径和方式的多样化。课程资源形式既应该有文字资料（书面、电子）、视频音频资源（FLASH 动画、电视电影剪辑、歌曲……），还应该有实物资源（各种挂图、各国货币、股票、债券、支票……）、课程资源（时政热点、新闻专题、事例、政治人物介绍、漫画、趣味知识、成语哲理故事、试题……），课程开发的途径和方式不能只简单地局限在网络和书本的单一开发，而应该充分利用多种形式来进行立体式、综合性开发。

（六）坚持积累性原则

许多教师在需要使用资源的时候，常常就会发现自己手中掌握的资源太少了，真是"书到用时方觉少"。这主要是因为教师在平时的教学中没有注意积累资源，储存资源。所以，我们要开发课程资源，必须在平时的生活和教学中，做"资源的有心人"，注意平时资源的积累和储备。

二、中学政治课程资源开发的理念

开发中学政治课程资源的理念，应树立与其他课程资源一致的开发理念，即树立正确的课程资源观。有论者对其进行了详尽的论述。论者认为，课程资源观就是人们对课程资源的态度和看法。它直接影响人们认识和开发课程资源的积极性，也影响课程资源开发的程度和效果。可以说，正是课程资源观对教师开发课程资源起着导向、维持和监督作用，成了影响课程资源有效开发的关键因素。课程资源相对于人来讲是外在的、对象性的，它不会自觉地进入课程领域，需要主体发挥意识活动的能动性去认识和开发。同时，课程资源具有价值潜隐性，如果离开了人的意识活动，课程资源隐藏的价值就难以被认识，更谈不上有效开发。

正确的课程资源观之所以成为课程资源开发的关键是有多种原因的。首先，对课程资源的研究和探索还处于初始阶段，教师的课程资源观尚未形成。目前，人们对课程资源还存在模糊认识，有的教师连什么是课程也不清楚，课程资源对他们来说更是一个陌生的词语。如果不帮助教师树立正确的课程资源观，不帮助教师去分析和探索课程资源的内涵、性质、种类和在课程目标实施中的价值，课程资源的开发就是一句空话。其次，新一轮课程改革的特点决定了必须要帮助教师形成正确的课程资源观。这次课程改革的目标是要改变课程过于注重书本知识传授的倾向，要加强课程内容与学生生活以及现代社会和科技发展的联系，关注学生的学习兴趣和经验，并要适应不同地区和学生发展的需求，体现课程结构的均衡性、综合性和选择性，要增强课程对地方、学校及学生的适应性。这对于长期习惯于依赖教学参考书进行教学的教师来讲，将是教学行为方式的变革，是一种角色的转换，是一种范式的自我更新过程。这就要求教师要创造性地开发一切有助于实现课程目标的资源，把课程资源当作实现新的课程目标的中介，充分发挥其在课程实施过程中的作用。如果对课程资源没有明确而清醒的认识，没有切实有效的开发利用方式，这种变革、转换和更新就不可能实现。最后，树立正确的课程资源观也是教师专业成长的需要。专业的自觉和理性是影响工作成效的重要因素。思维方式和认识水平等主观领域对教师工作成效的影响越来越受到人们的关注。教师要有效地开发课程资源，首先需要去分析课程的目标、内容，也要分析课程资源开发与课程目标实现的关系，要去认识可以开发的课程资源的种类、分布，还要设计开发的程序和方式，估计开发产生的效果。也正是在课程资源的开发过程中，教师的知识结构得到优化，能力得到发展，对教育、教学、课程，特别是对课程资源的认识水平得到了提升，最终形成科学有效的课程资源观。也就是说，通过课程资源的开发，实现教师的专业成长。当然，只有教师得到良好的发展，才可能实现对课程资源更有效的开发。

教师课程资源观的形成是一个由低级到高级发展的动态过程，是对课程资源的认识不断深化、不断增长和不断更新的过程。因此，要促进教师课程资源观的形成不能急于求成，应从以下几个方面努力。首先，要加强对课程资源的理论研究和实践研究。而理论研究和实践研究的缺乏往往会制约教师正确课程资源观的养成。因此，在目前尤其要加强对课程资源的研究。研究的方向应该是服务课程改革，促进教学观念和教学方式的转变。研究的重点应该包括以下五个方面：对课程资源的概念、性质、种类和存在状态的研究，对课程资源开发与教师专业成长的关系以及教学方式与学习方式的转变的关系研究，对课程资源开发的程序、过程、步骤与利用方式、方法的研究，以及对具体学科的课程资源及其开发模式的研究，更应重视总结广大教师在课程资源开发中总结出的实践经验。其次，抓好对教师的培训工作。要提高教师对课程资源开发、对教育教学方式、学习方式变革以及实现新一轮课程改革目标的认识。及时向教师介绍课程资源理论和实践研究的最新成果，促使教师在课程资源开发过程中总结出的好经验，不断推动课程改革向纵深发展，使教师在培训中接受新的课程资源理念，逐步形成对课程资源的正确认识。最后，广大教师要注意自我学习、自我反思，形成科学的课程资源观。良好的经验是观念形成的重要环节，而经验的形成不是随意的、自然的，要依靠主体的积极思维活动进行总结和反思。教师可以通过阅读、写作、录像、研究等方式进行反思，逐步形成自己的课程资源观。当然，实践活动在其发展过程中，除了对人的发展具有肯定性价值外，还包含对人的发展的否定性因素。因此，教师的反思要克服经验主义的消极影响，不要被自己的经验束缚了手脚，成为纯粹的经验主义者，而要对自己的经验进行理性的分析，及时地"扬弃"。只有这样，才能形成合理的课程资源观。

中学政治课程资源开发是保证中学政治课程目标实现和课程顺利实施的基本条件，这就首先要求政治教师应树立正确的课程资源观。中学政治课程资源的开发应立足于促进教师的专业成长和学生的全面发展，使他们逐步形成正确情感态度价值观，培养其现代公民素质即具有良好健康的心理品质和道德修养、较强的民主法制意识和环境保护意识等方面。在开发中学政治课程资源的过程中应关注中学政治课程资源结构的优化，以发展的眼光看问题，及时开发丰富的适切性强的课程资源。立足于学校教学管理制度的重构，使其体现新课程改革所倡导的理念。同时也要求学生树立正确的课程资源观，能够识别和选择有利于学习中学政治的课程资源，促进其在知识、能力和情感态度价值观方面获得发展和提升。

第二节　课程资源开发利用的方式

一、文字课程资源的开发和利用

这里说的文字课程资源主要包括政治教科书、政治参考书、习题资料和报纸、杂志等平面媒体，主要是作为课程的要素来源。

（一）把政治教材作为提出问题、分析问题和解决问题的范例

新课程政治教材分单元、课、框和目四个层次。单元有序言，课下设有导言，导言简要说明了本课要讲的主要内容，相当于"提出问题"；正文的内容，则是"分析问题和解决问题"。每一框题由"情境导入、情境分析、情境回归"三部分组成。情境导入—提出问题，情境分析—分析问题，情境回归—解决问题。教师在利用情境的时候，可以根据最新的时政，重新设计情境内容。

新教材中有大量的信息和素材，这些信息也是宝贵的课程资源，同样对学生起着潜移默化的教育作用，不可忽视。如正文中的图片反映国家的形象，时代气息浓重，能使学生保持积极向上的精神状态。"名词点击、相关链接、专家点评"等辅助文介绍了相关概念、背景资料，拓展了知识深度，有助于学生深入理解知识。用好教材提供的教学资源是我们进行教学的基础。

（二）合理定位政治教参的使用

新教材注重贴近生活，以生活主题为基础，学科知识体系不明显。教参有助于教师把握重点、难点，理解教材意图，设计教学方案，梳理知识脉络，把握知识内在联系。同时，教参提供教材之外的理论和一些背景资料，这有助于教师关注时局，把握理论动态。

（三）练习资料的使用

知识只有在运用中掌握才能深刻，课后及时地做适量的练习（纸笔练习、实践活动、探究活动……），可以让学生对知识的掌握和理解达到事半功倍的效果；同时，这也是师生互动反馈的一种最有效的途径，有利于下一阶段教学的重点、难点的把握与突破，使得教学更有针对性。教师在设计练习的时候，

应该结合新课程的要求，注意结合学生、结合实际、结合热点来进行原创，注意练习的效度和信度，使练习能更好地考查学生的各种能力。

（四）充分利用报纸、杂志等平面媒体

报纸、杂志等平面媒体上的信息一般来说都是经过挑选、整合而成的，与丰富而复杂的网络信息相比，具有精简和高效的特点。在开发中，教师要注意养成阅读报纸和专业杂志的习惯，并且能适当地做好摘录和剪辑。同时，在日常的学习过程中，培养学生阅读、关注热点新闻的习惯，并且能对时政热点有所分析、有所见解、有所思考，培养学生发现问题、分析问题、解决问题的能力。

二、互联网络中思想政治课程资源的开发和利用

互联网具有信息量大、交流便捷及时的优点，多媒体强大的模拟功能又可以提供实践或实验的模拟情境和操作平台，所以利用网络进行课程资源的开发和内容重组是思想政治课程资源开发和利用的重要途径。我们可以从以下几个方面来操作。

（一）收集最新的教学资料、案例政治课程要素资源

教师可以在网络上发现和收集许多有用的原始素材，具体形式包括视频、图片、文字材料等。例如，在学习经济生活"科学发展观"时，就"环境保护"问题，教师课前引导学生浏览网站"黄河风情"的内容。面对网络所提供的翔实而触目惊心的资料，学生脑海中就会产生大量的问题：为什么古代黄土高原富饶丰美，孕育了伟大的中华文明，而现在却是千沟万壑？为什么上游的水清澈明净，而下游则是污染混浊？学生由"情境感悟"到"问题思考"到"情境推理"再到"亲身实践"，使学习变得更主动更有效。

（二）关注时事政治、社会热点话题，将时政话题引入课堂

将时政话题经过整合，巧妙而有效地用于教育教学，可以调动学生的兴趣，培养学生分析问题、解决问题的能力；在了解国家的路线、方针和政策的同时，潜移默化地进行情感、态度与价值观教育。例如，在了解"国家利益决定国际关系"时，教师可通过网络收集时政资料，并以课件形式展出。学生能运用所学知识分析伊拉克战争实质的同时，也增强了民族自强的使命感。

（三）了解教研信息，掌握理论动态，交流课件、教案，讨论教学方法和实践

网络可以为教师之间的交流提供一个长期而稳定的平台，在这个平台上，教师可以将自己的经验介绍给别人，也可以汲取别人的经验。正在推行的"全国教师教育网络联盟"就是一个宏伟的实验工程，其目标就在于充分利用现代教育技术，优化资源配置，促进教育优质课程共建共享，实现教师教育模式、方法和机制的更新与发展。以下部分网站可以作为学习和交流的平台。

①中华人民共和国教育部。

②教育在线。

③人教社网。

④中国基础教育网。

⑤中学思想政治教学网。

⑥中学政治学苑。

⑦研究性学习之窗。

⑧文化中国。

⑨世纪中国。

⑩新华社。

（四）实施网上教学

有条件的地区或学校可以尝试建立虚拟教育学校：由不同学校、不同地区的一些优秀政治教师和政治教学设计专家组成教研组，负责课程的规划与课件脚本的设计，再由软件编程专家负责把脚本制作成高质量的网上政治教学课件，然后实施网上政治教学，由来自不同地区的学生组成虚拟班集体，形成一所或多所虚拟学校，从而实现某个地区乃至全国范围的远程科学教育教学网络，提高资源的利用效率。

（五）实现资源共享

可建立课程资源管理数据库，拓宽校内外课程资源及其研究成果的分享渠道，提高使用效率。资源共享不仅可以缓解教育资源短缺的矛盾，提高社会资源的利用效率，还可以培养学生、教师在不同时间范围、空间范围内资源共享的意识，感受人与人之间互帮互助、分享合作的精神。资源共享包括校际的资源共享，专题课程的资源共享，社会范畴的资源共享，甚至国际的资源共享。初步实现网络教育的地方，还可以考虑在区域范围内构建更大的共享资源数据库，形成集成化的学习资源中心，包括围绕学生的研究专题组建的专题资源库，演示型或交互型学习软件库，课例库和知识素材库等，实施交互式的导师指导和分布式的学习。

三、思想政治课教学活动过程中师生人力资源的开发和利用

课堂教学是课程实施的主要途径，所以课堂教学活动的资源是课程资源的重要组成部分，而且是更为细节、微观的部分。学校教师具有极大的智慧潜能，是一个急待开发的巨大资源宝库，应该加以高度的重视和充分的利用。学生是学习的主体，同时也是课程资源开发和利用的主体，一方面课程资源是为学生学习服务的，另一方面学生要加入资源的开发和利用中去。开发和利用这类资源必须坚持以教师为主导、学生为主体的原则，主要途径有以下几点。

（一）挖掘教师的素质储备和教育教学经验

教师自身素质的储备和发展的情况本身就是重要的课程资源，同时还直接关系到其他课程资源开发和利用的水平和范围，现代教师必须不断地发展自己以适应新的课程资源开发利用的要求。教学方式特别是学习方式本身就是重要的课程资源，借助已有的经验可以更加快捷地根据现在思想政治课程受教对象的兴趣和活动的特点归纳出相应的富有成效的教学方式。通过研究学生，启发自己打开记忆的宝库，从自己以往与学生交往的经验中挖掘出大量有益的参考资料作为新的资源加以利用，往往具有非同寻常的针对性和实效性。

（二）为学生提供反馈资料

为学生提供的反馈资料，特别是向学生指出学习中的差错并分析原因的反馈资料，可以很好地帮助学生找出课程学习中的难点。学生常犯错误的地方通常是学习的重点和难点，及时而有效的反馈可以在知识点的突破和巩固方面取得意想不到的效果。教师可以采取各种方式进行反馈，如作业批改、课堂小测、个别谈话等，甚至可以自己尝试收集学生常犯错误的资料，设计和整理成各种特定的核查表，从而及时全面地提供反馈资料。

（三）总结学生的经验教训

思想政治课立足于生活，生活是学习的内容、出发点和落脚点，所以说学生自己的经历就是重要的课程资源。这种资源就在自己的身上，开发起来比较容易可行。例如讲到信用工具时，可以安排学生根据自己办理和使用信用卡的实际情况相互交流，甚至在有条件的班级可以安排有此经验的学生组织教学，

最后教师简单点评；在讲到民主集中制时，可以结合班委会的选举，让学生在实际的操作中体验民主基础上的集中和集中指导下的民主的辩证思维等，这样的课堂充分利用了学生资源，知识的传授轻松自然。

（四）课后小记、总结和反思教学活动

教学工作本身就是一个不断积累、不断改进的过程，已经结束的教学活动并没有真正结束，它是下一环节教学工作的重要教学资源。教师需要不断地提高通过自我总结和积极借助他人的反馈来分析自己的学习需要和学习风格的能力。教师应该善于运用教学日志、研究小组、个人教学心得集锦、同事指导和建议、学生反馈信息等自我评价和合作总结的手段、方法与策略，提高教学水平。优秀的教师既要能钻研教学，又要能拿出自己的研究成果让其他人分享。

四、社区教育资源中有关思想政治课程部分的开发和利用

"社区教育资源"是指社区内有可能对学生产生教育功能的资源，其开发和利用是指学校在取得地方政府和社会各界支持的情况下，对学校所在社区内可以利用的人力、物力资源进行协调，使之在教学实施过程中发挥一定功能的行为。

（一）家庭是可以依托的课程资源

学校可以组建家长联合会，具体负责家庭教育经验的交流和共享，家长方面各种人力资源的收集，以及在假期组织有意义的户外活动，让学生同时享受家庭和集体的温暖。例如，有企业背景的家长可以在学校做有关企业的报告，政府公务员可以做有关政府职能方面的报告等，这样的报告让学生感觉更加真实，更有吸引力，说服力很强。

（二）图书馆、科技馆、博物馆等机构现有资源

在开发形式上可以考虑采取学校和图书馆建立联系的做法，实现资源共享。同时，还可以请图书馆的专业人员介绍图书情报检索方面的常识，培养学生获取信息的基本技能。科技馆的利用有利于拓宽学生的科学视野。可运用现代信息和媒体技术，如制作成光盘或通过上网等途径让科技馆与学校"联姻"。

（三）社会实践、社会调查等探索性主题活动的开展是思想政治课程资源开发的一种重要形式

学生在教师的指导下选择活动主题，开展专题研究和社会实践活动，亲历

社会生活，获得在书本和课堂上得不到的收获。例如，让他们采访"当地名人"，调查"白云山的生态环境"，领略"岭南的园林艺术"，漫游"广州雕塑公园"，考察"沙面的历史"，研究"都市的夜生活"，考察广东人的"饮茶文化"，研究"长寿村人长寿的原因"，了解"江南大道的变迁"，探索"羊城"的得名，亲自去尝试"玉器的鉴定"，评析"岭南骑楼"的建筑特色，探讨"珠江旅游资源的开发"，建议"广交会要与时俱进"，在清明节去"祭烈士英灵"……学生在活动中的所感所悟所学不仅仅是现实的收获，更是后来学习的重要素材和动力，整体构成内在的宝贵课程资源。

第三节　课程资源开发的问题

新课程背景下，要实现良好的教育教学效果，必须有课程资源的支持，如果没有课程资源的支持，再美好的课程改革设想也很难产生良好的教育教学效果。作为一门以培养学生现代公民素质为目标的课程，更是这样。中学政治课程资源的有效开发是实施中学政治课程的保证，但开发中学政治课程资源的前提条件是要明确以往的中学政治课程资源开发中存在什么问题，对实际教育教学产生了什么样的影响；中学政治新课程改革在哪些方面取得了进步，还有哪些方面需要改进……本节将着重探讨当前中学政治课程资源开发中存在的问题。

一、政治教师专业化成长与课程资源开发不协调

（一）政治教师缺乏开发中学政治课程资源的主体意识

中学政治新课程实施中，在教育部门、学校、政治教育专家、政治教师、学生和家长中，谁应成为课程资源开发的主体？每一个人都毫无疑问地说，政治教师理应成为中学政治课程资源开发的主体；但现实教育教学过程中政治教师游离于开发中学政治课程资源之外。

以往中学政治课程资源开发的主体主要是政治教育专家和部分学者，中学政治教师很少或者基本不参与中学政治课程资源的开发。随着新课程改革的逐步推进，中学政治课程资源开发主体发生了质的变化，中学政治教师成为中学政治课程资源开发的主体。原有的中学政治课程，执行的是国家统一的标准，即统一的教学内容、统一的参考书、统一的考试，它根本不需要政治教师去考虑开发中学政治课程资源的问题。政治教师要做得就是执行贯彻统一的标准，

以此进行课堂教学。因为在实施过程中的中学政治课程及其资源已由国家规定好了，政治教师的任务只是理解教材并不折不扣地贯彻执行。原有的中学政治课程资源开发主体是政治教育专家、学者，从这个角度上看，中学政治课程资源开发自然就成为政治教育专家、学者的工作。政治教育专家、学者开发的中学政治课程在内在的学术品质上值得称赞，但无法通过他们开发的中学政治课程来反映不同地区、不同学校和不同学生之间的差异性和多样性。政治教师作为中学政治课程资源开发的生力军、主力军，由于种种原因没有得到应有的重视，结果抑制了其主观能动性的发挥，使中学政治课程丧失了生机与活力。通过以上分析我们看到，政治教师缺乏开发中学政治课程资源的条件和意识，久而久之就失去了开发中学政治课程资源的主体意识。

（二）政治教师缺乏开发中学政治课程资源的有效方法

新课程改革实施之前，中学政治课程及其资源的地位和作用没有受到足够的重视，除政治教材以外的课程资源开发力度不够。中学政治课程资源的开发被写进思想政治（思想品德）课程标准中，也引起了中学政治课程及其资源的地位和作用越来越受重视和关注。在目前的中学政治课程教育教学活动中，政治教师缺乏开发中学政治课程资源的有效方法导致在开发中存在的如下问题：部分中学政治课程资源闲置浪费、盲目追求开发新的中学政治课程资源。

政治教师缺乏开发中学政治课程资源的有效方法导致部分中学政治课程资源被闲置浪费。丰富的、适切性强的中学政治课程资源是课程的来源和顺利实施的条件。然而，在部分学校，中学政治课程资源的闲置浪费的现象仍大量存在。笔者通过调查访谈发现，在中学政治教学中政治教师在实际的教学中使用较多的中学政治课程资源是政治教材及相关的教师教学用书等。学校中一些有用的中学政治课程资源没有得到有效开发，如视频资料、图书馆、阅览室等，在一定程度上都存在着闲置浪费的现象。之所以出现上述问题，原因就在于政治教师缺乏开发中学政治课程资源的有效方法。

政治教师缺乏开发中学政治课程资源的有效方法也导致其盲目追求开发新的中学政治课程资源。在开发中学政治课程资源的过程中，要本着既保证资源数量，更应保证资源质量的原则。从哲学的某种意义上讲，质量决定数量，质量比数量更重要。中学政治课程资源的开发应该明确其开发的原则和意义：尽管可开发的中学政治课程资源十分丰富，但只能在条件允许的范围内开发适合的、有利于学生发展的中学政治课程资源；开发中学政治课程资源不能只追求资源在数量上的增加，忽视已开发中学政治课程资源的价值，也就是说要注重质的提高；同时还要善于识别、选择、评价已有的中学政治课程资源，把闲置的中学政治课程资源及时加工和转化，以做到有效开发。

二、中学政治课程资源开发结构不合理

（一）政治教师作为课程资源排斥于中学政治课程资源

中学政治课程具有独特的性质和特征，在开发中学政治课程资源时，必须强调政治教师是中学政治课程资源开发过程中最为重要的资源和因素，政治教师的生活经验、问题困惑、理解感悟等都应该是中学政治课程资源的一部分。中学政治原有课程设计上的封闭性，导致政治教师不能对中学政治课程资源进行抉择；在这样的体制下政治教师也缺乏相应的能力。中学政治课程资源的开发是一个全面的、系统的"工程"，在这个体系中应该涵盖各种各样可以走进中学政治课堂、参与中学政治教学、促进学生发展的课程资源。但在实践中具有主观能动性的政治教师往往是被忽视的，把政治教师排斥在中学政治课程资源系统之外。

教材作为课程资源有其客观属性，但同时知识是人类主观认识客观的智慧结晶，可以通过师生在教学过程中共同建构起来。尤其是中学政治课程，若缺乏政治教师的内化，将无法引起学生的共鸣、激发学生的兴趣，也无法共同建构知识。当中学政治教师把知识当作客观对象来讲解教授时，将使教学过程成为一个传授标准答案的过程，这样的教学过程中学生只是一个被动的接受者，教学过程就失去了应有的生机和活力。而中学政治课程具有其独特之处，它更多强调得是在政治教师的引导下，以学生的生活为基础，使学生在生活中获得感悟和经验，逐步具有现代公民素质，继而内化为正确的行为实践。例如，在《经济生活》中我们讲股票、债券和保险时，如果将这一教学过程只是看作一个简单的传授标准答案的过程，那么学生无法理解股票、债券和保险，只是在生吞活剥地去接受书本提供的知识结论，也无法将所学的关于股票、债券和保险方面的知识内化为正确的行为实践；同样政治教师关于股票、债券和保险方面的经验、理解、困惑、问题等资源都不能有效地融入教学，政治教师自身的资源价值也就无法实现。

（二）开发理念落后加剧中学政治课程资源结构差异

在开发中学政治课程资源时，人们往往容易把关注的重心过分集中在条件性资源（可以作为课程的存在方式和运行条件的资源，如人力、物力、财力、

时间和空间等）的建设上，而忽视对于教育质量更具决定意义的素材性资源（可以作为课程内容素材来源的资源，如思想观念、知识、经验、活动方式和方法等）的建设。落后的开发理念使所开发的中学政治课程资源结构产生差异，最终导致教育现代化的物质外壳与丰富内涵的分离。

中学政治课程资源开发结构存在差异问题的实质是开发理念问题，表现在中学政治课程资源特别是能够参与实施教育教学的中学政治课程资源严重不足以及对中学政治课程资源开发缺乏整体认识和开发意识。很多政治教师提及中学政治课程资源，就想到图书馆、爱国主义教育基地、网络、电脑等；提及开发中学政治课程资源，就想到物质投入，片面认为开发课程资源就是网络安装、购买电脑等，忽略了自然、社会环境中丰富的可开发的中学政治课程资源；同时埋没了自己、学生身边一些有价值的中学政治课程资源，片面追求需要物质投入的中学政治课程资源，导致中学政治课程资源开发结构差异，并造成部分中学政治课程资源闲置浪费。我们应该看到在不同自然、社会环境下的中学政治课程资源可能有着相当大的差别，但同样作为课程要素来源的条件性资源和素材性资源，在不同的条件下仍能获得较好的开发，相比而言主要是缺乏开发中学政治课程资源的正确理念，缺乏对中学政治课程资源识别、开发的意识与能力。

（三）忽视中学政治课程教学的动态生成资源

教学是学生在教师引导下认识客观世界，改造主观世界的过程；也是师生之间的相互交流、相互影响的过程；更是促进学生全面发展的过程。中学政治课程强调对学生客观世界与主观世界的认识和改造，强调人与人之间的情感交流和思想碰撞，强调学生的全面发展，所以在教学中政治教师与学生必然随景随情产生丰富的中学政治课程资源。因此中学政治课程教学不能是固定不变的，而实际教育教学中部分中学政治课程是照本宣科或按部就班进行讲授的，究其根本原因是教学中的动态生成资源被忽视。

在具体实施中学政治课程时，部分政治教师备课只是做到备教材、备参考书，没有充分备"学生"，对于在教学中可能出现的情况没有给予充足考虑。如果教学中问题涉及政治、思想、道德品质等方面，部分政治教师的回答都有一个明确的"正确答案"指向，严格按照自己的教学设计开展教学，缺乏灵活性。对于学生不同的意见和看法，不是去引导而是告知，"课后讨论"最终不了了之，更极端的做法是理都不理。政治教师只关注教材和教学设计而不关注学生，长此以往，学生便没有了学习的主动性，学生的学习积极性也备受打击。

动态生成资源的开发关键就在于教师的主体能动性的发挥，教师的态度和做法决定着学生下一次遇到这类问题的态度和做法。学生的经验、感受、见解、问题、困惑等是宝贵的中学政治课程资源，教师应该允许这些中学政治课程资源进入课程，特别是进入教学过程。否则，学生就被排斥在课程与教学之外了，那他们不可能成为学习的主人，不可能体会到学习的丰富意义。因此，如何应对学生突如其来的"刁钻提问"，充分挖掘这类问题所拥有的价值；如何看待学生所犯的错误，并能让学生从中受益；如何处理突发事件，并合理利用事件的价值；如何发现动态生成的中学政治课程资源，并加以开发利用，都是中学政治教师应该思考的问题。

（四）中学政治课程资源校内校外脱节

校外中学政治课程资源主要是指家庭和社会生活中能为中学政治课程顺利实施服务的资源。例如，家庭内部对其子女素质形成有积极作用的因素，包括家风家训、家庭生活习惯、家长工作态度和方法等，都可以视为中学政治课程资源的一部分。实际生活中，部分家长只关心重视孩子知识的掌握程度，学习成绩的高低，忽视对孩子的全面发展和现代公民素质的培养，导致家庭中的中学政治课程资源基本处于闲置状态。社会中的中学政治课程资源如建设爱国主义基地、聘请校外辅导员等曾经起到了积极作用。社会上可供开发利用的物质、精神和思想等方面的中学政治课程资源，没有得到很好的开发，一些社会机构所具有的中学政治课程教育功能处于潜在状态。中学政治课程所面临的最大挑战是来自社会的影响，中学政治课程教育教学只有走进社会才能解决和说明学生的实际问题，但在实际教育教学中做到这一点比较困难。比如，综合探究中学生需要进行社会调查，然而社会上的一些工作人员的不配合会给他们的调查带来一定阻力；走进社区进行调查家长也有所担心但又没时间陪伴，让学生分小组一起调查仍担心其存在危险，最终导致学生的调查只是形式上的，缺乏实质的切入。

社会、家庭和学校在开发中学政治课程资源过程中缺乏相互协作、相互促进、共同发展。对学生来说，社会、家庭不仅仅是一个生活场所，更是渗透中学政治课程教育价值的实践场所。新课程标准也强调，中学政治课程的教学应立足于学生的生活经验，使学生的生活现象与学科知识有机结合，注重学生生活与社会、家庭和学校的联系，使静态的、枯燥的教学内容和学生丰富的、多彩的现实生活相联系。

三、中学政治教材与课程资源产生错位

中学政治教材是重要的中学政治课程资源，但仍有部分中学政治教师错误地认识中学政治教材，认为中学政治教材就是唯一的中学政治课程资源；也有部分中学政治教师一提起开发中学政治课程资源就要购买教材。这些其实都是对中学政治课程资源及其开发的一种相当狭隘的理解。我们要明确的是中学政治教材是重要的中学政治课程资源，但它并不是唯一的中学政治课程资源；我们所倡导开发的中学政治课程资源，是指在政治教材的基础上开发丰富的、适切性强的中学政治课程资源以帮助学生对政治教材的理解，并不是主张不要中学政治教材，更不是否认中学政治教材的重要性。

我国原有的中学课程资源以教材为主，结构比较单一，其是课程资源的主体，是课程资源开发的主导；同时，在课程资源的内容、利用等方面比较单一，未能形成有机整体。具体表现在以下几方面。从课程实施的活动空间来看，班级课堂成为最主要的课程资源，许多中小学还缺少相应的专用教室、实验室、图书馆和课程资源库等。学习方式和内容主要集中在学科内容的课堂教学上，缺少包括研究性学习、社区服务、社会实践以及劳动与技术教育等综合实践活动的形式。从课程素材或内容上看，偏重知识资源特别是学科知识资源的开发，忽略学科知识的新进展和各学科知识之间的相互渗透和融合，远离学生的生活经验。从课程资源的载体形式来看，课程资源的开发往往偏重于纸质印刷制品，甚至把教科书作为唯一的课程资源加以固化，而对开发多样化的课程资源载体形式则重视不够。

中学政治教材只是给学生提供关于经济、政治、文化、哲学等方面知识的概念和框架体系，要使学生习得这些知识，不能将政治教材作为中学政治课程学习的唯一对象。实现中学政治课程的目标，培养学生集知识、能力和情感态度价值观于一体就要求中学政治教师开发中学政治课程资源，不能囿于中学政治教材，要学会开发其他有用的课程资源。在这个开发中学政治课程资源的过程中，要善于引导学生积极地参与中学政治课程资源的开发，为学习中学政治课程服务。

中学政治课程资源的开发结构需要优化，理应认识到中学政治教材不是唯一的课程资源，中学政治教材只是中学政治课程资源的重要组成部分。根据教育教学的需要和学生身心发展规律，丰富中学政治课程资源，提高中学政治课程资源的适切性才是开发中学政治课程资源的关键和价值所在。

四、学校教学管理与中学政治课程资源缺乏互动

中学政治课程改革的目标是围绕着培育学生的现代公民素质来设计和确定的，充分体现了以人为本、关注人全面发展的指导思想。根据这样的目标和指导思想，现有的学校教学管理制度已不适应新课程改革的需要，其存在许多弊端。概括起来，主要表现在以下两个方面。

首先，学校教学管理制度的极端化走向使得教师和学生开发中学政治课程资源缺少动力和活力。以往的学校教学管理制度多数都是针对教师和学生制定的，其教学管理制度基本内容是围绕对教师和学生的管教，扭曲了以人为本、人的自由全面发展的价值取向。体现在中学政治课程资源开发管理方面，学校教学管理制度方面缺乏相应的规章制度来引导和推动政治教师参与中学政治课程资源的开发，相反使政治教师忙于应付学校其他的教学管理，也使政治教师没有充足的时间和精力开发中学政治课程资源；还有对学生教条般的管理，使学生丧失了学习的主动性和积极性，根本就不去理会中学政治课程资源的开发。

其次，学校教学管理制度与中学政治课程资源开发的断链。由于新课程改革，学校在中学政治课程资源开发、利用等的管理方面都出现问题，各部门的职能是如何理顺的，究竟由哪个部门去管理、去落实中学政治课程资源的开发都需要重新研究定位。具体来说，问题表现在"两脱节"：一方面是中学政治教师队伍与教学管理队伍在实施政治教育过程中的脱节，政治教师队伍主要负责第一课堂，教学管理队伍负责第二课堂，这两支队伍往往缺乏沟通、交流和协作，各自为政，导致中学政治课程的实效性差；另一方面是中学政治教师队伍和非教职工队伍脱节，非教职工认为政治教育是政治教师自己的责任，与他们无关，工作中只是单纯完成自己的事，缺乏管理育人、服务育人意识，育人的主动性和积极性处于潜在状况。中学政治教师队伍孤军奋战，导致中学政治课程资源与学校教学管理缺乏互动。

以上列举的学校教学管理制度的一些弊端已经影响到中学政治课程对学生进行现代公民素质的培养以及"以人为本、生活化"教育理念的贯彻和新课程改革的进一步实施。因此，我们必须以新课程理念为指导，构建与新课程改革和素质教育相适应、相协调的学校教学管理制度，创新学校教学管理模式，为中学政治课程资源开发和新课程改革以及学校发展提供相应的保障。

第四节　课程资源开发的对策

一、促进政治教师专业成长，推动中学政治课程资源开发

（一）课程资源开发与教师专业成长的关系

课程资源开发与教师专业成长可以说是一体的，有学者对其进行了详细的论述，具体内容有以下几个方面。

1. 课程资源开发：教师专业成长的一条理想途径

课程资源开发不仅是课程有效实施的必要环节，也是教师专业成长的理想途径。

教师在教育实践中的主体性参与，是教师发展的根本性动力。在传统教育中，一切教学活动都以课程标准为转移。教师的活动是强制性的、被动的，因此，教师失去了创造的自由，失去了课程资源开发的权利。这也意味着对专业成长的机会的丧失。

课程的新发展，要求教师科学知识、人文知识和谐发展，了解自然和社会，既有知识积累，又有知识创新。而丧失课程资源的开发机会，不去提高和训练学生的素质，把教师工作异化为教材的讲授，去培养考试的优胜者，使教师脱离了学生的内心世界，脱离了教育的内在价值，脱离了教育的终极目标，这是教师职业的悲哀，不可能推进教师的专业成长，不可能提升教师的职业价值。

课程资源的开发为教师的专业成长找到了一条理想途径。课程资源的开发过程就是教师专业不断成长的过程，开发程度和范围的大小，将决定教师专业发展的程度和水平；可以开发的课程资源的无限性，决定了教师的专业发展也是无止境的。在课程资源开发的实践活动中，教师通过融入自然和社会生活，实现对自然、社会及人与自然、人与社会关系的认识，这是一种心灵的升华和思想的沉淀，是认识的飞跃，从根本上为自身的专业成长打下了深厚的思想和文化基础。教师在课程资源开发过程中可能失去的是权威的地位和虚无缥缈的尊严，失去的是教学参考、教学指南等非自主性材料这些捆绑手脚的锁链，获得的是创造的广阔领域和空间，获得的是专业的成长、专业化的地位和对教育真谛的领悟。课程资源的开发是一种教师职业的解放过程。在这一过程中，教师获得的是智慧的解放、创造性的解放，实现的是专业自主权、课程决策权的回归。这是一种朝向教师专业成长正确道路的回归。

2.课程资源开发对教师专业成长的意义

教师的专业成长是一个过程。在这一过程中，课程资源的开发发挥着极为重要的作用。课程资源的开发有助于教师的专业成长，成为教师专业成长的一条有效途径，教师的专业成长促进了课程资源的开发，成为课程资源有效开发的重要条件。课程资源的开发与教师的专业成长互为条件、互相促进、相辅相成，二者是一个共进的过程。这一过程改变了原来教师专业成长的轨迹，促进了课程资源的有效开发。具体来讲，课程资源开发在以下几个方面促进了教师的专业成长。

课程资源开发成为教师专业成长的重要推动力，为教师的专业成长创造了心理条件。课程资源的开发促进了教师教育认识水平的提升，为教师的专业成长指明了方向。课程资源开发促进了教师专业能力和技能的发展，优化了教师的能力结构。课程资源开发促进了教师知识结构的优化，增长了教师缄默的教育知识。课程资源的开发能够增强教师的合作意识，有助于创造新型的教师文化。课程资源开发促进了教师角色和工作方式的转变，为教师的专业成长提供了一个平台。

3.教师的专业成长对课程资源开发的作用

教师的专业成长与课程资源开发是一个互动的过程。课程资源的开发成为教师专业成长的正确途径，教师的专业成长又会促进课程资源的有效开发。没有教师专业的成长，课程资源开发的使命就难以完成。

教师的专业成长有助于提高课程资源开发的理性水平。要实现新一轮课程改革的目标，必须要树立新的教学观、课程观、课程资源观，必须要改变教学的固有方式。教师的专业成长有助于拓展课程资源领域。教师的专业成长有助于实现课程资源开发方式的多样化。教师的专业成长有助于优化课程资源结构。

（二）中学政治课程资源开发与政治教师专业成长

中学政治课程资源的开发将有助于政治教师专业成长，为政治教师专业成长提供了一条理想的、有效的途径。政治教师要有效地开发中学政治课程资源，必须了解中学政治课程标准对其课程目标和课程内容的规定，分析开发中学政治课程资源与中学政治课程标准、课程目标实现的关系。在开发中学政治课程资源的过程中，政治教师需要优化知识结构、发展专业能力，才能做到有效开发中学政治课程资源。政治教师获得专业成长后对中学政治课程，尤其是对中学政治课程资源的认识、理解水平得到提升，最终形成正确的新的中学政治课程资源观。可以说，开发中学政治课程资源与政治教师专业成长是相互依赖、相互促进、相互影响、共同发展的，最终实现政治教师角色和工作方式的转变，创造了新型的教师文化，并促进了政治教师专业成长。其主要表现在以下几个方面。

第一，中学政治课程资源开发与政治教师专业成长相互促进、相互依赖。中学政治课程资源开发成为政治教师专业成长的基本动力，政治教师的专业成长又使中学政治课程资源开发具有了丰富性和适切性，使中学政治课程资源开发走向良性运行的轨道。在开发中学政治课程资源过程中，政治教师遇到自己无法及时解决的问题时必然产生一种失败感、挫折感，要解决问题政治教师必须继续学习、不断完善发展自我、获得专业成长，以期实现问题的解决。中学政治课程资源开发会使政治教师产生诸多困惑，也提出许多挑战，成为政治教师专业成长的重要推动力。政治教师会根据在中学政治课程教学过程中产生的困惑、挫折和问题，寻找能够解决困惑和问题的相应中学政治课程资源。这样既丰富了中学政治课程资源的宝库，又促进政治教师专业成长，也使学生的全面发展成为可能。

第二，中学政治课程资源开发与政治教师专业成长相互影响、共同发展。首先，中学政治课程资源的开发使政治教师专业能力得以提高、知识结构得到优化。中学政治课程资源开发逐步使政治教师具备与新课程相适应的各种能力，如课程资源开发能力、教育教学能力、自我反思能力以及信息技术能力等，政治教师的各种专业能力在中学政治课程资源开发中得到培育，并随之提高。这样使政治教师专业能力得以提高、知识结构得到优化。其次，政治教师专业成长必然要培养和施展政治教师的课程资源开发能力、教育教学能力、自我反思能力以及信息技术能力，创造性地开发中学政治课程资源，丰富中学政治课程资源的宝库，并不断提高政治教师的专业水平，使其与中学政治课程资源相互影响、共同发展。

第三，中学政治课程资源的开发实现了政治教师角色和工作方式的转变，促进政治教师专业成长。中学政治课程资源开发推动了政治教师角色和工作方式的转变，使政治教师的专业成长成为可能。中学政治课程资源的开发使政治教师的角色发生了质的变化，在中学政治课程资源开发的具体实践中，政治教师将与学生一起获取知识，成为中学政治课程资源开发的主体。同时，政治教师将由单纯的知识传授者转变为学生学习的促进者、参与者、引导者以及帮助者。各种各样的中学政治课程资源被开发，必然要求政治教师进行教学方式的改革，也促使政治教师的工作方式发生相应的变化。政治教师作为中学政治课程资源开发的主体，将从课程边缘走入课程中央，逐步参与课程标准的制定和实施，主动、积极地参与课程编制、课程实施，实现教师角色和工作方式的根本转变。

第四，中学政治课程资源的开发创造新型的教师文化，从而进一步促进中学政治课程资源开发。中学政治课程资源开发不仅能够促进政治教师能力的发展、知识结构的优化，同时也增强政治教师的合作意识和团队精神，创造了有利于中学政治课程资源开发的新型教师文化。中学政治课程资源的开发使政治教师的角色和工作方式发生根本变化，使政治教师从个人走向团队，加强各方面的交流与合作，使政治教师积极地、主动地和学生、同事、家庭等方面进行沟通与联系，促进相互之间的理解与支持，创造了新型的教师文化，从而有效推动中学政治课程资源的开发。

二、优化课程资源开发结构，推动中学政治课程资源开发

（一）优化中学政治课程生活资源的开发

随着新课程改革的逐步推进，回归生活的中学政治教育或中学政治教育的生活化理念已获得广大政治教师的认同，并体现与贯彻在中学政治课程中。但是，理论上的共识并未在中学政治课程实施中达到预期的效果，生活化的中学政治课程资源尤其是动态生成资源在实际开发过程中并不令人满意。造成这种问题的原因是多方面的，但笔者认为最主要的原因是当前的中学政治课程资源开发中的成人化取向，即以悬设、虚拟、人造或成人的生活取代学生真实的生活。因此，要改变这一现状必须以学生真实的生活、真实的生活事件为基础，开发中学政治课程资源中具有教育意义的生活资源，这是贯彻中学政治课程培养现代公民素质的理念，提高中学政治教学的实效性，促进学生全面发展的途径之一。

优化中学政治课程生活资源的开发，要求正确认识真实的生活。中学政治课程既源于生活，又为了生活，更是为了学生将来能够更好地生活。因此，中学政治课程的教育理念应是培养现代公民素质，使他们适应将来的生活。我们说当前的中学政治课程教育之所以没有回归生活，在于它没有回归真实的生活——学生实际的生活。中学政治课程设计的目的是学生的发展，但是如果没有基于学生现有的生活，以真实的生活为基础，如何来促进学生的发展。在现在中学政治课程资源和课堂教学中政治教师已习惯于利用悬设、虚拟、人造或成人的生活取代学生真实的生活，不以学生真实的生活为基础；即使是与学生的生活相关的一些课程资源，也是过时的而非现实的。不以学生真实的生活为

基础来培养学生的经济、政治、文化、哲学等方面的认识和理性能力，通常很难达到预期的效果，因为在这样的情境下学生无法产生冲突与反思。产生这一问题的原因在于，悬设、虚拟、人造或成人的生活不能关涉学生切身的利害冲突。要实现中学政治课程教学的实效性，必须立足于学生的生活开发，积极开发现实生活、真实生活中的动态生成资源。优化中学政治课程生活资源的开发，我们必须清楚什么是真实的生活，什么是学生真实的生活，以学生真实的生活为基础开发中学政治课程资源。

优化中学政治课程生活资源的开发，要求正确认识真实的生活事件。真实的生活事件是在学生真实生活的基础上由一系列具体而现实的生活事件构成的，真实的生活事件是政治课程生活资源的主要载体，是政治课程生活资源的外在体现。日常生活中的中学政治课程生活资源，由于纷乱杂陈、模糊无序而缺乏针对性，难以展现其教育价值。中学政治课程生活资源体现在真实的生活、真实的生活事件之中，离开了真实的生活、真实的生活事件，中学政治课程就会变得抽象。因此，优化中学政治课程生活资源的开发，要求正确认识真实的生活事件，合理开发真实的生活事件。能够进入中学政治课程的生活资源，须是由一系列与学生生活相联系的真实的生活事件组成的，这样的中学政治课程生活资源才能唤起学生在生活中所遇到的冲突，从而使其反思。这也是我们开发中学政治生活资源的目的所在。

中学政治课程必须通过真实的生活、真实的生活事件呈现在中学政治课程资源中，展现于政治课堂中才能实现其课程目标。中学政治课程资源开发的原则和理念要求回归真正的生活、真实的生活事件，这就要求开发时围绕学生熟悉和亲身经历真实的生活、真实的生活事件进行识别、选择和开发设计。真实的生活、真实的生活事件与学生的生活世界、生活实践、生活经验相涉相融，优化中学政治课程生活资源的开发，将其纳入中学政治课程资源体系，将会丰富中学政治课程资源的内容，提高中学政治课程资源的适切性，使学生在学习时产生归属感、认同感，乐于学习中学政治课程。

（二）优化中学政治课程乡土资源的开发

中学政治乡土资源是指不同学校所在地区的自然、社会和文化等方面的有利于中学政治课程顺利实施的课程资源，如乡土地理、民风民俗、历史典故等。我们处在城乡二元结构之下，所开发中学政治课程资源着重强调其城市核心价值取向，因而忽视了乡土资源的开发。

中学政治课程乡土资源的开发首先要改变当前政治课程资源开发中以城市

价值为取向的发展方向，树立城乡课程资源平等的理念，建立"城乡平等互动"的课程资源开发机制，为乡土课程资源的开发提供保障。这些保障主要体现在价值观念、经济和交流方面。在价值观念上的保障指我们应该认识到中学政治课程资源中的乡土资源同样具有培育现代公民素质的内在价值，乡土资源与其他课程资源各有优劣，没有价值上的高低贵贱之分。在经济上的保障是指保证乡土资源开发与其他课程资源开发相协调，能够获得相一致的物质投入，使乡土课程资源开发有一种相对稳定的物质支持，这样的课程资源开发机制才可以改变课程资源分配的不公，实现课程资源的优化配置。在交流上的保障主要强调师资之间的交流和信息资源之间的交流。前者通过"走进城，走下乡"，可以开阔政治教师的视野，也可以促进城乡师资的良性循环互动，促进政治教师的专业成长，提高政治教师的专业水平。后者通过信息资源之间的交流，实现资源的共享和互补，使乡土资源得到不断的充实和丰富并向上涌流。

优化中学政治课程乡土资源的开发，必须提高政治教师的乡土资源开发意识和专业能力。受以往中学政治课程只是"教教材"的观念和做法的影响，很多政治教师将政治教材理解为唯一的课程资源，缺乏更为广阔的课程资源观，这在无形之中限制了政治教师开发中学政治课程资源的视野。这样的中学政治课程资源意识使得很多中学政治课程资源尤其是自己身边的乡土资源不能被及时地加工和转化，造成很多有价值的乡土资源被浪费。除了中学政治教师课程资源意识不足之外，很多政治教师对开发中学政治课程资源的目的认识上也存在着偏差。开发中学政治课程资源的目的应是服务于中学政治新课程改革，促进政治课程教学方式、学习方式的转变，应是提高政治课程的实效、培育学生的现代公民素质、促进学生全面发展。在意识上的偏差我们可以通过教育逐步改进，而能力上却做不到这一点。也就是说，与开发意识相比，开发中学政治课程资源的专业能力更为重要，因为这不是一朝一夕能形成和发展的。如果中学政治教师仅有开发政治课程资源的意识，缺乏开发政治课程资源的专业能力，仍无从谈中学政治及课程资源的开发。所以，要优化中学政治课程乡土资源的开发，必须提高政治教师的乡土资源开发意识和专业能力，必须提供给政治教师多方面、多层次参与教育教学研讨的机会，鼓励他们积极参加新课程改革，适时进行深造，获得专业成长。

（三）优化中学政治课程时事资源的开发

开发中学政治课程时事资源，能够丰富学生的情感体验，激发学生学习的兴趣，从而提高中学政治课程的实效性。因为情感体验能使学生获得共鸣，兴趣又是最好的老师。在中学政治课程教学中，政治教师要适时地引用具有典型生动、意义深远和振奋人心的时事资源，创设一个与中学政治课程相关的时事情境，丰富政治课程教学内容，提高政治课程教学的适切性。这样做符合学生的身心发展规律和认知规律，能让学生如同身临其境，增强感性认识，升华理性认识，产生情感体验，激发学生学习中学政治课程的兴趣。例如，在学习"面对经济全球化"时，可以联系全球金融危机以及我国政府的做法（国务院出台的扩大内需十项措施以及"四万亿"投资计划），使学生深化对我国的社会主义市场经济的认识，看到改革开放所取得的辉煌成绩。利用时事资源创设这样的教学情境，能使学生产生情感体验并升华为对中华民族的认同感、归属感和责任感，认识到作为炎黄子孙应该为祖国的繁荣富强、为中华民族的伟大复兴而奋斗，从而激发学习的需求和动力。

①注重时事资源的时效性，拓展教材内容，开阔学生的视野。由于种种原因，政治教材中部分内容相对滞后，因此政治教师要及时捕捉时事热点，挖掘鲜活的时事资源与政治教材内容相结合，提高中学政治课程的时效性。例如，在学习"社会主义市场经济的基本特征和加强宏观调控"时，因为国家的宏观调控是一个相对稳定的动态发展过程，可结合有关国家宏观调控的时事资源，利用时事资源的时效性，使学生加深对宏观调控的理解。可以结合我国21世纪四大著名工程等时事资源来说明国家进行宏观调控的必要性。可以结合每年3月份召开"两会"所提出新目标、新决策、新要求，结合"十一五"规划，结合国家不同时期的货币政策和财政政策来说明国家如何进行宏观调控，进一步说明我国致力于全面建设小康社会、构建和谐社会的美好前景。注重时事资源的时效性，使学生既能用政治教材知识阐释时事问题和热点，又能依托具体的时事问题和热点，理解中学政治教材抽象的内容和原理。注重时事资源的时效性，既发展政治教材中相对滞后的内容，使政治教材内容鲜活起来，同时也开阔了学生的视野。

②注重时事资源的客观性，明确正确的价值选择，培养学生辩证分析能力。中学政治课堂不仅要进行科学知识的传递，更要培育学生的现代公民素质，让他们学习如何做人、如何做事。由于中学生受家庭、社会中种种不良因素的影响，部分学生混淆了是非、善恶和荣辱等的概念和界限，他们往往仅从个人生活境遇、个人经历出发，强调个人主义，以个人的情感态度价值观来看待事物，以致看问题有时会比较偏激和片面。在讲"经济生活"中综合探究"正确对待金钱"时，学生提出了不同的对金钱的认识，要使学生树立正确的金钱观，可以让学生搜集并了解社会上关于金钱的观点和行为表现，举办一场辩论赛，开展

辩论分析，这样有助于提高学生的辩证分析能力，使其明确正确的人生价值选择。又如在讲授"树立正确的消费观"这一框题时，有的学生受国家鼓励贷款消费以扩大内需、减征利息税等积极消费政策的影响，就片面地认为高消费已成为时尚，艰苦奋斗已过时，这时我们可结合时事资源讲"艰苦奋斗、勤俭节约"的重要性与必要性。

在中学政治课程教学中必须正确对待时事资源的客观性，把不同的意见尤其是相对立的意见摆出来，直面现实社会生活中存在的冲突与矛盾，引导学生辩证认识和正确对待在社会主义市场经济条件下产生的新事物，在改革开放、构建和谐社会过程中出现了一些不和谐、不文明的现象。构建和谐社会、文明社会不能一蹴而就，需要我们长期不懈的努力。逐步引导学生既看到财政政策和货币政策尤其是消费政策在扩大内需中的积极作用，又看到艰苦奋斗、勤俭节约是永不过时的传家宝，适度消费、理性消费、绿色消费才能为明天留下更多的美好，"以艰苦奋斗为荣，以骄奢淫逸为耻"是我们永远铭记的话语。注重时事资源的客观性，既让学生看到现代化建设中的失误与曲折，又看到改革开放所取得的成绩与进步，促使学生以积极的心态关注不断发展、充满希望的社会，使学生明确正确的价值选择，培养他们的辩证分析能力。

③注重时事资源时空性，延伸课堂教学，引导学生的发散性思维。原有的中学政治课程局限于政治课堂，新课程倡导的中学政治课程要突破原有的局限，使其更加开放和多元。这就要求政治教师应充分利用时事资源的时空性，倡导"从生活走进中学政治课程，从中学政治课程走向社会"的理念，使中学政治课程教学做到回归生活，并以此为基点拓展政治课堂的时空范围，促使学生学习方式的变化，引导学生进行发散性思维，培育学生的现代公民素质，使学生做一个生活的有心人，做到"风声雨声读书声，声声入耳；家事国事天下事，事事关心"。经常看《新闻联播》《焦点访谈》《新闻1＋1》《世界周刊》《半月谈》《时事报告》《南方周末》等时事评论节目和期刊，并组织学生进行讨论发表个人见解，评析时事热点、时事要闻。这样既能引导学生的发散性思维，又能促使他们树立正确的人生观、价值观和世界观。此外，注重时事资源的时空性，能够开阔学生的视野，使中学政治课堂得以延伸。

总之，基于中学政治课程独特的性质和特征，我们要注重时事资源的时效性，拓展教材内容，开阔学生的视野；注重时事资源的客观性，明确正确的价值选择，培养学生的辩证分析能力；注重时事资源的时空性，延伸课堂教学，引导学生的发散性思维，充分发挥政治教师与学生的主观能动性。开发时事资源，为中学政治课程改革开辟一条广阔的道路，最终实现中学政治课程改革的目标，提高中学政治课程的实效性，让中学政治课堂展现其应有的生机与活力。

三、树立正确的新的教材观，推动中学政治课程资源开发

政治教材是中学政治课程教学的基本依托，用好用活政治教材是政治教师开发中学政治课程资源最便利、最有效的途径。但前提是政治教师必须树立正确的课程资源观、树立正确的新的教材观，才能推动中学政治课程资源的有效开发。政治教师要在如何用好用活政治教材上下功夫，结合中学政治课程资源对政治教材内容的加工，使政治教材这一课程资源价值"升值"，有效地发挥政治教材的作用。

树立正确的新的教材观，要从以下几方面做起。首先，要拓展和完善政治教材的内容。政治教材尽管是政治教育专家、学者编写的，但在内容上也可能存在不足之处，政治教师要通过自己的再创作使其内容得以完善。政治教师可以根据时事的变化和学生的能力水平与发展需要对政治教材知识进行删减增添；根据知识的逻辑性、关联性和学生的思维水平和认识水平对政治教材知识进行结构重组和优化整合等。政治教师要通过自己的加工与再创作，使政治教材结构化和生活化，这样的政治教材才更优化，更符合学生的实际需要。中学政治课具有强烈的时代特征，重大时事政治和热点问题不仅受到学生的关注，又是考试命题的重要内容，所以政治教师要善于对政治教材中过时、陈旧的材料、事例、数据进行置换补充。这就要求政治教师平时要关注时事政治和热点问题，注意搜集和积累中学政治课程资源，做有心人，坚持从广播、电视、报纸、网站等新闻媒介中学习和搜集中学政治课程资源。时事政治和热点问题在中学政治课程中的使用，不但可以使政治课程体现出时代感、生活化、实用性和趣味性，增强中学政治课程的内在价值和吸引力，还能拓宽学生的视野并拓展思路。这样既实现政治教材的扩展，又可以从社会需要的角度充实中学政治课程资源。其次，要重构政治教材的知识结构。在中学政治课程教学中，政治教师要熟悉政治教材，领会政治教材的编写意图，准确理解政治课程教学目标，把握教学的重点和难点。把中学政治课程内容结构网络化，这样既有利于学生把握政治教材，揭示其内在规律和联系，又便于学生相互比较、区分各自的特点，还有利于学生减轻负担，提高识记效果。因而重构政治教材知识结构，也是开发中学政治课程资源的一种有效方式。

学科核心素养背景下中学思想政治教育研究

四、重构学校教学管理制度，推动中学政治课程资源开发

学校教学管理制度是学校根据上级教育行政部门的规定，结合本校实际情况，对所有开设课程进行教学管理的制度。基础教育新课程改革不仅对课程目标进行了调整，同时在课程设置、课程实施、课程资源的开发与利用以及课程评价等方面赋予学校以及教师一定的自主权。所以学校的教学管理制度理应进行相应的改革，以往的以"被动执行法定课程"为主旨的"教学管理制度"，已不适应学校在新课程改革的要求。必须打破原有"教学管理制度"，建立新的教学管理制度，强调学校教学管理的研究性、生成性和开放性，实现学校教学管理制度的革新与重构。

建立新的学校课程管理制度，应把握好以下原则。一是要注意符合政策与法规。如保证国家课程实施的共同性和标准性，以及实施形式的必修性和实施方式的强制性；地方课程则要突出区域性和本土性，可以设为必修课或选修课形式；校本课程则注重学生和社区需要，充分尊重学生的选修权利，强调多样性和差异性，一般设为选修课。二是要以学生和教师为本，使学校课程管理制度和规章符合教师和学生利益，有利于调动教师和学生参与管理的积极性、主动性。三是要符合课程建设和教学管理的规律，保证规章制度的科学性和可操作性。四是课程管理制度和规章要有一定的稳定性和严肃性，必须在一定时空条件下保持不变等。

从科学发展观、和谐社会以及"以人为本"思想的这些政治核心理念看，学校管理的核心价值观应是：学校要依靠人、尊重人、培养人。具有典型意义和示范作用的就是学校的制度文化建设。学校制度文化是指党和政府的有关方针、政策、法规、条例以及社会主义道德观念、行为规范等在学校日常工作学习和生活中具体体现出来的学校管理的独特风格，是学校全体成员共同认可并自觉遵守的行为准则。学校的规章制度是学校办学经验的结晶和反映，它对规范教育教学秩序，达成办学目标起着保障作用。建立、健全学校规章制度，塑造学校制度文化是学校文化建设的一项重要内容。

从新课程理念和中学政治课程资源开发的角度看，学校教学管理制度改革必须强调以人为本的思想，以尊重人、激励人和发展人为其教学管理出发点和归宿，摒弃以处罚为主的刚性教学管理制度，代之以参与和沟通、理解与支持的柔性教学管理制度，创造具有亲和力和影响力的学校教学管理制度和人文社会环境。在教学管理制度中如果政治教师和学生能够感受到自己被理解与支持，那么会激发他们学习和工作的热情。也就是说当政治教师和学生真正感受到了

192

他们不再是被严格管理和控制的对象时，反而会更加自觉地遵章守纪，更加努力工作和学习，从而达到学校管理的最高境界。

要重构学校的教学管理制度，为政治教师开发课程资源提供制度上的保障。中学政治课程资源的开发在本质上是一个研究性、生成性和开放性的决策过程。在这一过程中，需要形成以学校管理者为核心和纽带、以政治教师和学生为主体的合作组织。同时，各级教育行政部门和学校管理者正确认识开发中学政治课程资源的原则、理念、重要性、价值和意义，积极提供物质上、管理上和制度上的支持和保障，鼓励政治教师和学生积极参与中学政治课程资源的开发。

由此可见，在新课程理念的基础上重构学校教学管理制度，对促进中学政治课程资源的有效开发、政治教师专业成长、学生的全面发展，以及深化新课程改革、全面推进素质教育，都起着十分关键的作用。

第八章　国外学科核心素养背景下思想政治教学对我国的启示

第一节　世界主要国家中学思想政治教学

世界上无论哪个国家，都高度重视本国的思想政治教育，只是称谓各不相同。中国义务教育阶段叫"道德与法治"、高中阶段叫"思想政治"，美国叫"社会科"，俄罗斯叫"公民教育"，德国小学叫"宗教课（伦理课）"、高中叫"政治课"，英国叫"公民课程"，法国叫"道德与公民教育"，日本小学和初中叫"社会科"、高中叫"公民课"，韩国叫"公民道德教育课"，新加坡叫"公民与道德教育课程"等。

一、德国的中学政治教学

德国中小学非常重视政治教育，德国小学设宗教课（没有宗教信仰的学生则学伦理课），它是一门比较综合的课程，除了宗教和礼貌规范外，也介绍如政体制度、国内各个党派等德国基本政治知识，还包括一些哲学、经济、历史等基础人文学科知识。高中阶段，德国社会科学类中，除政治课外，还有经济、历史、地理、宗教、美学、心理学、哲学等课程。政治课内容涵盖四个领域，包括经济、社会、政治体系和国际政治。政治课上常有政治家应邀来学校讲各党政策等内容，学生也常去博物馆、国会、大学等机构参观访问，再通过小组报告形式汇报所学知识。

①德国政治教学的目标（见图8-1）。政治课在德国是必修课，开设政治课有利于唤起学生参与政治的兴趣，培养学生的独立分析能力和判断能力，提高参与社会政治生活的能力。而最根本的目标和任务是使学生认同基本价值，形成价值判断，最终实现政治参与。

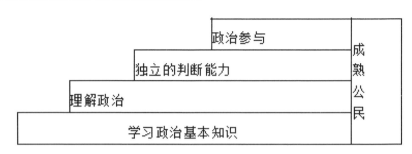

图 8-1　德国中学政治教育的目标层次

②德国政治教学的内容。德国政治教学既重视各种政治知识的教授，更强调政治技能的培养。在知识点上囊括了德国和世界历史、社会、经济、政治体系和政治过程、国际政治等领域的基本事实、概念、范畴体系和理论模式等，构建了系统的政治理论知识体系；在能力方面包括独立获知能力、描述表达能力、辩论能力、综合评价能力、运用理论处理复杂的社会政治和历史问题的能力等，构成了系统的能力结构。

③德国中学政治课堂教学。在教学过程中，教师一般采取主题教学法或者问题教学法，从某一社会问题、国内国际的热点问题、重大政治事件和冲突入手，提出问题，引导学生弄懂与问题相关的基础知识，确定学习和探究主题，通过让学生独立调查、探知与主题相关的事实，进而分析问题，形成判断，对争议问题进行比较与评价，做出决定，提出解决问题的方案（见图 8-2）。

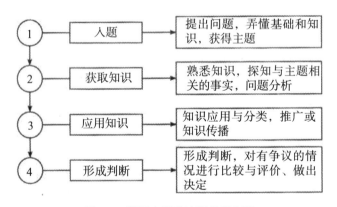

图 8-2　德国中学政治课教学步骤

④参加社会化活动。其主要指课外、校外的社会实践活动，如聚会、青少年日、联欢会、国际青少年会议、研讨会、休闲、俱乐部活动，从事不同程度

的家务活动、打扫校园，参加工厂、农场的实习活动，假期到医院、养老院、福利院服务 1～2 周等。

二、英国的公民课教学

英国中学阶段公民课的教学目标是使学生成为合格的公民，主要包括传授必要的知识，培养理解能力，探究沟通能力、参与能力，培养有责任感的公民。

课程内容方面，第一阶段（相当于初中）包括：一个社会基本的合法人权与责任，刑事司法体系，以及它们与年轻人的关系；在英国有各种不同民族、地区、宗教和种族的认同，需要彼此间相互理解与尊重；中央与地方政府提供哪些服务及这些服务是如何被资助的，怎样参与到服务中去；议会的主要特点及其他政府形式；选举制度和选举的重要性；社区、国内和国际志愿者组织的工作；公平解决争端的重要意义；社会中媒体的重要作用；世界即"地球村"及其对政治、经济、环境和社会的意谓，欧洲联盟、英联邦和联合国的作用九大方面。第二阶段（相当于高中）包括：社会基本的合法人权与责任，以及它们怎样与公民相联系，包括刑事与民事司法体系的作用与运作；英国不同地区、民族、宗教和种族认同的由来及内涵，相互间需要彼此理解与尊重；议会、政府与法院在制定与规范法律方面的作用；积极参与民主和选举过程的重要意义；经济怎样运作，包括商业和金融服务的作用；个人、志愿者组织在哪些方面能够影响本地区、国家、欧洲和世界，消费者、雇主与雇员的权利和责任；英联邦与欧洲联盟、英吉利共和国及联合国的关系；全球化带来的问题与挑战及人类应负的责任八大方面。

在教学方面，教师在教学中力求用中立的方式呈现蕴含道德价值观念的教学内容，引导学生思考，鼓励学生探索，而不进行带有任何倾向的说教、灌输。学生可以根据自己的知识经验，通过分析、思考教师呈现的德育内容，提出自己的观点，得出自己的判断。常用的教学方法有以下四种。

①情境教学法。教师在教学过程中抛弃传统说教，以引导与诘问的方式作为课程设计的基础。常以情境的假设提供一个案例给学生讨论，让学生根据个人经验见识与同伴交流。鼓励学生参与讨论、分享自己的意见。例如，提供存在冲突的情境事例，组织学生开展讨论，证实各种道德原则，让学生学会做出价值判断，找出解决问题的方法。通过设置以历史事件为基础的道德困境，让学生通过思考分析来理解全人类的道德价值。

②设身处地角色扮演法。"设身处地"主要通过角色互换、角色扮演的方式进行教学。教师首先创设情境，然后请全班学生写出自己身处此情境的所作所为，再选择扮演某一个角色，并由学生对角色行为进行评论，最后师生共同讨论和总结。

③热点讨论法。多数英国学校每周都组织班级讨论，选取一些学校或者社会上发生的事情，让学生发表看法，共同讨论，自己去领悟和判断。

④活动教学法。其包括社区内的实践活动以及学校内的相关活动，如参与学校和班级的管理、组成互帮互助小组以及校内一些日常活动与课外活动等。

三、法国的中学公民教学

法国初中的公民教育基本内容为人与公民权利教育、个人与集体责任教育和判断力教育。其中，初中一年级讲解人的权利和义务；二、三年级教授平等、团结、自由、安全和公正等民主社会价值观，四年级则主要教学生认识法国公民身份的范畴。高中的"公民、法制与社会教育"课程其实是通过对公民身份概念的深入分析，面对现实世界，重新学习其原则、形态与实践。高中一年级着重学习"以公民身份在社会中生活"，高中二年级着重学习"制度与公民身份的实践"，高中三年级着重学习"当代世界变革中的公民身份"。

高中一年级"公民、法制与社会教育课"的目标是从社会生活出发，重新认识初中学习过的公民身份的概念。其主要学习内容是四个主题和七个定义。四个主题为：公民身份与礼仪、公民身份与社会融合、公民身份与工作、公民身份与家庭关系的变革；七个定义为：礼仪、社会融合、国籍、权利、人与公民权利、公民与政治权利、社会与经济权利。高中二年级"公民、法制与社会教育课"的主要学习内容包括四个主题和七个定义。四个主题为：公民身份的练习与政治权力的代表制和法制、公民身份的练习与政治参与形式和集体行为、公民身份的练习与共和国和地方主义、公民身份的练习与公民权利；七个定义为：权力、代表制、法制、法治国家、共和国、民主、国防。高中三年级"公民、法制与社会教育课"要求学生认识民主国家与社会中的权利、公正、自由和平等正面临新的挑战，特别是科学技术的变革、公正与平等的新诉求、欧盟的构建和经济文化的全球化。其主要学习内容是四个主题和八个定义。四个主题为：公民身份与科学技术的变革、公民身份与公正和平等的新诉求、公民身份与欧盟的构建、公民身份与世界化的形式；八个定义为：自由、平等、主权、公正、普遍利益、安全、责任、伦理。

　　高中的公民教育强调教育首先不是知识的获得，而是行为实践的学习。课堂教学以辩论为主要的教学方法。具体教学方法如下。

　　①辩论。法国公民教育采取引导、启发的"说理式辩论"教育方法，在相互沟通和讨论中实现教学目标。教师只是引导学生思考，让学生自己构建知识结构，充分发挥学生在辩论中的主体作用。辩论题目由学生根据课程进展自主选择，辩论由学生组织，学生在辩论前要进行新闻资料、历史文献、法律文献、网上媒体资料等收集，要进行调查或访谈、走访专家，并且对各种资料进行分析研究，要选举主持人，由报告人列举证据，开展正反方的辩论；对己方观点进行论证分析，对反方观点进行辩驳反证；辩论后，学生要对辩论情况形成书面材料，在班级壁报或以其他方式展示。教师负责监督辩论规则的执行情况，适当参与并做总结。辩论的意义在于遵守规则，以理性论据形成共识，从而构成公民身份的实践学习。

　　②时事讨论。时事讨论是"高中公民、法制与社会教育课"的重要教学方法。对时事辩论的某个事件或一组事件的选择，通常要符合两个要求：一是能引起学生的兴趣；二是有助于阐发公民教育的范畴。时事事件一旦被选定，就要广泛收集相关资料，然后将其置于历史背景之中分析，对不同观点进行梳理，求得一定的共识，从而实现公民教育的目的。

　　③结合课程教育，组织学生走出校门，开展丰富多彩的校外活动。例如，社会观察、访问等。

　　④组织学生直接参与学校的管理，丰富学生参与社会管理的实践。学生亲身体会作为一个公民的责任，可学会正确行使权利，履行义务。学校的理事会中有3～7名学生代表参加，每个班级选取10名学生代表组成学生生活委员理事会等。

　　⑤网络教育。考虑到网络对青少年的影响日益增大，法国政府在网络上对学生开展公民教育。早在1999年，法国参议院开设了名为"少年参议院"的网站，将游戏与教育融为一体，对青少年进行国民义务教育。

　　⑥对学生的评价。在课上的评估，主要看学生在各种活动中的积极态度，如在资料的准备、辩论的内容、撰写的文章等方面的情况。评价的标准主要包括：信息的收集与分析；作品（书面、口头、视听、数字化、多媒体……）质量；辩论中的态度；知识掌握程度。

四、俄罗斯的公民教育

当前俄罗斯公民教育目的是培养一个具有俄罗斯特色的现代公民。其内容主要包括：旨在让学生具有鲜明政治倾向性和参与政治生活积极性的政治意识教育；法制和道德教育；培养环保意识的生态教育，以及最核心的爱国主义教育。

俄罗斯公民教育在坚持专门的知识教学外，还注重对学生价值观的培养和实践活动的开展。课外活动包括参观、访问、社会实践，如参观国家杜马、地方自治机关、法院等机构以了解他们的工作，对社会问题进行实地调查并寻求解决的办法等；学校民主生活，主要包括教学过程公开化，鼓励学生自由讨论学校的公共生活准则，公开选择学校管理机构，让学生广泛参与学校、地区及社会问题的研究和决策；课题设计活动（见表8-1）。

表8-1　俄罗斯公民课程内容

课程类型	学前小学（1～4年级）	基础学校（5～9年级）	完全中学（10～11年级）
必修课	道德知识入门、儿童权利等	公民学、社会学入门、权利和政治、法律常识等	社会学、法学基础、经济学基础、经济与法律等
选修课	日常生活、行为规范、俄罗斯国家和社会、生活的意义等	选举、经济常识、社会生态、宗教常识等	选举法、选举权史、社会哲学、消费知识入门等

五、日本的公民课教学

日本的学生从初中三年级开始就要上公民课。公民课中包括现代社会、伦理、政治和经济的知识。日本初中公民课的内容包括日本宪法、国民主权、基本人权、和平主义、日本的选举、政党、内阁等。目的是让学生理解日本社会的构成，了解自身拥有的权益。高中阶段"现代社会课程"的内容主要是从社会、文化、政治经济等各个角度，对社会课题进行探究的；"伦理课"则是旨在引导学生思索和加深对人的存在价值的理解；"政治和经济课程"就重在讲解相关的基本概念与理论。最新出版的高中公民课教科书共分三部分，主要围绕政治、经济领域的基础知识进行讲解，在此基础上还升高到哲学思想和历史层面。在德育教学中，一是解读并运用西方的德育教学理论，包括价值澄清理论、关心理论、道德两难理论；二是创建适合日本国情的道德教学理论，包括综合单元的道德学习、结构化教学方式。

六、韩国的公民道德教育课

韩国认为德育课应追求"知识、信念和情感、实践"的三位一体，在教学中常采用统合性的教学方法。其包括价值分析、自我反省、概念分析、解决道德冲突等指导性教育方法，具体有"设身处地考虑法、价值澄清法、道德认知发展法、角色游戏、假设情境、社会行为分析"等。为了培养学生道德判断能力以及价值选择能力，韩国非常强调讨论式教学模式。学生有机会讨论日常生活中经常遇到的诸多道德问题以及两难选择问题。同时，强调学生自己创设道德情境，进行探究式学习，培养学生的思维能力。此外，项目式教学模式也是一种常用教学法。

七、新加坡的公民与道德教育课程

新加坡非常重视教学的活泼性、学生的参与性，力求使学生感同身受。教学过程一般为"导入—课文教学—辅助教学—完成作业"。以情境设置导入，运用设身处地考虑法激发学生的思维，导入课文。在对课文有了一定了解后，教师会让与文中人物有相似经验的学生谈经历和感想，或者进行角色表演。完成作业时，采用小组讨论的方式完成，小组成员集思广益，言之有理即可，活动目的在于激发学生的思考能力，而非注重文字作答。在教学方法方面，有设身处地考虑法、价值澄清法、道德认知发展法。

第二节　当代西方国家主要德育方法

20 世纪西方道德教育理论是从批判传统的道德说教和道德灌输为起点的，反对道德灌输是西方道德教育理论最基本的特点。杜威认为，合理的道德教育必须以"表现个性、培养个性，反对从上面的灌输；以自由活动反对外部纪律"为基本原则。当代西方国家德育方法主要有道德两难故事法、价值澄清法、活动教学法、综合实践法及情境陶冶法。

一、道德两难故事法

道德两难故事法是由美国道德教育学者科尔伯格提出的德育教学法，科尔伯格是美国哈佛大学教授、道德发展与教育研究中心主任、认知结构主义学派代表人物。他提出学校道德教育的目的是促进学生道德判断能力的发展。他根据学生道德认知发展的阶段性提出了"道德两难故事法"，即道德两难故事问答讨论法，在道德两难故事讨论中启发学生积极思考道德问题，促使学生多方考虑，提出解决的方法；并聆听、参考其他同学的意见，以便和自己的想法相比较，然后做出选择。其特点是通过讨论刺激学生认知结构的改变，提升道德认知层次，以提高学生解决问题的能力，从道德冲突中寻找正确的答案，以有效地发展学生的道德判断力。

以典型例子"汉斯偷药"为例，探讨道德两难故事法的实施过程。

欧洲有个妇女患了癌症，生命垂危。医生认为只有本城某个药剂师新研制的药能治好她。配制这种药的成本为200元，但销售价却要2 000元。病妇的丈夫汉斯到处借钱，可最终只凑得了1 000元。汉斯恳求药剂师，他妻子快要死了，能否将药便宜点卖给他，或者允许他赊账。药剂师不仅没答应，还说："我研制这种药，就是为了赚钱。"汉斯别无他法，利用晚上撬开药剂师的仓库门，把药偷走了。

这是一个虚构的故事，当这样一个道德两难故事呈现给孩子们之后，科尔伯格围绕这个故事提出了一系列问题，让学生讨论，以此来研究学生道德判断所依据的准则及其道德发展水平。

①汉斯应该偷药吗？为什么？

②他偷药是对的还是错的？为什么？

③汉斯有责任或义务去偷药吗？为什么？

④人们竭尽所能去挽救另一个人的生命是不是很重要？为什么？

⑤汉斯偷药是违法的。他偷药在道义上是否错误？为什么？

⑥仔细回想故事中的困境，你认为汉斯最负责任的行为应该是做什么？为什么？

该教学法认为：面对两难的道德选择，一般都会渗透个人价值观和道德判断，会促使人们在选择中权衡道德和利益的关系，但无论从何种角度选择，都没有绝对的对与错之分。只是在不同的情境，运用了不同的策略。

在学生对汉斯偷药行为的反应中，汉斯该不该偷药并不重要，重要的是他们给出的理由。科尔伯格正是根据这些不同的理由将学生的道德判断划分为六个不同的水平和阶段（见表8-2）。

表8-2 道德发展不同阶段表现及理由

对汉斯行为的态度		理由
（1）	赞成	如果你让你的妻子死掉，你将会有很大的麻烦，你将会因不舍得花钱去挽救她的生命而受到谴责，而且你与药剂师将为你妻子的死而接受调查
	反对	你不该偷，因为如果你这样做，你将被抓住并被送进监狱。即使你跑掉了，你也将不得安宁，每时每刻都担心被警察抓到
（2）	赞成	如果你被抓到，你可以把药还回去，这样就不会受到过多的刑罚。如果你从监狱出来后还能拥有妻子，那么短期服刑对你不算什么
	反对	如果你偷了药可能也不会被判刑很长时间，但你的妻子可能在你出狱之前就死掉了，因此偷药对你没什么好处。如果你的妻子死了，你也用不着责备自己，因为她自己得了绝症，而不是你的过错
（3）	赞成	如果你偷药，没人会认为你不好，但是如果你不偷，你的家人将会认为你是一个没有人性的丈夫。如果你让你的妻子死掉，你将永远没脸再见任何人
	反对	不仅仅是药剂师会认为你是个罪犯，任何人都会这样想。你偷药后会给你和你的家庭都带来耻辱，这将使你没有脸再见人
（4）	赞成	如果你有点责任感的话，你就不会害怕做能够挽救你妻子性命的事（偷药），不会让你妻子白白死掉。如果你不能履行对她的责任而导致她的死亡，你将永远有一种犯罪感
	反对	你处于绝望之中，因此，当你偷药时，你可能没有意识到自己做错了。但是，当你被惩罚并被送进监狱之后，你就会知道自己做错了。你将会因为自己不诚实和破坏法律而感到罪恶
（5）	赞成	法律没有考虑到这种情况。在这种情况下把药拿走并不是很正确，但这样做应该要辩护
	反对	不能因为一个人感到绝望就允许他去偷。动机是好的，但好的动机不能说明手段是正当的
（6）	赞成	汉斯应该偷药，因为人类生命的尊严必须无条件地优先得到考虑

科尔伯格认为第六阶段的人能够理性地做出决定而不考虑个人利益，他将这种在理性基础上做出的正义决定看作道德的最高理想。

二、价值澄清法

价值澄清理论作为一种教学方法于 20 世纪 20 年代出现，为进步主义教育采用，在 60 年代时逐渐形成一个德育学派，代表人物主要有纽约大学教育学院教授路易斯·拉斯、马萨诸塞州大学教育学教授悉米·西蒙等。

价值澄清学派基本理论：教师不能把价值观直接教给学生，而只能通过分析评价等方法，帮助学生形成适合本人的价值观体系。主张价值观教育不是从理论到理论的说教或灌输，不是教给学生一套概念体系让学生去"背条条"，而是尽可能接近学生生活，尽可能不被学生觉察是在进行严肃的价值观教学。

价值澄清法强调四个关键因素：一是要以生活为中心，解决生活中的问题；二是要接受现实，即原原本本地接受他人，不必对他人的言行进行评价；三是要求进一步思考、反省，并做出多种选择；四是培养个人深思熟虑地进行自我指导的能力。

价值澄清法教学步骤分为选择、珍视、行动三个阶段、七个步骤来进行操作。以下为具体教学步骤。

（一）选择

①自由选择。只有在自由的选择中，才能根据自己的价值观行事，被迫的选择是无法使这种价值整合到他的价值体系中的。

②从多种可能中选择。提供多种可能让学生选择，有利于学生对选择的分析思考。

③对结果深思熟虑地选择。即对各种选择都做出理论的因果分析、反复衡量利弊后的选择，在此过程中，个人在意志、情感以及社会责任等方面都受到考验。

（二）珍视

①珍视与爱护。珍惜自己的选择，为自己能有这种理性选择而感到自豪，并看作自己内在能力的表现和自己生活的一部分。

②确认。即以充分的理由再次肯定这种选择，并乐意公开与别人分享而不会因这种选择而感到羞愧。

（三）行动

①依据选择行动。鼓励学生把信奉的价值观付诸行动，指导行动，使行动反映出所选择的价值取向。

②反复地行动。鼓励学生反复坚定地把价值观付诸行动，使之成为某种生活方式或行为模式。

价值澄清具体方法：填价值单、价值观投票、20 件最喜欢做的事、后果搜寻、填写名片、角色游戏、群体谈话、时光日记、百分比的问题、"生活馅饼"、两个理想的日子、给编辑的信、自传的几页。从形式上看，可在全体学生、大组、小组、单独个人等运用。

例如，为了让学生学会珍惜时间，可以使用"生活馅饼"法。

步骤一：每人发一张白纸，画一个大圆圈（"生活馅饼"，见图 8-3），代表一天生活的 24 小时，看看如何使用自己的时间。

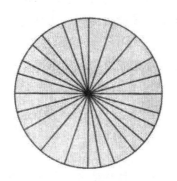

图 8-3　"生活馅饼"

步骤二：把自己的"馅饼"按各项的比例分割：①睡眠，②学校，③课外补习，④家庭作业，⑤朋友（聊天、打球、上网等），⑥做家务，⑦独处（阅读、玩），⑧与家人共处（包括吃饭时间），⑨其他。

步骤三：你对自己目前使用时间的情况满意吗？在你的理想中，应该怎样使用时间？再画一个圆圈代表你理想的"生活馅饼"。你能采取什么行动，以改变你目前的"生活馅饼"，使它更接近你理想中的"生活馅饼"。

价值澄清方法在西方各国传播很快，应用较广，对西方现代道德教育影响较大，具有可操作性和实效性。优点是尊重学生的地位，激发学生的主动性；注重发展学生的道德意识、道德判断和价值观的选择能力；注重现实生活；具有很强的可操作性。缺点是对价值的个性特征过分强调，极容易导向价值相对主义；过分强调价值观的相对性，忽略了共同价值观的存在；割裂了教育内容之间的关系；社会价值观的缺失容易导致社会主流价值观的混乱。

对于西方德育教学方法，无论是道德两难故事法还是价值澄清教学法，我们都要辩证地看待，可以借鉴其尊重学生个性与本性，重视引导方法外，更要发挥社会主义核心价值观的引领作用，立德树人教育，帮助学生树立正确的价值观、人生观和世界观，而不是放任自流。

三、活动教学法

在课堂教学中，教师本着学生是教育的主体的原则，将课程所讲的相关德育内容与学生可接受的各种生活、故事、游戏结合起来，把呆板的灌输变为学生的有趣参与，使学生通过参与、活动，领悟所学习的内容，从实际体验中受到教育。

美国教师在课堂上没有对学生进行大量的知识灌输，但是他们想方设法把学生的眼光引向校外，让学生知道生活的一切空间和时间都是学习的课堂；他们没让学生死记硬背大量的公式和定理，而是巧妙地告诉学生怎样去思考问题，教给学生面对陌生领域寻找答案的方法，如常用"研究性学习法"激发学生的求知欲。

下面是一个美国11年级的教师布置的撰写"公民权利"研究论文作业。

要求：3～5页纸，至少用3种资料来源（如网络、书籍等），至少有5句引文。

内容：对比布克·华盛顿、杜波依斯、马丁·路德·金、马尔克姆关于黑色美国的观点。在你的论文里，不要有太多关于他们个人生平的故事，我不想读传记。但是，需要把每个人介绍清楚，还必须纳入贴切的材料在你的论文中。然后，讨论他们关于黑色美国的观点，要把你的想法写进去。最后，请把你的引文或材料的来源列出来，比如某某网页、某某书。

四、综合实践法

通过各种综合实践活动进行思想政治教育。它包括课题探究、社会考察、社会参与等。例如，学生参观各种纪念馆、博物馆，参加各种社区服务活动，志愿服务活动，保护环境，为社会慈善事业的捐款，为老人、残疾人带路，道路安全与防火灾宣传活动等。

下面是法国关于综合实践法的一个案例。

法国中小学生每星期有1个小时的公民素质教育课，学校往往组织学生去附近博物馆参观，并把时下发生的新闻事件当作鲜活教材。法国政府非常珍惜和爱护历史文化，发挥博物馆的育人作用。学生通过参观这些博物馆，受到深刻的爱国主义教育，培养强烈的爱国意识。法国诺曼底地区的卡昂纪念馆是战争与历史博物馆，每年有 50 多万人参观。纪念馆半数参观者是 20 岁以下的青少年，1/3 是中小学生，纪念馆的设计和展览安排也考虑教学的需要。在纪念诺曼底登陆 60 周年时，一批又一批中小学生每人拿着一本 40 多页的练习册，跟着带队老师边听讲解边参观。

五、情境陶冶法

情境陶冶法是通过学校环境和校风校纪来育人。在德育教育中，总有某些东西传递给学生，这些东西无须在课中讲授，也无须在集会中灌输，但学生总会从中学习到人生观和价值观。一所好学校的全面而正常的生活，会比一些反复灌输道德观念或社会意识的特定课更能使学生树立理想和培养健全的性格。西方国家的学校都很重视推行民主治校、强化教书育人、树立文明的校风、建设美丽整洁的校园等，努力为学生创建文明优雅的校园环境，从而使学生的道德情操在潜移默化中受到熏陶。

美国历届政府十分重视对中小学生进行爱国家、爱国旗、唱国歌的教育。在美国，从儿童玩具到服装、从商品到娱乐场所，通过寓教于乐，渗透爱国主义教育。在中小学校，热爱国旗是学生爱国主义教育的一个重要组成部分。学校在举行升旗仪式时，学生把手放在胸前，神情虔诚，庄严地念道："我效忠于国旗和美利坚合众国。"学校里凡举行全校性的活动，哪怕是一场篮球赛，第一个议程总是全场起立奏（唱）国歌，气氛热烈。正因为在环境和日常活动中渗透爱国主义教育，所以，美国人的民族自尊心和自豪感很强，他们可以斥责政府腐败，但很少有人说美国不好。美国绝大多数中小学生都认为"美国是世界上最好的国家"，"当一名美国人比当任何其他国家的国民都好"。

此外，社会学习道德教育理论、人本主义道德教育理论、完善人格道德教育理论、体谅关心道德教育理论、理性为本道德教育理论都是当代西方主要的道德教育理论。它们都有"注重微观研究、注重操作模式研究、人本主义被普遍接受、反对灌输"等共性。反对道德灌输从一定意义上讲，起到了一种巨大的思想解放作用，从根本上动摇了传统道德教育的基础，体现了人们对道德本质认识的深化。

但我们必须清晰认识到，反对道德灌输的意义是有限的。在理论上，由于单纯反对道德灌输而出现的形式主义学派，因完全排除道德内容的传授，走上了激进的"无道德的道德教育"的歧路。在实践中，单纯反对道德灌输则极易走向放任主义的死角，培养极端利己主义者、相对主义者，在尊重学生发展个性基础上，一定要重视教师在学生成长过程中的价值引导作用，帮学生树立正确的道德规范，助学生扣好"人生第一粒扣子"。坚持以马列主义、毛泽东思想、邓小平理论、"三个代表"重要思想、科学发展观、习近平新时代中国特色社会主义思想为指导，为学生一生成长奠定科学的思想基础；坚持不懈培育和弘扬社会主义核心价值观，引导广大学生做社会主义核心价值观的坚定信仰者、积极传播者、模范践行者。

第三节　美国社会科教学对我国中学思想政治教学的启示

一、面向 21 世纪技能的美国社会科教学

美国同样有思想政治课，只是它的名字叫"社会科"，它通过历史、经济、社会、法律等多个科目，从不同角度阐释美国的建国精神和立国理论。美国高中阶段政治教育更具系统性，每个高中生都必须修一门名为"美国政府"的课程，系统掌握美国"三权分立"的政治原则、两党制的政党制度等。课程通过讲述美国政治制度，向学生灌输美式民主的思想，并为此产生自豪感。美国高中经济学课程主要讲述自由竞争的市场经济理论，让学生从社会经济的运作角度坚定对美国社会制度的信仰。

美国联邦教育部在 2007 年制定了《21 世纪技能框架》，提出 21 世纪美国教育应培养三大核心素养和技能（如图 8-4，俗称"彩虹图"），即学习与创新技能、信息媒体与技术职能、生活与职业技能。其中，学习与创新能力处于21 世纪技能的金字塔顶端，包含了批判性思维和问题解决能力、创造性和创新能力、交流能力和合作能力。这些能力俗称"4C"，被视为美国教育革新的核心任务。

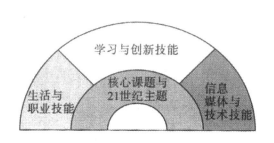

图 8-4　"彩虹图"

（一）培养学生 21 世纪技能的四大教学原则

为了培养学生 21 世纪技能，美国提出了核心学科教学需遵循四大准则：一是让学生参与知识获取的过程，教学应促使学生通过思考，主动构建自己的知识体系；二是增加学科知识的深度，令学生深刻理解所学知识；三是注重知识的实际运用，教学应培养学生迁移能力，使知识与学生个人的真实世界有所关联，从而加深对学科的理解；四是融入跨学科问题，要将跨学科的主题（全球意识，财政、经济、商业和企业能力，公民素养，健康素养，环境素养等）贯穿于核心课程之中。简单概括为"主动建构、深度学习、实际运用、跨学科主题学习"。

（二）培养学生 4C 能力的 3PBL 教学法

培养学生 21 世纪技能和学生 4C 才能，需要通过参与各种调查活动、问题解决活动、项目学习等来锻炼学生批判性思维和问题解决能力；实施高难度的项目学习是培养创新能力的有效手段之一；获得交流与合作能力的最佳途径是社交学习。当前，美国盛行的 3PBL 教学法正是有效培育学生 4C 能力的一种教学法。

3PBL 教学法即"基于问题的学习""基于项目的学习""基于表现的学习"。3PBL 教学法共同特征是教学不再以获取知识信息为唯一宗旨，强调以学生为中心的学习与探索过程，通过参与实践或"类实践"解决真实问题，实现知识掌握与批判性思考、问题解决、创造和创新等技能发展整合性目标。这种教学范式目标直观清晰、设计要领明确、操作性强，真正落实了学生的自主、合作、探究学习，培养了学生的实践和创造能力。

1. 问题学习法

这是一种以设定问题解决来促进学生学习的教学方法。教师在学习新知识前，围绕新知识设定一系列问题，要求学生解决。在解决问题的过程中，学生要区分问题的性质和特征，根据已具备的知识探索新知识，通过制订自我导向学习计划、建构知识内容、增强推理能力、增加学习动力来提高解决问题的能力。

在问题学习法的教学中，教师角色是学习组织者、知识与信息传播者、反馈评价者、学习者、调解人或充当顾问。学生不是知识的被动接受者，而是主动学习探究建构者，是在解决问题中，通过团队合作，主动探寻知识，强化能力发展。

例如，2017年12月22日，美国总统特朗普签署了自1986年以来美国最大规模的减税法案，法案于2018年1月开始实施。问题提出：特朗普政府为什么要制定减税法案？减税法案的具体内容有哪些？哪些人将从这里受益？减税对美国经济、政治有何影响？如何弥补减税导致的财政赤字问题？等等。设置一系列问题，促使学生不断学习、探究，主动建构知识。

2. 项目学习法

项目学习法是以项目为中心的教学方法，学生通过项目，以问题为纽带促使学生探寻课程核心概念和原理。通过学生的学习，把项目活动与需要掌握的知识联系起来，在完成项目中掌握知识，培养能力。

项目学习法需要通过学生建设性的调查来完成。调查是一个以知识建构和问题解决为目标导向的过程，是设计、决策、发现和解决问题或构建模型的过程。调查活动必须有利于学生构建课程新知识和掌握新技能。在学生调查的基础上，学生针对调查情况，分析原因、影响，提出解决措施和建议，然后递交有关部门，督促项目完成。

例如，针对校园欺凌现象，可指导学生围绕"如何预防和制止校园欺凌"进行项目学习。指引学生调查当前校园欺凌的现状，分析发生欺凌的原因、分析施暴者实施欺凌的原因、受欺凌者的特征，提出解决校园欺凌的建议并递交有关部门，督促解决校园欺凌问题。

3. 表现学习法

表现学习法既是一种学习方法，又是一种考核方法，它将教学与评价融于一体以此促进学生学习。它不要求学生回答是否知道某一知识，而是考核学生如何运用知识。通过考查学生解决问题、展示知识与技能的表现来评估学生成绩，有利于教师因材施教。

在学生完成任务的过程中，教师通过观察、与学生交流，引导学生学习，将完成任务中的表现纳入课程考核，发掘学生思维和推理能力，并根据学生表现来调整教学活动，从而促进学生长期的学习，培养学生思维能力和个人的责任感，提高学生学习知识和掌握技能的能力；帮助学生评估自己的学习，学生从评估过程中学习和发展自我评价技能，有利于促进学生持久性学习、提高学生思维能力、培养学生合作能力、增强学生学习绩效。

（三）美国社会科课堂教学常用方法

社会议题、小组合作、探究、讨论、分享、评价是美国社会科课堂教学必备要素。在进行课堂教学时常采用问题导向教学法、反思探究教学法、讨论教学法、角色扮演法、价值澄清法、公民参与教学法、结合社区资源教学法等。

1. 问题导向教学法

问题导向教学法是指教师以社会议题或对学生有直接意义的问题来组织教学。它通过模拟真实情境来学习成人角色，是连接校内学习活动与校外现实活动的纽带。

在教学中，教师根据生活情境，提出现实问题，引导学生分析与界定问题、收集和分析资料、小组或学生之间的对话来寻求解决之道。例如，在学习"如何解决分配正义的问题"时，要求学生对各种议题加以评估、确立观点立场，并为自己辩护，在面临互相对立的意见和观点时，学会以建设性的方式加以处理。

问题导向教学选取真实生活议题，议题的复杂性、现实性有利于学生提升分析问题、解决问题的技能。它以学习者为中心，有利于学生成为一个能自我管理的学习者，在教学过程中学会独立思考并提高社会反思能力。

2. 反思探究教学法

反思探究教学法是现行美国公民教育颇为流行的一种方法，来源于杜威的社会教育理论。杜威认为学校道德教育要按照社会的实际生活进行，主张运用探究、商量和讨论的方式，反对与社会脱离、知行脱节的道德教育。

反思探究常以问题导向开展教学，通过反思、探究社会问题，来帮助学生树立正确的价值观，尝试解决社会问题。例如，反思探究美国特朗普政府的反经济全球化政策、美国的外交政策等。

反思探究强调学生对教学过程的参与，通过学生的反思探究来分析社会问题，锻炼学生的价值分析和决策技能，有利于培养学生的合作精神、民主精神，激发内在的动因，培养公民的主动性。

3. 讨论教学法

讨论是美国中小学公民教育常用的一种方法。讨论法是师生平等地共同讨论一个问题，得出结论，使学生分清是非、提高认识水平的一种方法。

讨论教学可以提高学生的思考能力，帮助学生了解课程的内容，强化并扩展现有的知识；促进学生对教学的参与，为学生提供发表观点的机会；帮助学生学习沟通技能，学会倾听他人想法，并做出适当的反应等。

讨论分为两种基本的模式。一种模式是小组讨论。首先，学生分组并进行内部讨论；其次，小组间进行讨论；最后，各小组陈述立场。讨论时每个小组都要尽量能够准确复述对方观点，并列举双方立场不一致的地方，分别陈述各自解决双方分歧的方法。另一种模式是"研讨会"。在讨论过程中，学生既可当发言人，又可以当听众，互问互答。

4. 角色扮演法

角色扮演是教师提出一个主题，要求学生从不同侧面考虑，形成自己的观点，接着师生共同设置情境，并进行全班角色分配，在学生了解、适应角色后进行表演，最后汇报。汇报的形式有两种：一是口头汇报；二是书面汇报。在角色扮演的教学中，关键环节就是汇报，教师应鼓励学生讨论、推理和总结。

例如，在学习"如何在无法兼顾的责任之间做选择？"一课时，某班举行模拟立法听证会。主要内容是某区议会提出成立青少年社区矫正中心，但居民因为担心此举会导引自家附近青少年犯罪率增加，所以都不赞同让它设置在自家附近，于是有一位议员倡导召开一个公听会。在模拟公听会召开之前，教师将学生分成"议员""社会服务处""地区敦亲睦邻组织""青少年正义联盟""地区工商团体"五组。在公听会召开之前，各组学生要完成"如何在无法兼顾的责任之间做选择"的思考，并选派一人做代表，以角色扮演方式在会议中提出报告，经过充分讨论后，再决定是否赞同议会所提计划。

5. 价值澄清法

价值澄清学派认为，教师不能把价值观直接教给学生，而只能通过分析评价等方法，帮助学生形成适合本人的价值观体系。具体实施过程在本章第二节已有详述，这里不再赘述。

6. 公民参与教学法

美国在公民教育中，为了让学生成为负责任的主动公民，提供以下三种参与技巧。一是成立互动小组，如成立委员会或联盟、参加组织与社团、为学校或社区服务等方式。二是进行监督，如追踪媒体报道、研究公共议题、搜集分析资讯、参加公众会议、听证会、访谈、网络参与等。三是实施影响，通过投票、游说、请愿、文书、发表言论、参与公民团体、运用网络等方式来影响公共决策。

7. 结合社区资源教学法

在美国公民教育中，学校经常会邀请包括警察、律师、法官、政府官员、大学教授等社区居民协助教学。他们的主要作用是分享生活经验，使课程更加生动有趣；协助课堂活动，如角色扮演、模拟法庭、模拟立法公听会与辩论；在学生参观法院和立法机构等场所时，负责担任向导及回答问题，丰富学生的现场经验；与某班级学生建立长久关系，学生在课堂上遇到问题时，可以经常通过电话请教。

（四）美国公民教育的主要活动

美国学校的公民教育并不局限于课堂，而是延伸到课堂以外的校园、社会和社区，让学生在校园环境和社会环境中通过广泛地参与而受到教育。

1. 校园活动

校园活动包括内容广泛的学术活动、丰富多彩的文体活动、形式各异的社团活动等，活动既活跃了学校的氛围，又提升了学生的创新意识与组织、行为能力。各种升旗仪式、节日庆典、集会活动可以培养学生的爱国、爱校的精神和民族荣誉感。学生政府、学生自治委员会等活动为每个学生提供选举代表和参与学校、班级决策活动的机会，使学生能够积极地参与学校班级社团的管理，有机会就学校班级社团面临的实际问题发表见解，提高了学生的自治能力和参与能力。

2. 服务学习

社区已成为美国学生了解、接触社会的良好平台，在社区中重视价值信念的实践与技能的培养，是当代美国公民教育的一个突出特点。服务学习是指让学生走向社会，进行多种形式的义务劳动，在服务中学习，在学习中服务，培养学生的社区主人翁意识和自豪感，加深对课堂知识的理解。服务学习理论来源于社会行动模式理论，该理论认为道德教育重在培养学生的社会行动能力。开展服务学习、社会服务活动是培养学生公民意识的重要途径。

3. 社会活动

学校会利用"马丁·路德·金日""华盛顿诞辰日""林肯诞辰日""阵亡将士纪念日"等各种公共纪念日，组织学生开展参观、座谈、演讲等丰富多彩的活动，加深学生对所学政治知识的理解。很多中学生会利用课余时间参加社会实践，如帮助政治人物筹款、参与非政府组织的维权行动、在政治集会上做义工等具有政治色彩的活动。

二、美国社会科教学实例分析及启示

美国社会科协会1994年推出的《美国国家社会科课程标准：卓越的期望》是美国课程史上第一个全国性社会科课程标准，不仅对美国各州影响很大，而且对世界上许多国家和地区的社会科教育产生较大影响。该课程标准阐述了社会科的定义、主题、标准与能力表现期望，还列举了标准的实际运用案例，有利于指导教师教学。以下选取该书若干个经济、政治、法律、文化的教学案例，从中探讨美国社会科教学的共性。

（一）经济

1. 在探究 1973 年能源危机中学习"价格与供求关系"

在"价格与供求关系"的学习中，教师利用案例教学法，从日常生活和时事中选取丰富的例子来说明一般供应、需求和价格曲线的功能，以及它们之间的关系。

学生探究：学生运用所学知识分析研究 1973 年的能源危机，必须考虑突然能源缩减供应和价格急剧上涨带来的后果，以便更好地理解两者相互依赖的关系。学生要收集大量的资料并将它们联系起来。这些资料包括：显示资源及美国使用各种能源的最终结果的流程图；显示全世界已探明的油田的位置图；表明 1972—1975 年，石油、汽油以及民用燃油价格的各种表格；有关服务站、汽油配给以及由于热能短缺而中断的公告事件概况的新闻报道等。学生要认真思考应对这些危机的政策建议，要访问在生意上或生活上与危机相关的人员。

学生分享：学生基于各种方式收集到的数据，探究应对能源危机的可选择措施，提出自己对此的立场。

学生作业：每个学生都要采取一种政策立场来应对能源危机，并写一篇文章，清晰表明自己的立场。

教师评价标准：论据的逻辑性、用于支持立场的数据，以及这种立场可能对问题产生的影响等。

启示：利用案例教学掌握"供求、价格之间的关系"，然后运用这一知识分析 1973 年能源危机，基于真实生活回归真实生活。在分析 1973 年能源危机的时候，学生综合考虑各种因素，访问相关人士，提出应对危机的政策建议，真正的活学活用。同时，案例教学通过探究、分享、撰写、分析文章等途径提升学生分析问题、解决问题的能力，真正培养学生的科学精神、公共参与等能力。教师的评价不只是简单的对错、分数，而是依据多个标准，使评价更能发挥促进和引领作用。

2. 成立探究真相小组，学习政府及经济知识

每逢"选举年"，玛利亚老师都以分析当时竞选来学习有关政府的课程。

学生通过组织四五人为一组的"探明真相小组"来探究和分析每个候选人的立场，并与其他同学分享他们的发现和结论。

相当多的州和国家的竞选主题都涉及失业、税收、贸易、资源开发等。有关这些竞选的学习可以使学生复习并运用以往学过的关键概念（如调节、诱因、资源和税收），并集中探讨价值观和信仰在经济决策中的作用。

教师和学生一起回顾学过的核心经济概念。学生在运用这些概念分析竞选议题之前，首先要厘清在每天的报纸和新闻周刊中每个概念的不同含义。

每周课上的大部分时间都用在由"探明真相小组"所做的调查和分析上。每个小组定期向全班同学汇报他们的发现及分析。每个人都坚持写日记，记录和解释小组的发现。

教师通过检查日记来了解学生所探究的竞选议题以及运用核心经济概念分析问题的成果。

启示：教师成立"探究真相小组"激发学生学习的好奇心；选用竞选主题，抓住了学生和社会的关注度，让学生想学、爱学、乐学。竞选中涉及的各种经济知识概念原理驱动学生基于任务而学习、基于项目而学习，让学习因为贴近生活而生动，让学生因为切合需求而主动。师生共同复习核心经济概念，又能让学生更准确地把握核心知识、理解其他知识。基于探究某一竞选主题而进行的学习，是一种混合学习、现象学习、动态学习、过程学习。而小组的汇报与坚持写日记，有利于激发学生持续学习的热情，见证学生的成长。评价重过程分析、重成长历程、重分析质量，有利于真正促进学生素养的培育。

3. 经济全球化

教学目标：希望学生能够认识到美国经济与其他国家经济之间的相互依赖性。

教学过程：首先，教师向学生分享一首讲一位妇女在美国的商店里买了一件衬衫后，她走遍全世界，寻找它是由哪里的工人、使用了哪些材料制作的歌曲，以激发学生探究的兴趣。其次，教师要求学生检查他们的外套和鞋子，看看是哪国生产的。最后，在挂图上做标记来呈现搜集的数据，给学生提供主观的展示，让学生据此分析在衬衫加工方面主导的贸易模式。

学生作业：请研究并编制一个包括美国在内的、有关各个资源国的工资信息数据库；利用这个数据库，对世界上各个地区的工资以及生活成本进行对比，从而解答歌曲中提出的问题。

教师评价：依据学生作品的精确性、相关性、数据流畅性，以及利用数据形成探究问题的能力进行评价。

启示：用学生感兴趣的主题音乐导入，引导学生探究生产全球化、贸易全球化。通过研究和编制全球工资信息库，了解经济全球化的原因、意义。

（二）政治

1. 区域安全

教师问题：如何才能最大限度地维持欧洲的和平与安全？

学生对有关问题进行讨论：当前，什么样的紧张局势会威胁欧盟？在一体化的欧洲，哪些国家利益应该受到保护？欧洲国家应如何应对诸如核武器扩散、国际恐怖主义、难民问题？

教师要求学生从中选出一个他们所认为的关键的并且乐意努力解决的问题。教师给学生充分自主选择权，让他们相互交流对相关思想、问题的理解，及解决问题的策略。

学生以个人或小组为单位写论文，进行讨论或辩论，布置海报展览，交流他们分析的结论。

教师根据学生研究的详尽程度、对关键问题的分析以及作业的质量，对他们进行评价。

启示：教学走进现实生活、分析热点问题、反思社会议题，较好地培养学生的思维能力。

2. 权利与义务

基于生活情境的议题提出：南希抱怨广播节目中有些语言和歌曲对女性不够尊重，应该通过法律去禁止这种行为。玛丽亚认为通过立法限制某些领域的表达方式是困难的。乔则认为这与表达自由无关，这是关系到社会道德滑坡，以及如何维护道德标准的问题。

议题确定：教师听到这些议论后，提出了一个研究问题——限制表达的自由适宜于民主国家吗？

知识储备：在此之前，学生已经学习了美国州的权利与个人权利之间的关系。在他们原先学习的基础上，学生要选择不同类型的司法个案研究，了解对该问题的不同反应。他们还回顾了一些历史上最高法院的裁决和先例。

小组合作探究：学生以小组的方式完成报告。在教师的指导下对观点进行了提炼，主要突出解决这个问题的可能办法，并从提出的办法中推断出可能产生的行为。

班级论坛观点交流：为了明确三种明显不同的立场，他们在班级举行了一次论坛，对正方的和反方的每一种观点进行了分析，并讨论每一种观点可能产生的结论。

社区组织公共论坛：为了让答案更清晰，学生准备了视听材料以解释他们想法中的主要观点，支持研究成果中的主要观点。

教师评价：要求每一个学生制作一幅政治漫画，从正反两个方面来阐明他们自己对限制表达自由的立场和结论。

启示：本实例教学是一种典型的议题中心教学法。基于生活情境，师生共同确定议题。在知识储备的基础上进行小组合作探究，通过班级论坛，交流辨析正反方观点，让每个人的认识更加丰富、全面，从而避免认识的片面性和盲目性。美国社会科教学很重视培养学生独立思考问题的能力、价值判断能力，以及为支持自己观点的分析辩论能力。

3. 国际政治

凯文老师运用各种第一手、第二手资料来呈现当前的问题，其中一个环节就是要求学生研究当前国会记录中的一些重大问题，从中了解针对某一个国际性的问题，美国各党派与其他国家各党派选择的不同立场。例如，美国利用武力去获得食物和供给，而某些组织反对武力解决这一问题。

凯文老师把学生分组，每个小组分别代表各国不同观点流派。每个小组要整理出大多数人对这个问题的关注要点。之后，各小组还要就他们所关心的问题提出最有可能的解决办法，并预测实际结果，说明他们预测结果的理由。作为后续工作，学生要跟踪那些导致实际结果的事件并把他们的预测与现实进行比较。

评价标准：提出和预测的结论及原理是否合理；整个研究或论述是否恰当和有效；对国际冲突根源和存在问题的理解；解决方案的效度和信度。

启示：教师的问题呈现基于时政、基于生活、基于真实，以此调动学生学习的积极性，让学生体会学习的价值和乐趣。而小组合作、角色扮演是常用的教学法，讨论、探究、提出解决办法、充分论证、交流、分享是美国课堂教学必备要素。评价的内容既有结论，又有过程、方法等。

（三）法律

实例：模拟法庭，关于 DNA 是否可做证据。

唐老师在教授"社会中的法律"时，是以一个新的模拟审讯开始的。模拟案例如下：高中游泳队汤姆队长约会时在酒后强奸了琼斯。在医院，医生给琼斯做了DNA采样。学生研究该案例中的法律问题。他们找出哪些州允许在法庭上用DNA检测结果做证、哪些州不允许用。他们发现尽管目前最高法院还没有相关的法律，但他们所在的州曾有允许在强奸案中使用DNA证据的先例。对具体情形做了研究之后，学生认为，应该认同那些令人信服的科学证据和测试结果。这一看法不仅影响到模拟审批的结果，也激发了学生对在州法庭系统中支持运用DNA结果的兴趣。他们偶遇了州代表，起草了法律草案，拟订了一个游说议员支持他们的方案，并在立法听证会上对其益处进行了论证。在这个单元的学习过程中，学生一直记笔记。

作为活动的高潮，每个学生都要递交一篇论文，对自己参与活动的过程以及这一过程与政策制定的关系做出评价。

教师根据如下因素对论文进行评价：策略表达的清晰度；策略的有效度。此外，教师对每个学生提出的法律草案以及游说方案进行评价。阅读了每个学生的文章并提出建议，对他们完成任务情况进行了打分。

启示：选用的案例是贴近学生的真实案例，虽然是模拟的形式，但所有的程序都是真实的法定程序。起草法律草案、游说议员等真实的政治参与，让学生真真切切体会到法律就在身边。自己的每一次参与都会让这个世界可能发生改变，激发学生参与政治的热情，培养学生参与政治的能力。以"对自己参与活动的过程以及这一过程与政策制定的关系做出评价"作为评价内容，有利于学生反思自己的行为，充分认识到个人的参与对社会的重要意义，培养学生的政治参与意识和能力。

（四）文化生活

实例：青少年娱乐生活调查分析。

学生以小组为单位，调查当地青少年的娱乐生活、当地娱乐设施的历史和现状。调查的信息以图标的形成呈现，并有注释和分析。每个小组还制定当地娱乐设施或俱乐部建设的商业方案。

学生展示和交流调查结果，通过网络向社区组织或公民委员会反映。

启示：以小组为单位，开展实地调查，进行研究性学习，制定解决问题的方案，向有关部门反映。这是典型的美国社会科活动教学法。

（五）美国社会科教学启示

纵观《美国国家社会科课程标准：卓越的期望》中的教学案例，我们可以感知美国社会科教学基于真实生活情境。它重视学生活动参与，采取小组合作形式，以任务驱动方式促使学生进行探究学习，构建学生知识体系，锻炼学生能力，培养学生素养，学习作品呈现形式丰富，教师评价更加科学。具体教学启示如下。

一是议题基于生活情境，重真实、轻抽象。不同于我们常见的以知识讲解为起点，美国社会科教学常以议题、话题、问题为起点。教学选取的议题、话题、问题都是来自真实的社会生活，与所学的主题有密切联系，与学生现在或者将来的生活息息相关，是基于真实生活的、有意义的学习主题。

二是活动强调体验话题参与，重感受、轻说教。区别于常见的讲授式教学，美国社会科教学常采取活动参与形式，议题、话题、问题的探究形式大都以比较有趣的活动形式开展，如成立"探明真相小组""模拟角色""模拟法庭"等游戏体验的方式，以激发学生学习探究的兴趣。

三是组织小组合作学习，重团队、轻独行。美国社会科教学既重视学生个体的独立思考，又强调学生之间的合作分工。这种小组合作是真合作、真分工、真交流，一项任务往往需要团队成员之间相互合作、相互配合，较好地培养了学生的团队意识和领导能力。

四是采取任务驱动学习，重探究、轻接受。学习进程的推进往往以分析及解决真实议题、话题、问题的任务为驱动，促使学生在完成任务的过程中不断去收集资料，调查研究，交流、讨论、分析问题，提出措施，论证策略，解决议题，以构建学生知识体系、锻炼学生能力、培养学生素养。从学习过程看，它包括资料搜查、甄别、取舍，主题分析、论证，观点提出、交流、矫正，建议拟定、递交、促成等。值得一提的是，探究、讨论、辩论、展示、运用是素养教学的五大要素。

五是作业形式丰富多彩，重有趣、忌枯燥。学生作业更加重视知识运用、能力锻炼，而非做题解题、纸上谈兵。其形式有撰写论文、调查报告、决策建议、过程反思和记录等，这些都基于学生完成一项和学习主题有关的、用于解决社会问题的任务场景，任务成果应具有现实性和可操作性。

六是评价强调过程与结果并重，重素养、重发展。教师对学生的评价是多方面、多维度的，包括学习的态度、参与的表现、分析的逻辑、研究的过程、成果的质量等。

三、美国社会科课堂教学的微观视角

在美国中学社会科教学中，经常采用各种活动式教学，如角色扮演式活动教学、游戏式活动教学、体验式活动教学等。下面我们以"不同类型政府的优势与劣势"为例，从微观视角来探究美国中学社会科的课堂教学。

（一）微观视角的美国社会科课堂教学

面对"不同类型政府的优劣势"课题，老师您会如何执教呢？是否常常采取下面两种教法。

教法一：①先讲清各种类型政府的特征；②通过列表对比方式，对不同类型政府的优劣势进行对比；③列举某政府决策的某些特征，要求学生判定该政府属于哪种类型；④练习巩固；⑤课外作业。

教法二：①专制政府的定义、特征、表现＋举例＋练习；②寡头政府的定义、特征、表现＋举例＋练习；③民主政府的定义、特征、表现＋举例＋练习；④无政府的定义、特征、表现＋举例＋练习；⑤列表对比不同类型政府的优势与劣势；⑥课堂小结；⑦课外作业。

教法一、教法二是我们常见的讲授式教学法。但除了讲授法，您还想到了哪些教学法呢？在素养时代下，还有更高效的教学法吗？

在美国汤姆森高中，该校一名教师在执教该课时，不是从概念特征讲起，而是从一个搭纸牌的游戏体验活动开始。教师随机把学生分为4个小组，每个小组桌子上都有一大沓卡片纸和胶带，要求各小组在15分钟之内用卡片纸搭成一座塔，看哪个小组搭的纸塔又高又牢固（让全班同学用嘴来吹，吹不倒的获胜），获胜小组将获得奖品。

至于如何搭纸塔？游戏规则为：第一小组决策由本组身高最高的人做出，其余组员不得发表意见，只能执行组长决定；第二组决策实行表决制，所有决策必须通过半数以上的组员同意方可执行；第三组决策由组内两名最年长的同学做出；第四组任何决策都需要获得全体组员一致通过才能进行。

请思考：①美国老师为什么要采取游戏的方式？②4个小组的决策模式各代表哪种政府的决策模式？③如果你在课堂采取游戏体验参与活动教学法，下一步你会如何进行呢？为什么？

15分钟后，第一组的学生搭起了一个牢固度较低的塔，被其他组同学一吹就倒。第二组的学生搭的塔最高又牢固，其他组同学怎么都吹不倒。第三组的

学生搭的塔和第一组差不多高，牢固度明显好于第一组。第四小组的塔根本没搭起来。

在学生尝试着吹倒了第一小组搭的纸塔以后，教师请第一小组的学生围绕这样三个问题与全班交流交流：①你的小组活动完成得怎么样？并请解释你们小组的决策方式。②你们小组的决策方式的优点有哪些？哪些优点使你们成功？③你们小组的决策方式的缺点有哪些？哪些缺点使你们不成功？

第一组学生大致上复述了过程，讲了一些自己的感受，教师把学生说到的一些过程、一些词语写在黑板上。学生说完了，教师在黑板上把学生说到的这些过程和词语画一个大圈，然后说："这就是专制政府的优势与劣势。"接下来，第二小组、第三小组、第四小组，都如第一小组一样，复述了自己小组搭建纸塔的过程。学生一边说，教师一边把他们说到的一些过程和词语写在黑板上。每一个小组说完，教师都把写在黑板上的这些过程和词语画一个大圈，说："这就是民主政府的优势和劣势""这就是寡头政府的优势和劣势""这就是无政府主义的优势和劣势"。

请思考：①在学生分享游戏体验的过程，你的常见操作模式是什么？是否是先建议学生看书，然后再分享呢？②你认为游戏活动后下面哪种分享方式更能让学生主动建构知识，培养能力？一是学生活动完立即看书，然后分享；二是学生活动完自己思考，小组研讨，然后再分享。是否还有其他更好的方式呢？③完成本环节后，下一步你会如何操作呢？

下课之前，教师给学生发放了一张纸，内容如下。

姓名：＿＿＿＿＿＿　　　日期：＿＿＿＿＿＿

目标：对不同政府的决策方式进行分析，并针对利弊得出结论。

思考：不同政府类型及体系的区别。

总结：从政府职能的角度，具体谈谈你所在小组的决策方式对管理一个国家在多大程度上具有有效性。

请思考：①美国教师布置的课后作业和我们布置的课外作业有何不同？它在本课中的意义如何？②你认为美国教师本堂课的优点和不足各在哪里？③如何结合我国的国情，借鉴美国教师讲授该节课的优点，找到最合适的教学方法呢？你认为它应该是怎样的？

（二）同课异构

讲授法是许多教师熟悉的教学法，是高中思想政治课堂常见的教学方法。

以下结合表8-3，我们从教学环节、效果等角度出发，对讲授式教学法和游戏体验式活动教学法进行对比。

表 8-3 不同类型政府的优势与劣势

教学	讲授式教学法	游戏体验式活动教学法
导入	复习旧课，导入新课	纸牌游戏布置
教学过程	①讲述政体的定义及理解 ②指出划分政体的依据和类型	游戏体验
	分析不同政体的优点和缺点，举例说明	游戏体验分享及反思：真实感受各种政体的优点和缺点
	①课堂习题练习以巩固掌握知识 ②小结	教师点睛：结合学生的游戏体会，生成各种政体的优点和缺点，达成政治认同
课外习题	课外习题练习，以巩固知识要点	课后习题反思与分析，既巩固了学科知识，提升了学生分析能力，又加深了学生对各种政体的认识
学生兴趣	较弱	强烈、兴奋
学习气氛	沉闷、枯燥	生动、有趣
学习内驱力	学生听教师讲解各种概念、理论，是一种由外而内的接受式学习，填充式掌握，属于被动式学习	学生通过游戏体验感悟各种模拟政体的优劣，并且用自己的理解和语言说出来，是一种自内而外的体验式、感悟式、启发式学习，属于主动式学习
学习效果	①重知识品质：优点是系统准确地掌握学科知识，缺点是学生不一定真正理解感知知识； ②轻能力品质：能力锻炼的机会较少，学生只是接受知识	①轻知识品质：深刻理解知识的内涵，但学科知识的系统性和精准性有待教师教学指引； ②重能力品质：能力锻炼是机会比较多，学生通过自己的感悟，说出不同政体的区别，锻炼了学生的思维能力，是一种生成知识的过程
效果检验	应对知识记忆型考试，不适应复杂情境的能力考试	比较符合能力型考试的要求

教学	讲授式教学法	游戏体验式活动教学法
启示	要各取中美教学之长，促进活动教学的扎实高效发展。既要借鉴美国重视活动调动兴趣、关注学生真实体验、重视学生学习力创造力的优点，又要结合中国重知识体系，重理论教学的长处，真正实现学科核心素养教学	

（三）深入探究游戏体验式活动教学

1. 定义

游戏体验式活动教学是指教师根据教学目标和内容，模拟某种真实情境、设计有趣游戏，带领学生经历亲身体验、感悟、反思过程，从而实现教学目标的教学法。

2. 特征

相对于讲授法，游戏体验式活动教学法具有以下特征。

①以学习者为中心。关注学生兴趣、感受、学习方式和价值取向。活动中，每个人都亲身参与其中去体验与感悟；活动后，学生要对活动进行小结与反思。

②以内驱力引领学生学习。重在触动学生个体的内心世界，常常是潜移默化、耳濡目染的陶冶方式。

③重视建构知识，而不是接受知识。每一个游戏都精心设计，每一句提问都匠心独运，每一个活动都寓意深远、目标清晰。唯有精心、精准、精细的设置各个环节和设问，才能保证活动不仅是游戏参与，更是学习过程、成长历程。学生通过参与，亲历的反思，对游戏中的"理"进行辨析、梳理，直至形成人生经验。

④过程参与，活动体验，体验反思。游戏体验式学习中，游戏是学习的载体，体验是学习的过程，反思是学习的内容，分享是学习的路径。反思、分享的数量和质量是评价学生学习效果的重要维度。

3. 环节

游戏体验式活动教学主要包括四个环节。

（1）围绕主旨，精选游戏

要根据教学的目标、内容，学校和学生的实际情况精心选择或设计游戏。游戏要安全、易操作、有趣味、有内涵、有效果，不能为了活动而活动，为了游戏而游戏。

223

在"不同类型政府的优势与劣势"一课中，为了实现理解"不同类型政府的优势与劣势"这个教学任务，教师巧妙地设计了"搭纸塔"游戏，让学生在游戏中感受"专制政府""民主政府""寡头政府""无政府主义"四种政体的优势与劣势。这一设计化枯燥为趣味，化理论为实践，化繁难为简易。游戏的主旨在于体验不同类型政府决策的优劣，所以，只要围绕这个主旨，教师完全可以换其他活动任务，比如"策划一次外出活动""班级环境布置"等，只要活动步骤是一样的，都能实现理解"不同类型政府的优势与劣势"的教学目的。由于搭纸牌活动更具现场感、可视感、参与感，更受学生喜欢，所以，美国教师采用了这个游戏。

（2）全员参与，全情投入

"做中学"是游戏体验教学最重要的特征，学习不能只是部分优生的特权，游玩不能只是个别学困生的待遇，在游玩中学习，在学习中游玩是每个学生的权利。在游戏体验式学习中，每一个学生都是游戏学习的主体，都是学习的主人，每一个人都应该有明确的学习任务、反思、体会、分享。在游戏学习中，教师要加强课堂指引，杜绝学习的围观者、破坏者，保证每个成员都是学习的参与者、收获者。

（3）积极反思，形成收获

反思是游戏体验教育的关键。无论采取何种方式学习，最终都要通过自己的反思、提炼、升华，才能有质的飞跃。游戏结束，学习活动还在途中，教师应该引导学生对活动过程及自己的表现进行反思。

例如，在"不同类型政府的优势与劣势"的教学中，"搭出一个又高又牢固的纸塔"并不是教学任务，"搭纸塔"游戏的目的是"获取活动体验"，即从决策结果中体验不同决策方式的优劣，从而由此及彼，真实地感知并反思不同类型政府的优势与劣势。教师设计游戏活动，关注点不在于游戏的结果，而在于游戏所承载的教学主旨和教学目标。如果游戏完成后，虽然纸塔搭起来，但学生没有体验到这些过程，或虽有体验却没有清晰地提取出来，那这堂课就不能实现教学目的，"不同类型政府的优势与劣势"教学目标就没有落实。

（4）感悟反思，内化生成

感悟是游戏体验教学的基础，反思是游戏体验教学的灵魂。感悟须认真感悟，反思须真反思。这种感悟、反思不是活动完后直接让学生看教材后的反思感悟，因为这样容易让学生受教材已有知识的局限，而是让学生自由自发地真感受真反思，只有这样才能促进学生创造性思维的发展。在鼓励学生自由自发地感悟和反思的时候，也并非让学生漫无目的地感悟和反思，而是有主旨聚焦、有逻辑生成地反思，以防碎片式感性认识，继而通过教师指引，生成有逻辑体系、遵循从感性认识到理性认识的学习建构过程，培养学生的学习力。

教师为了让学生掌握好本课的知识目标，做到学以致用，理论联系实际，设置了"对比不同政府类型及体系区别"的思考，并要求学生能总结本小组决策方式的效能。

总之，游戏体验式学习能充分调动学生学习的内驱力，让学生在游戏体验参与中感悟道理、建构知识、锻炼能力、体验情感、培育素养，是一种很好的学科核心素养教学方法。在游戏教学中，一定要注意游戏和教学的一致性，避免"两张皮"现场，要注意精心围绕主旨设计游戏，巧妙设问，精心引导，让学生自我建构、内生驱动。

第九章　中学政治学科核心素养培育的创新路径

第一节　政治认同素养培育的途径

高中阶段是一个人政治信念和政治素养形成的关键时期，政治认同关系学生政治素养的高低、关乎学生成长方向和理想信念的确立、关系国家政治文明的健康发展，是一个人创造幸福生活的精神支柱、价值追求和道德准则，是思想政治课首要且基本的学科核心素养。

培养学生政治认同素养，培养有信仰的公民，要正确把握政治认同素养的内涵和要求。

一、正确理解政治认同的内涵和要求

政治认同的内涵：我国公民的政治认同就是拥护中国共产党的领导，坚持和发展中国特色社会主义，认同中华人民共和国、中华民族、中华文化，弘扬和践行社会主义核心价值观。即三个政治身份认同、三个政治行动认同。三个政治身份认同就是"国家认同、民族认同、文化认同，即认同中华人民共和国、中华民族、中华文化"；三个政治行动认同就是"拥护中国共产党的领导，坚持和发展中国特色社会主义，弘扬和践行社会主义核心价值观"。

具有政治认同素养的学生，应能够：认同走中国特色社会主义道路是历史的必然，坚信中国特色社会主义是国家富强、民族振兴、人民幸福的根本保障，坚定中国特色社会主义道路自信、理论自信、制度自信、文化自信；拥护党的领导，领会中国特色社会主义最本质的特征是中国共产党领导，中国特色社会主义制度的最大优势是中国共产党领导，党是最高政治领导力量；明确社会主

227

义核心价值观是公民最基本的价值标准，自觉践行社会主义核心价值观，树立共产主义远大理想和中国特色社会主义共同理想。

二、教师是政治认同的信奉者、示范者、引领者

（一）教师是政治认同的信奉者

习近平总书记在 2016 年 12 月召开的全国高校思想政治工作会议上强调，教师是人类灵魂的工程师，承担着神圣使命。传道者自己首先要明道、信道。高校教师要坚持教育者先受教育，努力成为先进思想文化的传播者、党执政的坚定支持者，更好担起学生健康成长指导者和引路人的责任。一名对国家现行政治不认同、有疑义、常否定的教师是不能培育出具有政治认同的学生的；一名经常在课堂上抱怨、散发负能量的教师绝不可能培育出正能量的学生。也许有教师认为，对社会一些不良现象的批判、抱怨是爱国的表现。其实，这种观点是错误的，对于缺乏独立判断力的未成年学生来说，教师的这种批判、抱怨会影响其对社会政治的全面、客观、理性的认识。真正的爱国，不是要求无视社会某些不良现象，而是用建设性的态度正确辨析，用发展的观点去科学解决。

（二）教师是政治认同的示范者

思想政治课教师时刻以身作则，处处率先垂范，才能成为政治认同的布道者。如果一名教师在课堂高谈阔论说爱国，却在现实生活中时常做出有损国家利益的行为，怎能以身作则、言传身教呢？

（三）教师是政治认同的引领者

当前高中生在政治认同方面存在着或多或少的现实困惑，既有政治价值观的迷茫，又有政治认知的迷惑。为此，教师应对学生政治认同空白部分加以引领，帮助其达成政治认同；对于学生犹豫的部分给予引导，帮助其坚定政治认同；对于学生错误的部分做出矫正，引领其认同先进性要求，实现广泛性目标。

三、遵循政治认同教育规律，不断创新政治认同培养方法

习近平总书记指出，要用好课堂教学这个主渠道，思想政治理论课要坚持在改进中加强，提升思想政治教育亲和力和针对性，满足学生成长发展需求和期待。

无论是调查问卷还是实地观摩课堂，当前思想政治课沉闷无聊、毫无生机、

灌输说教情况还存在；部分教师不能理论联系实际，讲课缺乏生动性和针对性，无法调动学生的积极性；传统的教学模式忽视学生的主体性、独立性和学习的参与性、实践性，学生在课堂上鲜有机会与教师进行互动交流，学生的疑惑越积越多，学生对思想政治课逐渐厌恶。正是这种厌恶感导致学生政治认同感不高。

认同作为一种心理情感，包括认可、赞同。根据心理发展规律，人们对一事物的真正认同需要经历知（了解、理解、掌握）、信（相信、信任、信仰）、行（拥护、维护、发展）等环节。相应地，政治认同教育也包括政治认知、政治认同、政治践行三个层次。政治认同教育要从其形成和发展的各个阶段入手，关注学生个体价值、客观需要，尊重其个体特性，凸显主体；基于真实生活，进行生动、全面、客观、科学的认知教育，形成真知；基于理论探究，完成理性、辩证的辨析思考，达成确信；基于知行合一，进行价值引领、行为修正，做到笃行。

（一）基于学生特性，关注个体价值

学生是学校政治认同教育的主体和对象，政治认同教育必须凸显学生的主体性，关注个体价值、客观需要。在政治认同的达成过程中，要理解学生认同水平的差异性，遵循学生个体的层次性，着重目标达成的发展性。

1. 关注学生客观需要

政治认同教育必须关注学生个体价值，从学生客观需要出发，关注学生所处的社会政治环境、政治关系，倾听学生政治发展渴望、政治现实诉求、政治问题困惑，彰显学生个体价值。从学生发展的客观需要出发，用鲜活的事例、真实的案例、让人信服的分析，使学生意识到政治认同与自身成长、社会发展、民族未来、国家振兴密切相关，让学生产生政治认同的渴望感、迫切感、使命感、价值感，进而实现被动认同向主动认同转变。

2. 尊重学生个体特性

政治认同教育必须从认同主体的特性出发，依据学生的心理特征和认知能力，遵循认知、认同规律，认同目标要体现先进性与广泛性的统一。政治认同目标应该是分层次、分阶段的。既要有先进性要求，体现未来发展的指引性；又要有切合学生年龄、认知实际、当前社会政治现实的广泛性要求。先进性的要求不是要求人人做到，而是要求人人争取做到，为学生发展指明方向。认同目标应设置若干种不同层次，指明必须达到的层次，鼓励学生向高层次发展。

学生找准自己的层次，找到最近的发展目标，循序渐进地提高，在目标实现的过程中，逐渐向更高层次发展。政治认同目标还需可达成性，以便大部分学生通过一定的努力能实现、可达成，让学生在政治认同教育中有获得感和存在感。

3. 理解学生个体差异

政治认同教育必须理解学生个体差异，在认同目标实现的过程中，认同目标的达成不可能千篇一律，必然存在认同程度的差异性、层次性、发展性。我们必须理解差异性、尊重层次性、着重发展性。政治认同的实现是一个逐渐实现的过程，在不同水平上允许有不同的层次。对于差异性，需要的是引导而非强求，更非批评打击。

随着政治文明的不断发展、学生认知水平和能力的提升，学生的认同资源、认同程度、认同方式、认同层次、认同观点必然不断变化。因此，政治认同不是一劳永逸，政治认同永远在路上。

（二）基于现实生活，形成政治认知

政治认知是形成政治认同的基础，政治认知是指对政治认同所涉及的政治道路、政治理论、政治制度等知识层面的理解和掌握。中学思想政治教育的政治认知教育，就是把我国先进的政治道路、政治制度、政治理论、政治架构和政治运作方式等，结合现实的政治生活对学生进行生动、全面、科学、正面、透彻的教育，让学生真正理解其合理性、合法性、科学性，避免学生因不知道、不了解、不深入、不客观而影响政治认同。

1. 政治认知教育要基于生活

政治认知教育要基于生活、贴近生活，基于学生可以感知的生活或者基于学生有所感知但尚未感悟的生活；认知教育要基于事实、贴近社会，要事理结合，有图有真相、有理有实例；认知教育要基于客观，既要看到我们政治制度、政治理论、政治道路等的科学性、优越性，也要指出我们现实政治生活还有需要不断发展和建设的地方。只有基于生活，以翔实的事例、数据说话，才能形成真知。事实胜于雄辩，事例和数据是有血有肉的，它胜于一切空洞无物的说教。

中华人民共和国成立以来，我国社会主义建设所取得的伟大成就，人们生活水平的日益提高，国际地位的逐渐提升，为我们政治认知教育提供了可视、可感、可思、可悟的真实素材，我们需要带领学生到生活中感悟、到生活中学习。

如我们要让学生认同社会主义制度的优越性，只讲道理是不够的，我们可以让学生进行"从一个人、一个家庭、一个社区、一个城市的发展感受社会主义制度的优越性"的研究性学习,指引学生在进行研究性学习的过程中,通过实地调查、文献分析、问卷调查等方式,实现政治认同。为了真实感受到我国改革开放特别是党的十八大以来所取得的辉煌成就,增强道路自信、理论自信、制度自信、文化自信,可以引领学生一起观看电视纪录片《辉煌中国》和电影纪录片《厉害了,我的国》。《辉煌中国》以创新、协调、绿色、开放、共享的新发展理念为脉络,全面反映党的十八大以来,在以习近平同志为核心的党中央带领下,全国各族人民砥砺奋进、真抓实干,中国经济社会发展取得了历史性成就,其充分展示五年来中国人民更多的获得感、安全感、幸福感、自豪感,真实记录了中华民族实现从站起来、富起来到强起来的历史性飞跃。《厉害了,我的国》将党的十八大以来中国的发展和成就,以及党的十九大报告中习近平总书记提出的中国特色社会主义进入新时代这一重大论述,以纪录片的形式首次呈现在大银幕上。

2. 政治认知教育要形式生动

再好的理论,如果高高在上、不接地气,忽视学生的接受程度和理解力,进行简单粗暴的灌输教育,都会收效甚微。习近平总书记的讲话和表述方式非常值得我们学习和借鉴。习近平总书记善用讲故事、举事例、摆事实的方式凝聚共识,以朴实的语言讲述生动的故事,朴实而有温度,凝练而有深度。我们必须用时代语言阐述经典理论、用通俗语言诠释深奥观点,做到大道理小处讲、深理论浅处讲、好思想渗透讲。既上有情怀又下接地气,要真正做到深入浅出。唯有如此,深奥的理论才能彰显魅力,才能潜移默化、润物无声,从而实现深远持久之功效。

在政治认同教育中,各种人民群众喜闻乐见的形式(如公益广告、游戏、综艺节目、故事等)都可以为我们所用。我们在进行价值观教育的时候,简单的背诵、识记并非目的,而是应该让学生入脑入心,在生活中践行,把核心价值观还原于具体的生活事例中,通过生动经典的故事、具体可学的事例进行阐述,使其烙在心里,见于行动。

(三)基于理论探究,达成政治认同

卢梭认为"一切法律之中最重要的法律既不是刻在大理石上,也不是刻在铜表上,而是铭刻在公民的内心里"。同样,政治认同不仅仅是认知问题,更是信服、信任、信仰层面的问题。

政治认同的"信"主要包含四层含义。一是信度,指政治认同内容的威信或可信性;二是信服,指人们对政治道路、政治制度、政治理论等相信和佩服,

自愿地接受该观点，使自己的态度与政治认同的要求相一致；三是信仰，指人们对政治认同内容的信奉和遵循；四是信念，指人们对政治道路、政治制度、政治理论等的信服和尊敬，并以之为行动的准则，进而在实践中不断维护、发展。

知是信的前提，但信非知的必然结果。学生个体意识的觉醒、独立思维能力的提高、某些现实生活的困惑，让学生不再迷信书本、知识、教师、权威，对政治问题的判断和选择有了自己的理解。要真正实现政治认同，必须在政治认知的基础上，基于对政治认知理论的探究、质疑、对比、反思，进行理性、辩证的辨析思考，才能形成确信。

1. 坚持正面宣传与反面剖析相结合

由于生活阅历浅、知识储备不足、社会经验缺乏、看问题易片面和偏激，学生的思想具有不成熟性和单向性，他们的认识局限于感性认识。而某些社会不良现象的存在，导致学生对某些政治认知有疑惑，对某些政治观点怀有异议，存在知而不信的情况。

政治认知要正视疑惑、直面非议、澄清理论和认识困惑，不回避社会的阴暗面。当学生提出一些不同观点时，教师要走进学生的内心世界，既要合情合理地说明理论本身的正确性和现实问题的复杂性，又要因势利导、事理结合，教会学生辩证、全面、发展地认识问题、分析问题。从历史的角度、辩证的观点、各国的经验与教训的实例进行分析，让学生对社会的负面影响有一个正确的认识，引导学生积极地思考解决的途径，使他们的思想认识逐渐成熟起来。

例如，社会主义民主从本质上说是人类历史上最高类型的民主，但由于历史、现实等原因，我们的民主发展还有许多需要不断完善的地方。同时，我们更要看到社会主义民主在飞速发展，以一种比较、动态、发展的观点来看待社会主义民主，我们就能认同社会主义民主。而西方国家在民主实现方式、途径上有不少值得借鉴的地方，使得我们在进行政治文明建设时，可以大胆借鉴和辩证学习。

2. 坚持"辨析式"学习路径

要让学生信服，不能只给观点，不加分析；只给结果，不做对比；只许接受，不准辨析。没有经历思维的辨析、情感的认可、价值的判断与选择的政治认同，都只是虚假、盲目、被动、短暂的认同。学生只有经历"辨析式"的学习路径，才能实现真实、理性、自觉、长远的认同。

"辨析式"的学习路径，是学生自主经历由建设性批判思维主导的辨析过程所进行的学习。这种学习路径主要包括四个要素：一是自主，强调学生的主动性、主体性，而非教师主体、代入、包办的被动认同；二是经历辨析过程，这种辨析非简单的批判，而是"建设性"的批判思维，是既剖析问题又着重建设的批判；三是在学习过程中，学生在范例分析中展示观点，在价值冲突中识别观点，在比较鉴别中确认观点，在探究活动中引申观点，在行动实践中运用观点；四是教师的引导作用，学生自主建设性的辨析，需要教师科学的引导，从而让学生相信政治认同内容。

从"辨析式"学习路径的方式来看，一是要释疑解惑，正视疑惑，直面非议，澄清理论和认识困惑；二是要在比较鉴别中确认观点，只有比较鉴别才能让学生确信。从纵向而言，在历史的进程中，人们认为现行道路、制度、理论比过去好，就会认同现在的；从横向而言，在世界范围内，就有国家之间政治道路、政治制度、政治理论的比较问题，对自己国家的政治认同，就是认为本国的政治制度、政治道路、政治理论最适合本国国情、最能促进本国发展。

例如，在指导思想上，我国以马克思列宁主义、毛泽东思想、邓小平理论、"三个代表"重要思想、科学发展观、习近平新时代中国特色社会主义思想为指导。而当今世界大部分国家不以马克思列宁主义为指导，为什么这些国家有的也能够发展得好？如何在国际比较中树立我们的理论自信？在政党制度上，我国坚持共产党领导的多党合作和政治协商制度，不同于西方的多党制、两党制。当前，世界上大多数国家实行多党制或两党制，如何在国际比较中看待中国政党制度的合理性和优越性？如何在国际比较中树立我们的制度自信？在发展道路上，我国走中国特色社会主义道路，世界大多国家走资本主义道路，有些国家发展得好，有些国家问题严重，如何在国际比较中树立我们的道路自信？等等。

在对比分析中，我们既要对其他国家政治道路、政治制度、政治理论等做实事求是、客观辩证的分析，又要对我国的政治制度与实践做历史辩证的分析，得出我国的政治道路、政治制度、政治理论最适合我国国情的结论。当然，我们也必须清楚看到我国在政治实践中还有需要不断发展和完善的地方，我们要虚心借鉴包括西方发达国家在内的一切优秀文明成果，进而建设好我们的国家。

（四）基于知行合一，做到政治践行

政治参与实践是培育政治认同最为直接和有效的方式。政治认同作为一种认可、赞许、信仰、追随心理机制，其产生基于政治认知、情感信仰、有效参与。当前只重视学生政治认知教育，而严重地忽视了学生政治参与能力的培养、政治参与诉求的实现，削弱了学生的政治认同。在信息繁杂化、价值多元化的时代下，政治参与能培养学生信息辨别和处理能力、批判思维辨析能力、价值判断和选择能力、政治选择和决策能力等政治行动能力；让学生的政治认知及时得以检验、认同观点及时实现强化、价值偏颇及时得以矫正。

为此，我们要健全学生政治参与机制，把政治参与实践的过程、态度、效能作为选拔、评价学生的重要依据，最大限度激发学生的政治参与热情，鼓励学生积极参加政治实践活动。拓宽学生政治参与渠道，通过网络（网站、微信、微博）参与和现实参与（电话、书信、实地）等渠道让学生参与民主决策、民主监督、民主选举、民主管理等。校内参与校外参与并举，如校内的学生自治和学生职务竞选、学生校长面对面、校内民主管理，校外参与社区管理、政府民主决策、民主监督等，使学生真正感受到其作为政治参与个体对于决策的影响力，激发学生的主体意识和责任感，提高学生的政治参与热情和政治认同。

要创新学生政治参与方式，如"社会政治热点讨论与辩论""学校学生自治""服务学习""志愿者服务""人大议案模拟""政协提案模拟"等，鼓励学生在实践环境中深化对政治的认知，锻炼学生政治参与能力，形成政治认同。

总之，政治认同既是一种政治信念，又是一种文化观念，是学生对生活价值的体验、思考、判断和评价，绝非单个的政治信条、策略的强制性灌输与背诵。政治认同教育要"联系学生的生活实际，提高学生明辨是非的能力；联系学生的心理实际，提高学生的思维水平；联系学生的思想实际，提高学生独立思考的能力；联系学生的能力实际，提高学生的践行能力"。

第二节 科学精神素养培育的途径

爱因斯坦说："教育应该把发展独立思考能力和独立判断能力放在首位，而不应把获得专业知识放在首位。"思想政治课堂教学既要充满人文情怀、培育政治认同等家国情怀，又要洋溢理性之光，培养科学精神等科学方法。当前，科学精神被列为中学思想政治学科四大核心素养之一，正确理解科学精神内涵，深入探讨科学精神培养教学策略，是培养有思想、有灵魂的中国公民的要求。

一、正确把握科学精神素养内涵和目标

（一）正确把握科学精神素养的内涵

我国公民的科学素养精神就是在认识和改造世界的过程中表现出来的一种

精神取向，即坚持马克思主义的科学世界观和方法论，能够对个人成长、社会进步、国家发展和人类文明做出正确的价值判断和行为选择。

科学精神素养的内涵包含三层意思。一是从世界观和方法论上看，科学精神要坚持马克思主义的科学世界观和方法论，即坚持辩证唯物主义和历史唯物主义的世界观；坚持实事求是、一切从实际出发，坚持实践的观点，坚持用联系、发展、矛盾的观点看问题和办事情的方法论。二是从客体上看，既包括对自我个人成长的价值判断和行为选择，又包括对社会进步、国家发展和人类文明价值判断和行为选择。三是从结果上看，它是正确的价值判断和行为选择。所谓正确，就是符合事物发展规律，符合人类社会发展规律。如果做出的选择违反事物发展规律、违反社会发展规律，那么这种价值判断和行为选择就是错误的。

（二）科学精神素养的目标

正如学生发展政治认同素养旨在成为有信仰的中国公民，增强法治意识素养旨在成为有尊严的中国公民，培养公共参与素养旨在成为有担当的中国公民；培育科学精神素养旨在让其能做出正确的价值判断和行为选择，成为有思想的中国公民。

科学精神素养培养包括科学态度、科学方法、科学实践三个维度。科学态度就是要做到不盲从、不冲动、不偏执。科学方法就是要真正掌握马克思主义基本观点和方法，能够客观、全面、联系、发展、辩证地观察事物、分析问题、解决矛盾；能够在把握规律的基础上正确发挥主观能动性、解放思想、实事求是、创新发展。科学实践就是在社会主义经济、政治、文化、社会和生态文明建设实践中，做出科学解释、进行正确判断、合理选择；在个人的成长与发展中，展现人生智慧，实现人生价值，过有意义的生活；以锐意进取的态度和负责任的行动促进社会和谐。

二、大胆创新科学精神素养教学策略

在教学策略上，教师可以采取辩论式教学法培养辩证思维；议题中心教学法培养换位思维；"精神助产术"教学法培养批判思维；设身处地体验法培养代入思维；道德两难故事法培养最佳思维；实践教学法培养反思思维。

（一）辩论式教学法培养辩证思维

辩论式教学以学生为主体，以批判思维、逆向思维、发散思维为特征，由小组或全班成员围绕特定的论题辩驳问难，各抒己见，互相学习，是学生在辩论中主动获取知识、培育科学精神素养、实现政治认同的一种教学方式。运用辩论式教学能够培养学生的逻辑分析能力、思维辨析能力、语言表达能力，训练思维的敏捷性、深刻性、批判性和创造性，使学生在语言交锋、观点对立、思想交流、价值冲突中明辨是非与澄清价值，形成正确的世界观、人生观和价值观。

辩论式教学辩题的选择要具备可辩性、趣味性、效益性。可辩性就是辩题不能有明显的偏向性，有可辩之辩；趣味性是辩题能激发学生学习的兴趣，能贴近生活、贴近现实，学生想辩能辩；效益性就是辩题要有清晰细致的教育目标，让辩论为有用之辩、有效之辩。辩题解剖是培育学生科学精神的重要环节，教师要指引学生深刻理解辩题的内涵，寻找支撑己方观点与反驳对方观点的论据、素材，建构立论的依据、驳论的逻辑。在辩论过程中，要善于利用逻辑学中的同一律、矛盾律、排中律、充足理由律四条基本逻辑规律来抓住对方概念、知识、逻辑、论据的漏洞和错误。

在教学实践中，宜采取灵活多变的辩论形式，如课前六分钟小辩论、课堂随时小辩论、校园随意微辩论、校园广场大家辩、校园辩论擂台赛等形式进行。

（二）议题中心教学法培养换位思维

议题中心教学法是当前美国中学社会科常用的教学法，它以争论性议题为教学中心，教师综合相关学科知识，采取多种教学方法，将争议性议题的正反差异观点呈现给学生的一种教学法。

议题中心教学引入社会真实议题，将学生以公民身份置身于真实社会情境中。议题是教学组织的中心，教师利用议题持续激发学生探究兴趣，引领学生直面各种矛盾和争议，为合理解决问题而持续、深入、理性地思考及分析，努力寻求多种解决办法。议题教学法鼓励学生勇于探究、质疑，通过理智判断、小组协商、互换立场、结构反思等环节，要求每个学生对正反方立场的前设、过程、后果均进行科学论证、理性思考、辩证分析、批判质疑、系统反思，这样有利于培养学生基于复杂情境的综合思维、换位思维素养，进而使学生成为有思想、有灵魂的公民。

议题中心教学实施步骤主要包括"三阶九步"。

1. 引导阶段

（1）教师提供一个与教学相关的议题，说明相关的主要概念与课程内容，阐明分组讨论的活动步骤和要求。

（2）将全班学生以 4～6 人为单位分为若干组，每组一半学生对议题持赞同观点、另一半持反对观点。

（3）教师提供与议题相关的阅读材料，供各组学生查阅。

（4）学生自行搜集资料、论据论证部分观点。

2. 讨论阶段

（1）各组先由赞成方陈述论点，反对方聆听及诘问；再由反对方陈述论点，赞成方聆听及诘问。

（2）双方互换立场，依引导阶段的第（2）（3）（4）步骤再进行一次。

（3）小组成员摒弃原先若干立场，努力达成共识，或者产生第三种观点。

3. 展示阶段

（1）各小组成员把本组主要论点罗列于小组海报，在全班发表，接受质询和进行答辩。

（2）教师讲评，反驳学生观点，激发再思考，补充或澄清相关论点论据。

（三）"精神助产术"教学法培养批判思维

"精神助产术"是苏格拉底常采用的方法，这种方法常采用讨论的方式，通过问答、交谈或争论法来表明自己的观点，通过诘问的方法激发学生积极主动思考，使人主动地去分析、思考问题，进而从辩论中弄清问题、寻找答案、启发思想。

助产术主要分成两个步骤。第一步是诘问。在与别人谈话中，装作什么也不懂，向别人请教，让人家发表意见。引导学生发现自己认识中的矛盾，意识到自己思想的混乱，怀疑自己以前的知识，迫使自己积极思考，寻求问题的答案。第二步是产婆术。这一步的作用在于让对方发现自己认识的混乱并否定原有认识，从而引导他走上正确的道路，逐步得到真理性的认识，形成概念。就整个过程而言，它是一种"提问—回答—反诘—修正—再提问"循环反复的过程。

（四）设身处地体验法培养代入思维

思想政治课教学是基于案例、基于情感的教学，如果没有代入感，就不能调动学生积极参与和体验，那么学生就只能权当知识的旁观者、故事的聆听者、学习的被动者，就不会真正触动心灵、激发智慧。培养科学精神，可以采取设身处地体验法，请学生真实模拟情境主角，把自己沉浸于真实情境中思考、行动。

（五）道德两难故事法培养最佳思维

道德两难故事法通过提供真实生活中道德两难困境情境，让学生进行关于道德正反论述，思考解决道德冲突的相关推理，从而做出选择与决定的一种教学方法。道德两难故事法强调思考与判断，可培养公民的理性思考、沟通讨论和独立判断的能力。

道德两难故事法的教学步骤分为三步。第一，给学生提供一个两难的道德冲突情境。例如，驾车撞倒了人，在没有被他人看见的情况下，你会怎么办？好朋友考试要你帮忙作弊，你帮不帮？亲戚有贪污受贿嫌疑，你举不举报？等等。第二，教师提供有关这项道德冲突的意见、争论点供参考，让学生自由选择、激发思辨动机，协助学生进行道德推理，寻求解决道德冲突的方法，鼓励学生交互辩论或质问。第三，在经过一连串的讨论、质问后，教师协助学生归纳道德两难之正反意见，并做出道德判断与选择。

（六）实践教学法培养反思思维

俗话说"吃一堑，长一智"，再完美的思维、方案、计划都不可能考虑到不断变化的实际。科学精神不仅包括辩证思维、批判思维、代入思维、换位思维、最佳思维，而且需要基于实践基础上的系统扎实深入的反思思维。这种反思既包括对成功经验的总结，又包括对失败教训的反思以及精益求精的工匠精神，只有基于实践的不断反思才能丰腴自己的理性，只有基于反思的不断实践才能使结果日臻完善。因此，不惧怕失败、敢于实践、勇于犯错、善于反思，也是培育理性精神的一种方法。

三、深入探讨"科学精神"核心素养培养路径

子曰："吾十有五而志于学，三十而立，四十而不惑，五十而知天命，六十而耳顺，七十而从心所欲，不逾矩。"这充分说明人的"不惑、知天命、耳顺、不逾矩"等科学精神素养不是天生的，而是在后天的引领中提升、学习中积聚、过程中内化、活动中形成，其内化生成不是一蹴而就、自发自觉的。学生科学精神素养的培育需要经历感悟科学之美、培育科学之智、掌握科学之器、培养科学思维、践行科学素养的进阶历程。

（一）感悟科学之美，在浸润中让科学精神萌芽

培养科学精神要遵循认知发展规律，从感性入手，让学生真实、真切感知科学之美，真心、真诚感悟理性之贵，彻底抛弃"任性就是个性、冲动乃是血性"

的错误观点，进而树立"理智真成熟、科学乃英雄"的正确认识。

从微信朋友圈感悟科学之美。微信朋友圈、公众号经常推送一些励志美文、哲理小文，小故事大道理，大哲理小事启，润心走心入心。

在生活小事中反思科学之美。在日常生活中，不理性的事情经常发生，冲动性消费、情绪性破坏、偏执性观点、短视性行为等时有耳闻。这些行为不只是他人的故事，也可能是我们生活中常见的事情。教师可以让学生列出自己最后悔的10件事情，深入探讨后悔原因，避免类似事情再发生。具体例子如下。

在你的学习、生活中，你有没有做过一些后悔的事情呢？有些错误是否一错再错呢？为了让我们牢记这些错误，少点悔当初，就让我们记录在表9-1中，培养自己的科学精神吧。

表9-1　人生后悔排行榜

后悔排行榜	后悔事件	后悔原因	后悔药（解决措施）

在寓言故事、诗词谚语中体味科学之美。寓言故事一直以来因其充满人生哲理、警世智慧深受喜欢，智子疑邻、盲人摸象、揠苗助长、自相矛盾、郑人买履等耳熟能详的寓言故事、成语故事、俗语俚语，都是取之不尽的民间智慧。诗词谚语是中国优秀传统文化，在诗词谚语中不仅能感受到文学美、意境美，更能领悟到中华民族为人处世、治学修身的智慧美、哲理美。例如，在"黄金无足色，白璧有微瑕"中懂得"要坚持一分为二的观点看问题"，在"学贵知疑，小疑则小进，大疑则大进"中懂得"批判精神"的重要性……

感悟科学之美，要采用学生喜闻乐见的形式（视频、动画、漫画、朗诵、表演、歌曲等）来呈现和展示，以引起学生的兴趣、激发学生的思考、长留学生的记忆、培养学生的素养。

（二）培育科学之智，在博学中让科学精神起航

愚昧源自无知，知性孕育理性。理智是科学的前提和基础，科学精神素养的培育要感科学之美、悟科学之贵，更应启科学之智、明科学之慧。人的认知发展总是遵循感性—知性—理性科学的过程。感性是现象的、浅层的、个性的感觉；知性是对事物本质、规律系统体系的认知；"智"是在知的基础上孕育的，知性是理智之根、理性之源，理性在知性基础上逐渐发展。

《中庸》指出治学要"博学之，审问之，慎思之，明辨之，笃行之"。博学才能育智，见多方能识广。一个人的科学精神发展史就是他的阅读史，一个人的阅读高度决定了他的科学精神的远度和深度。人类历史上有许多精神丰碑，如孔子、孟子、老子、苏格拉底、柏拉图、亚里士多德、黑格尔、费尔巴哈、马克思、恩格斯等，要达到和超越他们的高度，唯一的途径就是阅读和思考，只有在阅读和思考中和他们对话与交流，才能实现超越与发展。

培根曾说："读史使人明智，读诗使人灵秀，数学使人周密，物理使人深刻，伦理使人庄重，逻辑与修辞使人善辩。"科学智慧需要建立在丰富的阅读和阅历中，需要博古通今、需要学贯中西、需要博览群书、需要文理兼修。阅史、读诗、阅读人类一切智慧之光，阅己、读人、阅读人类一切智慧之理，阅古、读今、阅读古今中外人类一切科学之慧，阅人、读书、阅读人生一切科学之魂。在阅读中丰富、在思考中升华，转知为智、化智为慧，让科学精神起航。

（三）掌握科学之器，在明辨中为科学精神加速

科学智慧为科学精神素养的培育提供了可能和基础，要真正具备科学精神，尚需掌握科学之器，掌握科学之法，学会用科学的观点方法看问题办事情，坚持辩证唯物主义和历史唯物主义的基本观点（见表9-2）。

表9-2　科学精神之器与忌

序号	科学精神之器	科学精神之忌
1	坚持一切从实际出发、实事求是的观点	经验主义、教条主义等主观主义错误
2	坚持发挥主观能动性和尊重客观规律相结合	唯意志主义、片面强调客观条件、安于现状、无所作为、因循守旧

序号	科学精神之器	科学精神之忌
3	坚持实践的观点、与时俱进地追求真理、发展真理，注重真理的条件性、客观性、具体性	放之四海皆真理、有用就是真理、用一种理论来检验另一种理论
4	用联系的观点看问题、坚持整体与部分的统一、掌握系统优化的方法	孤立地看问题、头痛医头脚痛医脚、一叶障目、碎片化地看问题办事情
5	坚持发展的观点、做好量的积累促成质的飞跃、坚持前进性与曲折性的统一	静止的观点、忽视量变好高骛远、激变论、庸俗进化论
6	用对立统一的观点看问题、坚持两点论和重点论的统一、坚持具体问题具体分析	讳疾忌医无视矛盾、眉毛胡子一把抓不分主次、千篇一律生搬硬套、忽视矛盾特殊性、片面看问题
7	辩证法的革命精神和批判性思维、创新意识、不唯上、不唯书、只唯实	墨守成规、形而上学
8	坚持社会存在决定社会意识，正确把握社会发展的基本矛盾、发展趋势，坚持群众路线和群众观点	英雄造历史、脱离群众
9	自觉遵循社会发展的客观规律、站在最广大人民的立场上做出正确的价值判断和价值选择，实现人生价值	违背社会客观规律、损害人民利益、做出错误的价值判断和价值选择、一生碌碌无为

掌握和运用马克思主义世界观和方法论是培育科学精神的基本路径。为此，要学好"哲学与文化"必修模块，把哲学学得有趣、有意、有味、有思、有魂、有根，用哲学智慧明辨迷茫、指引人生、照亮世界，让生活更美好，让科学精神在阅读中丰富、在学习中发展、在明辨中成长、在反思中沉淀、在沉淀中培育。

（四）培养科学思维，在慎思中为科学精神护驾

科学思维要具备自己思考、换位思考、综合思考、设身处地思考四个维度。自己思考，指的是自己要独立思考，不人云亦云，不迷信权威，不迷信书本，具备批判性思维、创新思维；换位思考，指的是站在对方的立场上体验和思考问题，具备全面思维；综合思考指的是考虑问题要从整体上系统把握，杜绝孤立性和碎片化；设身处地思考指的是学会联系的观点看问题，把握联系的多样性、条件性。

在教学策略中，教师可以采取议题中心教学法，培养综合思维、换位思维；

设身处地体验法，培养代入思维；辩论式教学法，培养辩证思维；苏格拉底精神助产术培育批判性思维、严谨思维；头脑风暴法培育创新思维、系统思维；道德两难故事法，培养学生独立思考能力等。无论哪种教学策略，都必须彻底改变把知识作为唯一教学目标的思想，只有真正把触及学生灵魂、培养学生素养、立德树人作为教学的根本任务，才能实现应试教育向素养教育转变。无论采取哪种教学策略，教师都必须"深耕"课堂，以大国良师之要求打造科学教学、学科核心素养教学、优质教学、精品教学。

在学习方式中，要倡导探究学习、自主学习、合作学习、体验式学习、实践中学习，让探究、审问、明辨、慎思、笃行成为习惯，内化为素养，外化为行动。

（五）践行科学精神，在笃行中让科学之光领航

科学精神素养的形成重在养，立在行。"养"指的是学校、教师、家长、社会等各方面的课上课下、校内校外的培养和学生的自我培养，而非漫无目的的放养或是与素养教育背道而驰的错养（如应试教育）。散漫生长只能长出野草，不会培育素养、培养人才；而迷失方向的错养只能让教育南辕北辙、扼杀人才（如填鸭式教学压抑了学生的创新力）。"行"指的是科学精神培育需要自我修行、自我践行、砥砺笃行。

1.借助负面清单进行自我修行，培养基于个体的科学精神素养

感悟科学之美、体味科学之贵是表层的感知层面，具备科学之器、培育科学思维是中层的方法层面，自我诊断、自我修行是深沉的自省层面。要培育科学精神，让科学精神成为素养还须建立在自我诊断和请人诊断、自我矫正和请人指导、自我修行和外在监督的行为修正上（见表9-3）。

自我诊断是学生对比科学精神的各项要求，从科学情绪、科学方法、科学思维、科学行为四维角度，对比自己日常的各种表现进行诊断，在详细诊断的基础上进行自我矫正、自我修行。

表9-3　科学精神负面清单

评价	负面清单指标	自我诊断	他人诊断	改进措施
非科学情绪	急躁、冲动、盲目、经常发脾气			
非科学方法	主观、不按规律办事、急于求成；孤立看问题、没有大局观；只顾眼前利益、没有长远规划；偏执、做事情不分轻重主次……			

评价	负面清单指标	自我诊断	他人诊断	改进措施
非科学思维	自我为中心；没有换位思维；看问题孤立片面、没有全局思维；看问题表面、没有深究思维……			
非科学行为	不能三思而后行；做事情没有计划；浅尝辄止……			
总评价				

2. 对照行为养成表进行自我践行，培养基于行动的科学精神素养

美国心理学家威廉·詹姆斯曾说："种下一个行动，收获一种行为；种下一种行为，收获一种习惯；种下一种习惯，收获一种性格；种下一种性格，收获一种命运。"其深刻地阐述了素养的形成要经历"行动—行为—习惯—性格"的过程。在对照自己负面清单的基础上，提出改进措施，最关键的是要把措施落实到行动中去。

知难行更难，而让行动成为习惯、习惯成为性格更是难上加难。这需要个体自我坚强的意志力、坚定的执行力、科学的引领力。心理学提出了"21天习惯养成法"。该观点认为，习惯养成最少需三个阶段约21天。第一阶段为"刻意、不自然"的不适期，时间为1～7天，这一阶段必须十分刻意提醒和强迫自己认真按照要求标准去改变、行动，咬牙坚持；第二阶段为"刻意、自然"的适应期，时间为8～14天，这一阶段感觉开始比较自然和舒服，但若停止行为1～2天，又会回到不适期，你必须时刻提醒自己坚持；第三阶段为"不刻意、自然"的稳定期，开始养成行为习惯，也称为"习惯性的稳定期"，时间为15～21天。这时已经完成初步自我改造，习惯初步养成。若能坚持下去，就能习惯成自然，自然成品质（见表9-4）。

表9-4　科学精神素养行动养成表

素养	改进措施	1～7天表现	8～14天表现	15～21天表现	小结
科学情绪					
科学方法					
科学思维					

素养	改进措施	1～7天表现	8～14天表现	15～21天表现	小结
科学行为					
科学精神					

3.砥砺笃行，培养基于行动的科学精神素养

俗话说"不经一事，不长一智"，人的科学精神素养的培育必须扎根实践，基于行动，在砥砺笃行中不断丰富发展。具有科学精神素养的人不是不会犯错，而是能在"错中学""挫中学""做中学"，做到"前车之鉴、后事之师"，实现"吃一堑，长一智"；具有科学精神素养的人不是谨小慎微、墨守成规、故步自封、胶柱鼓瑟的，相反，他必然是实事求是、解放思想、开拓进取、革故鼎新、推陈出新的。

总之，思想政治课堂应该既是有"温度"的走心之旅，又是有"深度"的走脑之途。科学精神素养教学应让学生在课堂中有"思"味、有"想"法。应能激发学生的思维兴趣，启动学生的思维模式，指引学生的思维方法，培育学生的思维习惯，提升学生的思维品质。这样，学生在思考的时候就能多点理智少点盲目，在抉择的时候就能多点智慧少点迷茫，在行动的时候就能多点方向少点迷失，在处世的时候就能多点理性少点任性。我们体味科学之趣、感悟科学之美、懂得科学之贵、掌握科学之器、形成科学之魂、绽放科学之光，就要让科学精神渗入血液、融入生活、指引实践、照亮人生，做独立人格者、科学思考者、积极建设者、创新发展者，从而展现人生智慧、实现人生价值。

第三节　法治意识素养培育的途径

法者，治之端也。法治，就是用法律的准绳去衡量、规范、引导社会生活。康德曾说过，"有两样东西，我们愈经常持久地加以思索，它们就愈使心灵充满日新月异的景仰和敬畏，那就是在我头上的璀璨星空和在我心中的道德律令"。法治的真谛，在于全体人民的真诚信仰和忠实践行。民众的法治信仰和法治观念，是依法治国的内在动力，更是法治中国的精神支撑。树立法治意识及《普通高中思想政治课程标准（2017年版）》所要求的"遵法学法守法用法"，既是全面依法治国的必然要求，又是一个人健康生活的现实底线。

一、正确理解法治意识的内涵及课程目标

（一）内涵

我国公民的法治意识，就是遵法、学法、守法、用法，自觉参加社会主义法治国家建设。

（二）课程目标

具有法治意识素养的学生，应能够：理解法治是人类文明演进中逐步形成的先进的国家治理方式，全面依法治国是国家治理的一场深刻革命，明确建设社会主义法治国家的基本要求；树立宪法法律至上、法律面前人人平等的法治理念；懂得权利与义务的关系，养成依法办事、依法行使权利、依法履行义务的习惯；拥有法治使人共享尊严，让社会更和谐、生活更美好的认知和情感。

二、大胆尝试法治教育的优质高效教学方法

（一）案例教学法

案例教学法是法治教学的常用方法，以案释法、用法析案，可增强学生的情境体验，调动学生的学习积极性。实施案例教学法，教师需要关注生活法治、聚焦法治热点、精选法治案例、探究适用法理、做出法律判定、思考法治价值，让学生在案例分析、法理探究、法律判定、法旨思考中掌握法治知识，建构法律思维，树立法治观念，培养法治意识。

1. 基于真实生活，精选教学案例

法律是严肃的、法治是严明的、法理是严谨的，教学案例的选择和判定不能随意杜撰和任意假设，它必须基于真实生活、真实情境、真实事件，唯真才能经得起推敲，唯实方能受得住研究。增强案例的吸引力、探究性和真实性，激发学生探究和学习的热情，教师可以选择下列三类案例。第一类是法院已经终审的案例。由于审判结果已经清晰，可用审判结果来检验学生的法律知识、法治思维、法治能力，缺点是在信息化时代，学生很容易从网络搜索到终审结果，降低探究兴趣。例如聚焦"于欢辱母杀人案"探讨法律如何回应伦理困局。教师如果直接用此案例进行教学，由于法院判决结果已经明确，学生学习时就很容易从网络了解审判结果，从而影响学习。为此，教师可以稍微改动当事人姓名和案发时间，案由不变，学生就有了探究学习的兴趣。第二类是法院正在审理的案件。这类案件由于法院还没有判定，学生和法官是在同时段对该案进行

审理，较能激发学生探究的兴趣。学生为了准确做出判定，必然非常认真学习法律知识，对案情进行充分分析，谨慎做出法律判定，期待和法院的判决具有一致性。即使法院公布的判定结果和学生探究的判定结果不一致，教师也可把差异作为探究学习的主题，更能促进学生深入探究并再次激发学生学习的热情。第三类是法院已经一审，但当事人还正在继续上诉还没有终审的案件。对于这类案件，学生可谈谈对一审的看法，探究当事人上诉的原因、法律依据，探讨法院终审的结果。

2. 基于社会热点，细析法治案例

教师要善于抓住社会法治热点，精心设置法治教育的触点，深入探讨法治教育的焦点，系统反思法治的盲点，真切体味违法犯罪的痛点，紧紧抓住培育法治意识的重点，高效突破法治教育的难点，以案说法，以法律己。

每一个社会法治热点的讨论都能引发学生对法治中国的思考。例如，对于"陈满案""呼格案""聂树斌案"等社会关注度高的法治案例，师生能从一次次纠正冤假错案的举动中，感知到司法在改革中迈出更加公平公正的坚实脚步，师生共同探究如何从体制机制上保证法律的公平公正。聚焦"徐玉玉电信诈骗案"，探讨如何面对电信欺诈；聚焦"校园裸贷案"，探讨思考我们应该树立怎样的金钱观和消费观；聚焦"李文星死亡等传销事件"，探讨大学生就业安全。这一个个真实的案例，学生能真切地懂得知法、守法、用法、护法的必要性，学会依法保护自己的合法权利，匡扶社会公平正义，推动国家有序发展。

（二）活动式教学法

法律是一门系统性、抽象性、逻辑性较强的课程，单凭借教师在课堂上讲授是远远不够的。法律的抽象性致使大多数学生听完法律知识后依然是云里雾里。法律的生命力在于实践，"模拟教学法、游戏竞赛教学法、真实参与实践法"等活动式教学法有利于生动活泼地培养学生法治意识。

1. 模拟教学法

模拟教学法主要包括：模拟法庭，做法律的审批者；模拟检察院，做法律的守护者；模拟立法，做法律的制定者；模拟律师事务所，做法律的辩护者；模拟人民陪审员，做法律的监护者。

2. 游戏竞赛教学法

游戏竞赛教学法主要包括法律知识竞赛、模拟法庭竞赛、看谁判得对、我是侦探家。

3. 真实参与法

真实参与法是指让学生做法律的监督者，寻找社会中的违法犯罪行为，并且通过合法渠道给予解决的教学法。例如，拍下交通违法行为上报给交通部门，举报假冒伪劣商品给工商部门，举报网络违法行为给网络警察……只有每一个公民真正成为法治的参与者、法律的守护者，才能有效推动法治社会的发展。教师让学生做法律的思考者，通过以"校园欺凌、校园违法、网络电信诈骗"为主题的调查研究、研究性学习、项目式学习，寻找推动法治社会发展的路径。

（三）设身处地教学法

在教学方式上，要从以讲授方式陈述内容转变为更为生动的讨论方式。最有效的办法是学生沉浸于模拟法律生活情境中，通过体验式教学，培养学生在具体的法律情境中做出独立决策的能力。

1. 走进自我，法治意识的培养从对照自身开始

学生时常想着法律离自身很远，只要自己不违法，懂不懂法无关紧要，学习法律主要为了应付考试。为了让学生了解懂法的重要性，需采取设身处地教学法，让学生走进自我、走进法律。一是开展"照照看"活动，对照自己的哪些行为容易违法，如为了哥们义气帮朋友一起打架、给同学取外号、顺手牵羊拿同学的手机等；二是开展"怎么办"活动，设想当自己的合法权利受到侵害的时候应该怎么办，如当受到校园欺凌的时候应该怎么办、当自己的财产被盗窃后该怎么办、当买到假冒伪劣商品的时候该怎么办等。

2. 走向法庭，法治意识从法院逐渐明晰

走进法庭，旁听审判，体验法与罪的关系，树立法治思维，明辨是非，让自己的行为合法，避免违法。走进法庭，了解法院在国家机构中的地位、法院的职能、法院接受案件审理案件的流程和依据……因为了解，所以不恐惧；因为熟悉，所以不抵触。心理的亲近为学生依法办事种下了幼苗。走进法庭，聆听旁审，思考什么是违法？什么是犯罪？为什么会违法犯罪？判定是否有罪的法律依据是什么？

3. 走近监狱、戒毒所、少教所，聆听现身说法

一是走进监狱，了解监狱，倾听忏悔，牢记教诲，敬畏法律。学生通过参观监狱，倾听犯罪分子的忏悔，体会犯罪分子违法之殇，真实体会失去自由之痛……手铐、脚链、高墙、铁丝网、失去自由、远离亲人朋友……富有现场感的教育无不震撼每一个学生的心灵，法治意识必然在其心中发芽。二是参观戒

毒所、少教所……基于真实生活，震撼心灵的法治教育更触动灵魂。三是邀请法治副校长、警察、律师、法官、检察官等法律人士介绍本辖区的真实案例，让学生感知到法律就在身边。

4. 走入生活，观看视频图片；走进案例，在他人的故事中思考自己的人生

视频和图片以其真实的故事、颇具视觉冲击力的影像震撼内心，触及学生灵魂。教师可以经常从中央电视台《今日说法》栏目下载剪辑有关视频给学生观看、分析、研究，也可以让学生拍下日常生活中、校内外常见的违法行为，例如闯红灯、校园欺凌、破坏共享单车等违法行为。

5. 走进社会，调查研究，在理性中思考

一是通过社会调查、研究性学习对中学生中存在的违法犯罪现象进行问卷调查、社会访谈，通过研究唤醒法治认知。二是调查统计近年我国依法治国取得的伟大成就。例如，在司法公正方面，司法机关先后纠正了一系列重大错案；在严格执法方面，对环境污染零容忍，治理网络订餐乱象，打击药品临床数据造假……在越来越多民生相关领域，政府严格执法正成为常态；在科学立法方面，我国的立法步伐始终紧跟时代发展，《中华人民共和国宪法》修正、《中华人民共和国民法总则》诞生、《中华人民共和国网络安全法》诞生、《中华人民共和国环境保护法》全面修订、《中华人民共和国食品安全法》修订、《中华人民共和国大气污染防治法》诞生等为民族复兴提供有力的法律保障。

三、法治精神素养培育的路径

法治意识素养是指人所具备的法治品格和能力，是法治认知、法治观念、法律知识、法治行为及法治习惯、法治情感的综合体。法治意识的养成并非一教就会、一蹴而就，而是需要经历法律思维的启蒙、法治知识的发展、法治信念的培养、法治意识的实践的阶梯式递进过程。陆游在《冬夜读书示子聿》一诗中写道："纸上得来终觉浅，绝知此事要躬行。"以其纸上谈兵讲授知法、守法、用法多重要，违法、犯法后果多严重，远不如亲身参与、感性认知、理性反思来得震撼。同样，法治意识素养的培育需要融入真实生活。

（一）在直觉竞猜游戏中知法，形成法知

知法是法治意识素养的前提。只有认知守法的重要性、违法的危害性、用

法的实效性、护法的必要性，才能萌生法治情感。否则，就不会有学法的自觉性、守法的自律性。

当前许多人违法犯罪的根本原因是不知法，此处的不知法并非指这些人不知道法律的存在，而是指没有意识到自己的行为是违法的，或因司空见惯习以为常，或因一时冲动一时疏忽，或因一时贪欲一时侥幸，或因对他人及社会公共利益的损害不甚明显而常被忽视和淡忘。正是法律盲区（即某种行为从性质上是违法的，但当事人自己不知道，并且一般情况下，由于违法行为轻微没有受处罚）的存在，导致了社会轻微违法行为的经常存在，甚至演变为犯罪。防微杜渐，把违法扼杀在萌芽状态特别重要。

为了让学生有初步法律认知，在教学中，教师可以开展"你犯法了吗"趣味直觉竞猜小游戏。具体规则如下：教师（或者学生）选取日常生活中20～50个常见且容易被忽视的违法行为，让学生进行1秒钟直觉（即不加思考，凭直觉直接回答）竞猜回答，目的是先从直觉认知上矫正学生的错误认识，初步树立正确的价值判断，形成法治直觉。

生活中常见且易被忽略的违法行为主要有：闯红灯、行人不走人行横道过马路、下载盗版音乐和盗版影视节目、在名胜古迹上刻字、随意使用他人肖像姓名或者乱给他人起外号、破坏共享单车、随意扔垃圾、故意损坏人民币、捡到东西不还、购买赃物、小偷小摸行为、打架、"诈钱"行为、辱骂他人或捏造事实、散布谣言、寻衅滋事、聚众斗殴等。

（二）在案例探究抢答中懂法，培育法智

懂法是法治意识素养的基础。追溯犯罪分子特别是青少年违法犯罪的根源大部分是因为不懂法、不知法，故而无知而无畏、无畏而无惧、无惧而无法。只有具备了一定的法律知识，才可能具备守法、用法、护法的能力，法治意识才更具体、更丰富、更现实、更具生命力。只知不懂也是法盲。为了增强法律学习的趣味性和探究性，告别枯燥法律条文学习，促进学生自主探究学习，教师可以采用法律知识竞赛、案例分析等教学法进行教学。例如，教师准备几个典型案例，以4人小组为单位把全班分为若干小组，让学生课前进行法理准备，以达到自主探究的学习效果，然后在课堂以小组为单位进行游戏竞赛，分为必答题和抢答题两个环节，每个小组先抽签回答必答题，然后再进行抢答。这两个环节要求每组详细分析该行为是否违法、处罚依据、处罚的决定。

上述"直觉竞猜游戏"中，我们可以继续追问各种行为到底违反了什么法？会受到什么处罚？

1. 闯红灯

《中华人民共和国道路交通安全法》规定：行人通过路口或者横过道路，应当走人行横道或者过街设施；通过有交通信号灯的人行横道，应当按照交通信号灯指示通行。第八十九条：行人、乘车人、非机动车驾驶人违反道路交通安全法律、法规关于道路通行规定的，处警告或者五元以上五十元以下罚款。

2. 使用盗版软件

《计算机软件保护条例》规定：软件的复制品持有人不知道也没有合理理由应当知道该软件是侵权复制品的，不承担赔偿责任；但是，应当停止使用、销毁该侵权复制品。

3. 网络诬陷辱骂攻击他人

《最高人民法院关于审理利用信息网络侵害人身权益民事纠纷案件适用法律若干问题的规定》中指出，雇佣、组织、教唆或者帮助他人发布、转发网络信息侵害他人人身权益，被侵权人请求行为人承担连带责任的，人民法院应予支持。

4. 公共场合吸烟

《公共场所卫生管理条例实施细则》明确规定，室内公共场所禁止吸烟。而且，一些地方是有明确罚款规定的，最高达 500 元。

5. 乱丢垃圾

《中华人民共和国固体废物污染环境防治法》规定：收集、贮存、运输、利用、处置固体废物的单位和个人，必须采取防扬散、防流失、防渗漏或者其他防止污染环境的措施；不得擅自倾倒、堆放、丢弃、遗撒固体废物。

6. 工作太忙，无暇看望父母

《中华人民共和国老年人权益保障法》于 2013 年 7 月 1 日正式实施，规定：家庭成员应当关心老年人的精神需求，不得忽视、冷落老年人。与老年人分开居住的家庭成员，应当经常看望或者问候老年人。

此外，师生还可以就中学生中的违法犯罪行为，如校园欺凌、打架、斗殴、盗窃、破坏公物等，继续深入探讨，开展游戏学习。学生熟悉掌握、分析理解常见的违法犯罪行为的表现、危害、后果，并且能做到在日常生活中遵守法律，争当守法公民。

（三）在模拟法官竞聘中学法，培育法治意识

学法是法治意识素养培养的路径。法律不同于道德，具有明确的边界和条例，具有规范性和强制性等特征。人的法律知识并非天生的，知法不等于懂法，懂法不等于用法。要想更准确地知法、懂法、用法，就需要认真学习法律知识。

围绕中学生常见的案例开展模拟法庭活动，是一种基于主题的法治教育任务式学习。例如，基于校园暴力或者校园欺凌案例进行一次全年级模拟法庭活动。活动步骤如下。①教师公布一个真实校园欺凌改编的案件，交代案情。②设置主审法官团队、公诉检察机关团队、辩护律师团队角色。让学生自由组织角色小组，开展案例分析。③角色竞聘，同类角色分别就自己小组的研究进行竞聘，选为模拟法庭主角。④开展校园模拟法庭活动。⑤为了更加真实，可以直接去法院开展模拟法庭活动；或者邀请法官到校园指导并观摩活动。⑥邀请检察官、法官、律师、警察等专业人士评价。⑦学生进行反思和交流活动。基于主题的任务式驱动学习，有利于激发学生主动学习法律、探究法理、审视自身行为的兴趣，竞聘形式又有助于激起学生的好胜意识，相互竞争，相互学习，形成外在压力。

以美国模拟法庭为例，美国宪法权益委员会每年都会根据某件真实的案件改编一个虚构的案件提供给全美模拟法庭比赛。每个高中的模拟法庭队共18人，起诉队9人，被起诉队9人。每个队有3名律师、3名证人、3名其他法庭人员。每个队都配备1名高中教师和2名教练（有执照的律师，最好1名是刑事律师，另1名是地方检察官）。每年秋季开学后进行集训，然后到县的高级法院比赛。法庭的法官是1名真正的法官，陪审团由2～4人组成，也是真正的律师和法官。比赛是在某校的起诉队与他校的被起诉队之间进行的，整个过程全部遵循美国法庭案件的审理过程。通过模拟真实的法庭审判程序，让学生在亲身体验中树立起法治意识，做一个知法守法的公民。

（四）在真实体验参观中敬法，形成法根

敬法是法治意识素养的重要表现。法治信念是法治意识素养的标识，唯有敬畏法律，才会尊重法律，才能真正认同法律，使用法律。在日常生活中也时常存在知法犯法、知法不信法、懂法抗法的现象。知法而不信法、懂法而不敬法，法治就永远是一句空话，素养就永远是一种愿景。

畏法必须做到：一是要认识违法的危害性及后果的严重性；二是要在全社会形成尊重法律的风气，没有特权和特殊，法律面前一律平等，没有法律特权；三是要全面依法治国，违法必究，执法必严，不存有法律死角。对于中学生来说，

要让学生充分意识到任何违法行为都必须受到法律的惩罚。

为了让学生理性认识违法的综合成本。教师可以举行一个"算算违法成本账"游戏。就中学生中某些常见的违法犯罪行为，让每个小组的学生在海报上列举违法成本关键词，要求直观、通俗，让人印象深刻。进行最佳设计评比。例如，某学校针对本校学生打架现象，教师在课堂上设置"打架成本说说看"环节（见图9-1）。把全班分为8个小组，每组6人，要求每组设计若干个关键词描述打架的后果和成本；在班级展出，投票评选出最佳作品奖，挂在年级走廊。为了扩大影响力，评选通知可以张贴在学校公告栏，进行投票评比，从而达到全校接受教育的效果。

打架成本这么高，请你冷静莫出手

直接成本 =5 至 15 日拘留 +500 元至 1000 元罚款。

情感成本 = 心情沮丧郁闷 + 家人朋友担心 + 关系恶化。

经济成本 =1000 元以下治安罚款；民事赔偿金；刑事罚金；医疗费；律师费；诉讼费；误工费；交通费；护理费；营养费。

自由成本 = 轻微伤：15 日以下治安拘留；轻伤：3 年以下有期徒刑、拘役或者管制。重伤：3～7 年有期徒刑；死亡：10 年以上有期徒刑、无期徒刑或者死刑。聚众斗殴：10 年以下有期徒刑；寻衅滋事：10 年以下有期徒刑。

政治成本 = 前科记录，就业、参军等受很大影响。

其他成本 = 口碑差，名誉形象受损……

标语：①打架斗殴成本高，丢人赔钱又坐牢。
　　　②打架成本 = 打赢坐牢 + 打输住院。

图 9-1　打架成本

（五）在社会参与中用法，践行法治

法治笃行是法治意识的关键素养。只有把法治意识转为法治行为和法治实践，做社会主义法治的忠实崇尚者、自觉遵守者、坚定捍卫者，依法行使权利、自觉履行义务、维护公平正义，才能成为有尊严的中国公民。在生活中，我们要坚定做法律的应用者、宣传者、守护者、监督者、建设者。

1. **法治的应用者**

法律的应用就是在生活中，当我们受到校园欺凌时、当人身财产生命安全受到侵犯时、当名誉尊严受到践踏时，必须勇于和善于拿起法律武器维护权利。

2. **法治的宣传者**

秩序良好的社会必然是一个人人懂法守法的世界，我们应该扎实掌握好常见的法律常识，做法律的宣传者，让自己的家人、朋友、社区、社会都懂法、用法、守法。

3. **法治的守护者**

当前，损害公共利益的行为并不鲜见。例如，破坏共享单车、破坏公共设备……只有每一个人都能伸张正义，智勇地制止各种违法犯罪行为，坚决维护公共利益，维护社会整体利益，才能实现个人利益，维护社会的公平正义。

4. **法治的监督者**

当某些执法部门违法不究、执法不严、执法不公、违规执法时，公民要善于监督，建议献策，就完善执法提出自己的个人建议，让法治的阳光普照在社会的每一个角落。

5. **法治的建设者**

随着经济社会的发展，国家的各种法律法规也必然不断发展，全国人大常委会、国务院等部门在制定一些法律法规条例时，经常会在其官网公开征求意见。作为一个负责任的公民，可以积极建言献策，发表自己的建议意见，从而推动国家法治的不断发展。

例如，中国人大网的"法律草案征求意见"页面（见图9-2），每个公民都可以就自己感兴趣的草案提出深思熟虑后的建议，从而使我国的法律法规更加完善。

图 9-2　全国人大网的"法律草案征求意见"页面截图

"道虽迩，不行不至；事虽小，不为不成。"中学法治教育，就像在学生心中点燃法治的火花，燃烧成熊熊烈火，却能给学生点亮一条前行的灯，助其健康成长。

第四节　公共参与素养培育的途径

一个成熟社会，必然是一个公共参与度高的群体；一个优秀公民，必定是一个社会责任感强的个体。我国台湾女作家龙应台曾对她儿子讲过这样一段话："孩子，你是否想过，你今天有自由和幸福，是因为在你之前，有人抗议过、奋斗过、争取过、牺牲过，如果你觉得别人的不幸与你无关，那么有一天不幸发生在你身上时，也没有人会在意。我相信，唯一安全的社会，是一个人人都愿意承担的社会，不然，我们都会在危险中、恐惧中苟活。"这段话很好地诠释了公共参与对于社会的重要意义。

《普通高中思想政治课程标准（2017 年版）》把公共参与作为思想政治学

科的四大学科核心素养之一，探究中学生公共参与素养的培育途径，对于立德树人具有重要意义。

一、正确理解公共参与内涵

理论为行动的先导。学生的公共参与素养并非自发自生，需要具备一定的知识素养和情感素养，要明白"为什么要公共参与、什么是公共参与、公共参与什么、怎样公共参与"等，只有解决了学生认识的问题，才能激起参与热情；只有澄清了学生困惑的问题，方可解除参与难题。

我国公民的公共参与，就是有序参与公共事务，承担社会责任，积极行使人民当家作主的政治权利。理解公共参与素养需从以下三方面把握。首先，它是一种意愿、能力。公民有主动参与的愿望、热情、意识，即"我想"；它还是一种能力，具备参与社会公共事务素质，即"我能"。其次，它是公民主动、有序的参与。主动参与是相对于动员参与、被动参与而言的，随大流式参与、被迫式参与、被动员式参与和非主动参与；有序参与就是合法合规，在法律政策允许的范围内参与。最后，公共参与的内容包括四个方面：参与社会公共事务、承担公共责任、维护公共利益、践行公共精神。

作为中学生，公共参与素养表现为三个维度五项内容。三个维度即公共事务、社会责任、政治权利。五项内容分别为：一是有序参与公共事务，热心公益事业，践行公共道德；二是勇担社会责任，乐于为人民服务；三是具备善于对话协商、沟通合作、表达诉求和解决问题的能力；四是具有集体主义精神；五是积极参与民主选举、协商、决策。

二、科学培育公共参与素养

（一）提高公共参与认识，做到"想参与"，解决态度问题

"想参与"是态度问题，是"能参与"的前提和基础。要让学生想参与，一是提升学生对公共参与意义的认识，使学生充分认识到公共参与不仅事关个人的前途和命运，更关系社会、国家、民族的发展和未来，只有一个人人参与的社会，才能促进社会和个人的发展；二是营造人人参与的氛围和环境，通过参与的环境感染人，激发参与热情；三是建立激发学生公共参与的评价和激励机制，把公共参与的行动和效果作为升学、评优、个人素养评价的重要依据。

（二）提升公共参与本领，实现"能参与"，解决能力问题

"能参与"是能力问题，是"想参与"的保证和关键。要做到"能参与"，一是要让学生知道公共参与什么？怎么公共参与？二是让学生掌握公共参与的途径、方法、技能。为此，要培养学生公共参与的知识素养、技能素养。知识素养学生可以通过学习课本有关知识获得，技能素养可以通过模拟人大、模拟政协、模拟政府等活动来养成。

1. 模拟人大问国计

通过模拟人大代表的选举、模拟人大议案的撰写提交表决等活动，让学生在亲身感受和实际模拟中深入理解人民代表大会制度的民主内涵、功能意义和社会价值，激励学生关心国计、社稷、民生，将书本知识转化为实践技能，培育学生心怀天下、情系国家的优秀品质，增强人民当家作主的责任心、使命感和行动力。

模拟人大活动主要有三个流程。一是模拟人大代表选举，包括候选人登记、演讲、竞选。二是模拟人大议案，把全班分为若干小组，每个小组选取关心的国计民生问题，历经调查研究，撰写反映时代呼声、人民诉求的有关议案（议案须包括议案缘由、问题分析、解决方案三部分），然后递交模拟人大审议。三是议案的审议，各议案需征得 10 人以上同意方能在班级人大会议上陈述；各议案陈述时间为 8 分钟，另有 3 分钟答辩；各议案陈述完毕后，进行统一的表决，超过代表人数一半给予通过。学生通过参与议案的撰写、审议和辩论，提高了调查研究能力，锻炼了表达能力，感受了民主政治的魅力。

2. 模拟政协思民生

模拟政协活动主要是模拟政协委员参政议政职能，即学生对社会生活中的热点问题以及人民群众普遍关心的问题，开展调查研究，反映社情民意，进行协商讨论。通过调研报告、提案、建议案或其他形式，向有关部门提出意见和建议。

模拟政协提案活动经历"确定选题、调查研究、撰写提案、阐述提案、答辩提问"的过程，就是一个激励学生主动学习、掌握、运用"调查、分析、研究、撰写、演说、辩论"的知识方法和能力的过程，就是一个在"对话问题、对话同伴、对话政策"中"关注民生、了解政策"的过程，就是一个提升社会责任感、培育公共参与素养的过程。

在 2018 年 3 月的全国政协会议上，由广东实验中学和杭州二中联合提交的《关于规范家政服务人员准入和企业管理的提案》由全国政协委员代为提交

全国政协。中学生提案上"两会"的意义不只是在提案本身内容价值，更彰显了当前中学生公共参与素养的不断提升、我国政治民主的不断发展。

3. 模拟政府寻良策

政府作为与公民日常生活最密切的国家机关，它的决策关系着公民的切身利益。政府科学、民主决策离不开公民的公共参与。模拟政府决策既有利于学生了解政府决策机制，掌握参与政府民主决策的方法，又有利于公民理解政府、支持政策，共建政府和公民和谐统一的关系。

模拟形式一：热点政策你来定。模拟政府就某社会关注的热点问题进行决策，譬如搜索引擎网站的监管问题、城市为解决塞车难题是否该收拥堵费、省的重点大学招生计划人数该不该调剂到省内中西部地区、为发展本地经济要不要引进污染企业等。模拟热点争议问题的决策，有利于激发学生主人翁意识，激励其聚焦热点、关注生活，也有利于学生换位思考，理解政府的立场、支持政府政策。

模拟形式二：科学政策你思考。通过对正反真实事例的分析，探讨政府如何科学、民主决策。例如，同样对待某软件打车平台，甲市充分调查、广泛征求意见，根据有关政策，积极支持和规范该软件打车行为，获得社会一致好评；乙市为维护本市利益，严厉打击软件打车，被社会各方所抨击。从政府不同决策的立场、过程、效果思考，政府如何出良策、拒劣策。

模拟形式三：民主决策你参与。模拟公民参与民主决策的途径、方式。例如，模拟听证会、模拟参与社情民意反馈、社会公示等各种途径、方法。

模拟形式四：争议决策你协商。模拟公民与政府决策冲突场景，分别从政府、利益相关群众、专家角度思考如何建立政府与公民的良性互动关系，提高公民通过对话协商、沟通与合作表达正当诉求、理智解决冲突的能力。

三、努力促成公共参与实践

（一）社会调查探真相

公共参与的前提是公民对公共事务、社情民意的真实、全面、深入了解。无论是模拟政协的提案，还是模拟人大的议案，都是建立在社会调查基础上的。广泛发动学生针对公共事务开展深入细致调查，分析其背景、成因、意义或危害，提出合理建议，撰写社会调查报告，为有关部门提供决策依据，既了解了社会，又增强了公德意识、公益精神，提升了社会责任感。

社会调查可以是面向学生自身的公共参与、社会公德意识、公益精神情况的调查；也可以是学校的管理、环境、运动、学习、生活等情况调查；还可以是社会公益、公民公德情况、国计民生的调查。

（二）研究学习提妙计

社会调查更多的是了解、反映情况，提出问题、分析问题。要解决问题，还需要进行研究性学习。在社会调查的基础上，通过文献研究法、对比分析法、实验研究法等，对各种公共事务进行研究，提出解决对策。

可组织学生开展各种有关社会公德、公益活动、公共参与、国家治理等方面的课题研究。学生在研究性学习中经历研究探索的体验，形成善质疑、乐探究、勤动手、勇求知的积极态度，有利于培育他们的创新精神和实践能力，学会关心社会的进步和国家的发展。

（三）民主参与齐努力

学生可通过社会调查、研究性学习等方式间接参与公共事务，也可通过参与民主管理、民主决策、民主监督等方式直接参与公共事务和国家事务的治理。

在参与民主管理方面，可指导学生参与居委会（或村委会）的环境治理、治安管理、交通管理、文化教育等方面的行动，可以在调查研究的基础上提出合理化建议，也可以参与到各项具体的管理行动中。在参与民主决策方面，当前国家各级行政部门的重大决策都会有网上征询意见的程序，教师可指导学生充分利用好互联网，积极参与政府的各项决策咨询，进行社情民意反馈，对决策提出合理化建议。在参与民主监督方面，学生可以通过网络、电话等工具进行监督举报，如通过中纪委的网络渠道举报贪污受贿情况和违反"八项规定"的问题。

（四）公共事务我参与

每个公民都是社会的一分子，公共参与需要身体力行，从我做起，从小事做起。当政府决策征询意见时，我们积极参与，发表建议，使决策更加科学、民主；当发现违法犯罪或网络有色情反动信息时，我们向公安部门举报，让社会更加安全、和谐健康；当发现贪污腐败时，我们向纪检部门检举，社会风气就能更加清正廉洁。当学校某水龙头漏水时，我们可以关好它；当某人跌倒时，我们可以扶起他；当某人遇到困难时，我们可以帮助他。当下水道井盖不见了，我们可以做好标示，向市政园林部门报告，这样就能避免他人掉入深渊；当某个红绿灯坏了，我们可以向交通管理部门打个电话，以避免车毁人亡的交通事故发生；当某些单位乱收费时，我们可以向有关物价部门举报等。

（五）公益精神我践行

公益精神是公民参与公共事务的管理与解决，是促进社会进步与发展的一种信念。它是一种志愿者精神、利他精神，是一种社会责任感。例如，参加各种志愿者活动、从事各种义工，参与救灾、扶贫、助残等困难的社会群体和个人的活动，资助科教文卫体事业，参与环保、公共设施建设，参与促进各项福利事业的活动，这些都是在践行公益精神。

（六）社会公德我遵守

公德是国家和社会成立的先决条件。梁启超在《论公德》中写道："公德者何？人群之所以为群，国家之所以为国，赖此德焉以成立者也。"

讲社会公德，要做到文明礼貌、助人为乐、爱护公物、保护环境、遵纪守法。短短的 20 个字，知易行难。当我们看见某些人不遵守社会公德的时候，或义愤填膺，或熟视无睹，更有甚者自己就是其中一员。公德社会必须从个人美德做起，从不讲粗口、不乱扔垃圾、不闯红灯、不乱刻乱画做起；从文明礼貌、助人为乐、爱护公物、保护环境、遵纪守法的小事做起，行小善，聚大德，积公德，济天下。

四、网络创新公共参与途径

由于诸多现实因素的制约，在互联网时代，教师可以创新公共参与途径，指引学生通过网络(互联网、微信)等方式进行公共参与。以"政治与法治"为例，探讨学生如何通过网络进行公共参与。

（一）民主决策——"一网情深"

公民只有从学生时期具备了权利意识、义务意识、参与意识、公民意识，积极参与国家有关决策，才能促进我国有关决策更加科学民主，才能更好地理解和执行有关决策。随着社会主义民主政治不断发展，有关部门决策的时候越来越重视社情民意，往往会通过其网站（微信、微博）进行有关决策的民意调查和重大事项公示，广泛征求民意。

国务院网站有"意见征集"这一栏目，经常发布有关征求民意的通知。在学习"民主决策"的时候，我们真实组织学生参与有关决策意见的反馈。

打开中华人民共和国中央人民政府的网站（见图9-3），进入首页，点击标题栏中的"互动"栏，进入"意见征集"，就可以看见国务院及其各个部门近阶段的意见征询，可以点击任意一项意见征询，发表自己的建议，参与民主决策。

图 9-3 国务院"意见征集"页面截图

教师以学生真实参与的态度评价学生，并且作为平时成绩。

（二）民主监督——"天网恢恢"

监督权是公民的基本政治权利，公民行使监督权，有多种合法渠道，如可以通过网络进行信访举报。通过电子邮件，将自己的意见、建议和要求反映给人大代表；依法通过网站发表自己的意见；参加网络评议政府。为了更好地预防腐败和各种不正之风，中纪委和国家监察委员会开通了网络举报；为了保证党风政风清正廉洁，反对"四风"和腐败，中纪委开通了"违反中央八项规定监督举报专区"。教师可以现场点击这些网站，让学生知道举报流程，懂得如何举报，让每一个公民都担当起监督人的职责。

在进行网络监督的时候，我们既要鼓励学生网络监督的热情，也需要指导学生负责任地、科学高效地进行监督，既要懂得网络监督流程，又要确保监督内容真实、监督事实清楚、证据确凿、监督程序合法。当每一个公民都以主人翁的精神参与监督，腐败分子就无处可藏，社会主义事业就能更好地发展。

（三）民主管理——"微信"不"微言"

实行村民自治和城市居民自治，管理基层公共事务和公益事业，是人们当家作主的有效途径。在基层民主自治的民主实践中，许多居委会、村委会都开通了本社区居委会（或村委会）的微信公众号，微信内容涉及信息公布、财务公开、调查问卷、意见征询等。中学生可以在微信上积极参与各种活动，主动提出有关建设性的建议（例如，本社区的交通建设与管理、文化体育设施、环境治理、治安建设等），参与本社区民主管理，学习民主管理的知识和技能，体验民主管理的意义和价值，在民主管理的实践中逐步增强和提高自己政治的责任意识和实际本领。

天下兴亡，匹夫有责。与其抱怨社会公德的缺失、公益精神的远离、公共参与的荒芜，不如潜心修行、育得素养、化为行动、润泽社会、造福人民。公共参与素养的高低不在乎懂得多少、会多少，而在于真正参与了多少、参与了什么、取得了多少实效。只要我们努力践行、认真践行、乐于践行，就是最好的素养。

参考文献

[1]檀传宝. 当代东西方德育发展要览 [M]. 北京：人民教育出版社，2013.

[2]李海林. 美国中小学课堂观察——一位教育学教授的笔记 [M]. 北京：教育科学出版社，2015.

[3]陈美兰. 中学政治学科核心素养的研究现状与启示——基于 2013—2017 年相关文献梳理 [J]. 教育参考，2018（4）：10-16.

[4]李春会，李亮. 中学政治教师的核心素养 [J]. 思想政治课教学，2017（7）：4-7.

[5]杨明国. 培育学生核心素养的课堂教学模式探究——以中学思想政治课为例 [J]. 课程教育研究，2017（21）：64-65.

[6]徐凌，郭彩琴. 基于核心素养 破解思政课教学之困境 [J]. 新课程研究（上旬刊），2017（3）：51-53.

[7]温馨. 基于政治核心素养水平的活动型课程构建 [J]. 当代教育实践与教学研究，2016（3）：55.

[8]史宁中. 推进基于学科核心素养的教学改革 [J]. 中小学管理，2016（2）：19-21.

[9]朱开群. 基于深度学习的"深度教学" [J]. 上海教育科研，2017（5）：50-53.

[10]包心鉴. 论当代中国的政治认同 [J]. 思想理论教育，2014（9）：9-16.

[11]朱明光. 关于思想政治学科核心素养的思考 [J]. 思想政治教学，2016（1）：4-7.

[12]陶文昭. 论全球化时代青年学生的政治认同 [J]. 思想理论教育，2014（3）：11-14.

263

[13]刘素娟．政治认同：关于中学思想政治课教学有效性的探究 [J]．思想政治课研究，2014（1）78-80．

[14]杜海坤．新时期大学生政治认同教育探析 [J]．学校党建与思想教育，2013（7）：55-57．

[15]晋燕云，胡双喜．思想政治教学中学生思想认同对策研究 [J]．中学政治教学参考，2013（30）：15-16．

[16]陈式华．"四位一体"的高中学生"政治认同"教育浅议 [J]．教育与教学研究，2016，30（10）：121-124．

[17]范林芳，傅安洲．德国政治教育课程设计分析 [J]．比较教育研究，2004（6）：12-17．

[18]张西方．英国中小学德育建设经验及其启示 [J]．中国教育学刊，2007（5）：38-40．

[19]阮一帆，刘敏，杜海坤．美国学校公民教育教学法及其启示 [J]．学校党建与思想教育，2013（22）：92-94．

[20]张敏敏．高中思想政治教师教学素养提升研究 [D]．徐州：江苏师范大学，2018．

[21]官维．高中思想政治课主题式案例教学法应用研究 [D]．成都：四川师范大学，2018．

[22]孙玥萌．中学思想政治教师政治认同现状及提升策略研究 [D]．武汉：华中师范大学，2018．

[23]杨威．核心素养培育视域下高中思想政治课活动型课堂构建研究 [D]．徐州：江苏师范大学，2017．

[24]许玲玲．基于核心素养的思想政治课深度教学研究 [D]．苏州：苏州大学，2017．

[25]赖丹．新课程改革背景下江西省高中思想政治课学业评价指标体系的建构与应用 [D]．赣州：赣南师范大学，2017．

[26]焦亚琼．协同创新视域下中学政治教学之应对策略 [D]．洛阳：洛阳师范学院，2017．

[27]谢腊梅．基于核心素养培育的中学政治课教学改革研究 [D]．汉中：陕西理工大学，2017．

[28]李亚鑫．思想品德课教师专业发展研究 [D]．鞍山：鞍山师范学院，2017．

[29]谢颖. 基于思想政治课程的中学生公共参与素养培育研究 [D]. 金华：浙江师范大学，2017.

[30]冯凡琪. 核心素养视域下培育初中生法治意识的策略研究——以初中《思想品德》课为例 [D]. 天水：天水师范学院，2017.

[31]叶玲莉. 卓越型中学思想政治教师的培养路径研究 [D]. 长沙：湖南师范大学，2016.